Neue Studien zur frühneuzeitlichen Reichsgeschichte

ZEITSCHRIFT FÜR HISTORISCHE FORSCHUNG

Vierteljahresschrift zur Erforschung des Spätmittelalters u. der frühen Neuzeit

Beiheft 3

Neue Studien zur frühneuzeitlichen Reichsgeschichte

Herausgegeben von

Johannes Kunisch

DUNCKER & HUMBLOT / BERLIN

CIP-Kurztitelaufnahme der Deutschen Bibliothek

Neue Studien zur frühneuzeitlichen Reichsgeschichte / hrsg. von Johannes Kunisch. —
Berlin: Duncker und Humblot, 1987.
(Zeitschrift für Historische Forschung:
Beiheft; 3)
ISBN 3-428- 06193-4

NE: Kunisch, Johannes [Hrsg.]; Zeitschrift für
Historische Forschung / Beiheft

Gedruckt 1987 bei Berliner Buchdruckerei Union GmbH, Berlin 61
Printed in Germany

ISBN 3-428-06193-4

Vorwort

Das hier vorzulegende dritte Sonderheft der Zeitschrift für Historische Forschung dokumentiert, daß das Interesse der Historie an der Geschichte des Heiligen Römischen Reiches unvermindert anhält. Es knüpft an einen programmatischen Forschungsentwurf zu „Problemen der Sozial- und Verfassungsgeschichte des Heiligen Römischen Reiches im späten Mittelalter und der frühen Neuzeit“ an (ZHF 2/1975) und setzt zugleich eine Serie von Aufsätzen zu den „Möglichkeiten der Reichspolitik zwischen Augsburger Religionsfrieden und Ausbruch des Dreißigjährigen Krieges“ fort, die in Band 10 (1983) dieser Zeitschrift erschienen ist. Dabei treten neben Verfassungsorganen wie dem Reichstag einmal mehr auch Korporationen in den Vordergrund, deren Erforschung eigentlich erst in den letzten Jahrzehnten begonnen hat. Hinzu treten Studien zum ideologischen Instrumentarium der Reichspolitik des 16. Jahrhunderts und der Reichsstaatslehre der gesamten frühen Neuzeit. Die Aktualität der hier erörterten Themen liegt schon längst nicht mehr in dem Bestreben, dem Heiligen Römischen Reich nach einer langen Tradition abschätziger Betrachtung einen Rang zuzuweisen, der seiner maßgeblichen Bedeutung für die Ausbildung frühmoderner Staatlichkeit entspricht. Vielmehr hat sich nach den Forschungsansätzen der letzten Zeit die Auffassung durchgesetzt, daß gerade die Reichsgeschichte für das Studium ständestaatlicher Verfassungsformen mit all ihren Funktions- und Regelungsmechanismen entscheidende Impulse zu geben vermag.

Wie schon in Beiheft 2 soll auch hier ein wichtiges Dokument erstmals in einer Fassung vorgelegt werden, die den Ansprüchen historischer Quellenkritik gerecht wird. Es handelt sich um die Denkschrift des Lazarus von Schwendi zur Reichsreform (1570), die wie kaum ein anderer Text des 16. Jahrhunderts die Grundsatzfrage nach dem Charakter und der Modernisierungsfähigkeit ständestaatlicher Herrschaftssysteme zu diskutieren ermöglicht.

Köln, im Februar 1987

Johannes Kunisch

Anschriften der Mitarbeiter

Prof. Dr. Notker Hammerstein, Historisches Seminar der Universität, Senckenberganlage 31, D-6000 Frankfurt/M. 1

Dr. Maximilian Lanzinner, Heinbogenstraße 2 a, D-8050 Freising

Priv.-Doz. Dr. Helmut Neuhaus, Historisches Seminar der Universität, Albertus-Magnus-Platz, D-5000 Köln 41

Prof. Dr. Volker Press, Historisches Seminar der Universität, Wihelmstraße 36 (Hegelbau), D-7400 Tübingen

Prof. Dr. Anton Schindling, Katholische Universität Eichstätt, Ostenstraße 26 - 28, D-8078 Eichstätt

Prof. Dr. Winfried Schulze, Ruhr-Universität Bochum, Postfach 10 21 48, D-4630 Bochum-Querenburg

Inhaltsverzeichnis

Die Reichsstadt in der altständischen Gesellschaft[1]

Von Volker Press, Tübingen

Es gibt eine alte Affinität der Historiker zur städtischen Welt des Spätmittelalters und der frühen Neuzeit, erwachsen aus der Sympathie für Vorläufer bürgerlicher Entwicklungen in einer adelig-feudalen Umwelt. Der Vater der liberalen deutschrechtlichen Interpretation der Verfassungsgeschichte, *Georg Ludwig von Maurer,* der bekanntlich auch auf Karl Marx Einfluß geübt hat, hat der Stadt eine beachtliche Darstellung gewidmet, die auch in die Neuzeit reicht[2]. Dies ist um so erstaunlicher, als die deutlichen Versteinerungen und Verfilzungen der späten Reichsstädte noch bekannt waren. Sehr lange Zeit haben sich denn die Historiker lieber mit der scheinbar reineren Form städtischen Wesens befaßt, mit der mittelalterlichen Stadt, die offenkundig mehr das Idealbild städtischer Existenz vorzeichnete als die neuzeitlichen Oligarchien[3]. Dabei hat sich zunehmend ein differenzierteres Bild durchgesetzt.

Andererseits wurde der Konflikt neben der relativ stark durchorganisierten, durch schriftliche Ordnungen fixierten und daher an modernere Verhältnisse gemahnenden Stadtverfassung immer wieder als integraler Bestandteil reichsstädtischen Lebens gesehen. Neben der kraftvollen Entfaltung der Städte des hohen und späten Mittelalters, die schließlich mit den Niederlagen der Städtebünde scheiterte, wurden die innerstädtischen Spannungen durchaus deutlich, der Kampf nach oben strebender, die Patrizierherrschaft bekämpfender Kräfte. Mehr noch als der Kampf um die Herrschaft in der Stadt haben die Versuche der Städte die Historiker angezogen, sich gegenüber der feudal-aristokratischen Umwelt zu behaupten — Ursachen schwerer Auseinandersetzungen im territorialen Gefüge, die am Ende freilich die Niederlage der

---

1 Es handelt sich um den ungekürzten Text eines auf der Tagung der Historikergesellschaft der DDR in Dessau vom 18. - 20. Februar 1985 gehaltenen Vortrags, der dort auf den üblichen Zeitraum beschränkt werden mußte.

2 *Georg Ludwig v. Maurer,* Geschichte der Städteverfassung in Deutschland, 4 Bde., Erlangen 1869/71.

3 *Hans Planitz,* Die deutsche Stadt im Mittelalter, Graz, Köln 1954; *Fritz Roerig,* Die europäische Stadt und die Kultur des Bürgertums im Mittelalter, Göttingen 1955; *Edith Ennen,* Die europäische Stadt des Mittelalters, Göttingen ^{3}1979.

Städte sahen. Die großen süd- und westdeutschen Städtebünde und das Handelsreich der Hanse wurden vielfach als Verkörperung städtischen Höhenfluges betrachtet. Aber auch die Geschichte der Schweizer Eidgenossenschaft spiegelte ein Stück städtischen Gestaltungswillens.

Doch am Ende stand in Deutschland der Sieg des Fürstenstaates, wurden die Städte zu großen Teilen in die territorialen Verbände zurückgedrängt, behauptete der Adel seine Führungsrolle. Vor allem in den östlichen Territorien des Reiches war dies nicht nur ein Ehrenvorrang, sondern wurde ausgenützt zur harten ökonomischen Interessenwahrung und zum Zusammengehen mit dem Landesfürsten. Vielfach waren bei der Territorialbildung die Städte Stützpunkt fürstlichen Ausgreifens, Verbündete der Landesherren gegen einen zentrifugalen Adel — und doch waren sie am Ende im Zugriff des Fürsten stärker domestiziert als der Adel, eine Beobachtung, die auf den größten Teil des Reichsgebietes zutrifft; die Obrigkeit des Landesfürsten brach die städtische Autonomie in vielen Fällen, wenngleich sich doch in der Regel das ständische Gefüge der Landesstädte konservierte.

Auch anderswo haben die Landesstaaten auf dem Fundament städtischer Finanzkraft und städtischer Mittelpunktsfunktionen ihre Herrschaft aufgebaut — in nahezu ganz Europa. Eine Ausnahme machte Italien mit seinen Stadtstaaten; von ihnen ging letztlich in diesem Jahrhundert der auch bei uns neuerdings viel diskutierte und durchaus umstrittene Begriff des „Kommunalismus" aus[4]. Aber auch hier führte die Entwicklung zu einem Kampf aller gegen alle, zur Unterwerfung des Schwächeren durch den Stärkeren und dann zur Wandlung der Republiken von Florenz und Mailand zu Flächenstaaten, zur oligarchischen Erstarrung von Überlebenden wie Venedig, Genua oder auch dem kleinen Lucca, das sein Festhalten an der Unabhängigkeit mit großer Zähigkeit demonstrierte; „Governo dei pidocchi" war der Spott der anderen über die Geschicklichkeit der Luccheser, sich in den schweren Auseinandersetzungen zu behaupten, auch nachdem das größere Siena 1559 seine Unabhängigkeit verloren hatte[5].

Das Phänomen der Freien und Reichsstädte, von Städten also, die ihre Unmittelbarkeit unter dem Reichsoberhaupt wahren konnten, aber

---

4 *Peter Blickle* hat diese sehr wichtige Tendenz mit Recht hervorgehoben, dürfte sie aber überzeichnet haben. Vgl. *Peter Blickle*, Kommunalismus, Parlamentarismus, in: HZ 242 (1986), 529 - 555; *ders.*, Deutsche Untertanen. Ein Widerspruch, München 1981; *ders.*, Gemeindereformation. Die Menschen des 16. Jahrhunderts auf dem Weg zum Heil, München 1985, 165 - 204. Über die Grundfragen des sogenannten „Kommunalismus" und seinen Stellenwert in den allgemeinen Entwicklungen der Zeit gedenke ich mich noch eingehender zu äußern.

5 *Augusto Mancini*, Storia di Lucca, Firenze 1950.

blieb eine deutsche Besonderheit[6]; die Unterscheidung ist bekannt — die Reichsstädte stammten aus dem alten Königsgut, die Freien Städte waren solche, die sich von einem in der Regel geistlichen Landesherrn emanzipiert hatten. Die Reichsstädte jedoch wurden wieder durch königliche Verpfändungen dezimiert[7]; eine ganze Reihe anderer Städte drängte in diesen illustren Kreis — Heinz Schilling hat das komplizierte Geflecht analysiert, in dem sich solche, in der Regel gescheiterte Versuche in Nordwestdeutschland abspielten[8]. Knapp über 60 Städten war es am Ende gelungen, sich endgültig zu behaupten, darunter bekanntlich sehr spät Hamburg und Bremen. Eine ganze Reihe anderer scheiterte. Auch in Deutschland gab es Tendenzen, aus dem Stadtstaat einen Flächenstaat zu machen, aber sie verrannen in einer bloßen Oberherrschaft über Landstädte und Dörfer und ließen sich mit den italienischen Entwicklungen keineswegs vergleichen. Städte wie Nürnberg, Ulm, Rottweil, Schwäbisch Hall, Schwäbisch Gmünd, Rothenburg, Frankfurt oder Goslar formten jeweils ein beachtliches Territorium mit untertänigen Dörfern; Nürnberg, Ulm und Schwäbisch Hall hatten sogar andere Städte unter ihrem Regiment[9].

Darin ähnelten sie den großen Stadtstaaten der Schweiz, die sich mit den bäuerlichen Kommunen der Urkantone zu einem Bund zusammengeschlossen hatten, der zeitweilig sogar die Rolle einer Großmacht spielen konnte — in Deutschland vielleicht am stärksten vergleichbar mit dem Bund der Hanse, der schließlich eine ähnliche Stellung nicht

[6] *Johann Jacob Moser*, Neues Teutsches Staats-Recht, Bd. 3.2, Frankfurt, Leipzig 1767. Neuerdings: *Peter Moraw*, Reichsstadt, Reich und Königtum im Späten Mittelalter, in: ZHF 6 (1979), 385 - 424; *Eberhard Isenmann*, Reichsstadt und Reich an der Wende vom späten Mittelalter zur frühen Neuzeit, in: Josef Engel (Hrsg.), Mittel und Wege früher Verfassungspolitik, Stuttgart 1979, 9 - 223.

[7] *Götz Landwehr*, Die Verpfändung der deutschen Reichsstädte im Mittelalter, Köln, Graz 1967.

[8] *Heinz Schilling*, Die politischen Eliten nordwestdeutscher Städte in den religiösen Auseinandersetzungen des 16. Jahrhunderts, in: Wolfgang J. Mommsen (Hrsg.), Stadtbürgertum und Adel in der Reformation, Stuttgart 1979, 235 - 307; *ders.*, Wandlungs- und Differenzierungsprozesse innerhalb der bürgerlichen Oberschichten West- und Nordwestdeutschlands im 16. und 17. Jahrhundert, in: Marian Biskup / Klaus Zernack (Hrsg.), Schichtung und Entwicklung der Gesellschaft in Polen und Deutschland im 16. und 17. Jahrhundert, Wiesbaden 1983, 121 - 173.

[9] *Wolfgang Leiser*, Territorien südwestdeutscher Reichsstädte. Ein Strukturvergleich, in: ZBLG 38 (1975), 967 - 981; *Gerold Neusser*, Das Territorium der Reichsstadt Ulm im 18. Jahrhundert, Ulm 1964; *Fritz Schnelbögl*, Die wirtschaftliche Bedeutung ihres Landgebiets für die Reichsstadt Nürnberg, in: Beiträge zur Wirtschaftsgeschichte Nürnbergs 1 (1967), 261 - 317; *Heinrich Dannenbauer*, Die Entstehung des Territoriums der Reichsstadt Nürnberg, Stuttgart 1928; *Adolf Laufs*, Die Verfassung und Verwaltung der Stadt Rottweil 1650 - 1806, Stuttgart 1963; *Gerhard Wunder*, Das Straßburger Gebiet, Berlin 1965; *Herbert Woltering*, Die Reichsstadt Rothenburg o. T. und ihre Herrschaft über die Landwehr, 2 Bde., Rothenburg o. T. 1965/66, 1971/72.

erringen konnte, da die regionalen Bedingungen erheblich schlechter waren[10]. Allerdings soll an dieser Stelle nur am Rande auf die Eidgenossenschaft eingegangen werden, auch nicht auf die ältere These, daß es oberitalienischer Einfluß gewesen wäre, der den sog. Schweizer „Kommunalismus" gefördert habe[11]. Immerhin: in der Schweiz konnte der Adel unter dem Zugriff der Stadtstaaten und Bauernrepubliken nur eine periphere Rolle spielen; die Bischöfe von Chur und Basel, Genf und Sitten, der Abt von St. Gallen behaupteten daneben eine begrenzte Position und mußten mit den Eidgenossen immer wieder Kompromisse eingehen. Die Debatte über die Stellung der Eidgenossenschaft zum Reich ist sicher noch nicht zu Ende geführt; schon das Spiel vieler Schweizer Städte mit der demonstrativen Symbolik des Reichsadlers faßt jene Paradoxie zusammen, die die Zusammenhänge zwischen der Autonomie der Schweiz und dem Privilegiensystem des Reichsverbandes kombinierte[12].

Die Schweizer Städte und Orte haben auf unterschiedliche Weise ihre Gemeinwesen organisiert; es gab weite Untertanengebiete, vor allem des aristokratischen Bern, das sich eine gewaltige landesherrliche Stellung aufbaute; aber auch andere Stadtstaaten hatten dergestalt ausgegriffen[13]. Es gab den Aufbau einer straffen Autorität nach innen, gestützt auf die unangefochtene kirchenpolitische Position der Obrigkeit, wie in Genf und Basel[14]. Oligarchische Züge prägten sich allenthalben aus, die im 18. Jahrhundert von vielen besonders hervorgehoben wur-

---

10 *Philippe Dollinger*, Die Hanse, Stuttgart ²1976; *Johannes Schildhauer*, Die Hanse, Stuttgart 1984; *Ferdinand Frensdorff*, Das Reich und die Hansestädte, in: ZRG, Germ. Abt. 20 (1899), 115 - 163; *Georg Fink*, Die rechtliche Stellung der Hanse in der Zeit ihres Niedergangs, in: Hansische Geschichtsblätter 61 (1936), 122 - 137; *Ahasver von Brandt*, Das Ende der hanseatischen Gemeinschaft, zuerst in: Hansische Geschichtsblätter 74 (1956), 65 - 96; neu in: Lübeck, Hanse, Nordeuropa. Gedächtnisschrift für Ahasver v. Brandt, Köln, Wien 1979, 97 - 125.

11 *Ernst Gagliardi*, Geschichte der Schweiz. Von den Anfängen bis zur Gegenwart, Bd. 1, Zürich ³1938, 158 - 160, 242 - 254.

12 *Karl Mommsen*, Eidgenossen, Kaiser und Reich, Basel, Stuttgart 1958; *Hans Conrad Peyer*, Verfassungsgeschichte der alten Schweiz, Zürich 1978, 9 - 21, 75 - 80.

13 *Emil Bosshart*, Das väterliche Zürcher Regiment — Eine positive Form des Polizeistaates, Zürich 1910; *Albrecht Burckhardt*, Bürgerschaft und Regiment im alten Basel, Basel 1919; *Ekkehart Fabian*, Geheime Räte in Zürich, Bern, Basel und Schaffhausen. Quellen und Untersuchungen zur Staatskirchenrechts- und Verfassungsgeschichte der vier reformierten Orte der Alten Eidgenossenschaft, Köln, Wien 1957; *Karl Geiser*, Bern unter dem Regiment des Patriziates, Bern 1934; *Paul Guyer*, Verfassungszustände der Stadt Zürich im 16., 17. und 18. Jahrhundert unter der Einwirkung der sozialen Umschichtung der Bevölkerung, Zürich 1943; *Christoph v. Steiger*, Innere Probleme des Berner Patriziats an der Wende zum 18. Jahrhundert, Bern 1954.

14 *E. William Monter*, Calvin's Geneva, New York 1967; *Henri Heyer*, L'église de Genève 1535 - 1909. Esquisse historique de son organisation, Genf 1909.

den, sei es in Bern oder Basel, in Solothurn oder in Zürich[15]. Neben den Städten behaupteten sich autonome ländliche Gebiete — aber auch Schwyz und Uri haben starke oligarchische Tendenzen entwickelt[16]. So unterschieden sie sich nicht von den großen Stadtstaaten — die Schweiz fiel also keineswegs aus dem Rahmen der ständischen Gesellschaft. Dennoch bildete sie eine zeitlang eine Utopie städtischer und bäuerlicher Bestrebungen: freilich war diese Zeit relativ kurz — schon in der Mitte des 16. Jahrhunderts waren diese Tendenzen am Auslaufen und verloren sich dann.

Warum aber haben die Reichsstädte das eidgenössische Vorbild nicht nachgeahmt? Sicher nicht aus tieferer Erkenntnis in die innere Struktur der Eidgenossenschaft. Natürlich war diese um 1500 ein verlockendes Modell[17]; sie war aufgestiegen zu einer europäischen Großmacht, während die Städte im Reich ihre Position keineswegs gefestigt hatten. Die Krise der kaiserlichen Autorität unter Friedrich III. war auch eine Krise der reichsstädtischen Positionen; es zeigte sich abermals, wie sehr die Autonomie der Städte vom Rückhalt des Reichsoberhaupts abhing[18]. Aber wem nützte diese Autonomie? Doch vor allem den dominierenden Gruppen, den städtischen Räten! Es wäre freilich viel zu kurz gegriffen, wenn Historiker allein die Interessen der Oligarchen zum Maßstab städtischer Politik machten. Auch sie konnten sich nur ihre Handlungsfähigkeit erhalten, wenn sie die Gemeinde halbwegs hinter sich wußten; die Rücksichtnahmen auf die Stimmungen der Gemeinden waren in einem so engen Gemeinwesen unumgänglich[19]. Andererseits hat

---

15 *Gagliardi*, Geschichte der Schweiz (Anm. 11), Bd. 2, 946 - 988; *Ulrich Im Hof*, Ancien Régime, in: Handbuch der Schweizer Geschichte, Bd. 2, Zürich ²1980, 687 - 692, 708 - 713 *Kurt Messmer / Peter Hoppe*, Luzerner Patriziat, Luzern 1976; *Bruno Amiet / Hans Sigrist*, Solothurnische Geschichte, Bd. 2: Stadt und Kanton Solothurn von der Reformation bis zum Höhepunkt des patrizischen Regimes, Solothurn 1976; *Hans Sigrist*, Solothurnische Geschichte, Bd. 3: Die Spätzeit und das Ende des patrizischen Regimes, Solothurn 1981.

16 *Gagliardi*, Geschichte der Schweiz (Anm. 11), Bd. 2, 954 f.; *Im Hof*, Ancien Régime (Anm. 15), 691. In Schwyz formierte sich sogar eine Oppositionsbewegung, die 1677/79 und 1701 die Herrschaft des Patriziats ernstlich gefährdete.

17 *Thomas A. Brady* jr., Turning Swiss. Cities and Empire 1450 - 1550, Cambridge (Mass.) 1985.

18 *Paul-Joachim Heinig*, Reichsstädte, Freie Städte und Königtum 1389 - 1450. Ein Beitrag zur deutschen Verfassungsgeschichte, Wiesbaden 1983; *Adolf Bachmann*, Deutsche Reichsgeschichte im Zeitalter Friedrichs III. und Maximilians I., 2 Bde., Leipzig 1884/1894, ND Hildesheim 1970; *Wilhelm Becker*, Über die Teilnahme der Städte an den Reichsversammlungen unter Friedrich III., Diss. phil. Bonn 1981; *Eberhard Isenmann*, Reichsstadt und Reich an der Wende vom späten Mittelalter zur frühen Neuzeit (Anm. 6).

19 Dies war eine selbstverständliche Situation. Vgl.: *Thomas A. Brady* jr., Ruling Class, Regime and Reformation in Strasbourg 1520 - 1555, Leiden 1978; *Sigrid Jahns*, Frankfurt, Reformation und Schmalkaldischer Bund. Die Reformations-, Reichs- und Bündnispolitik der Reichsstadt Frankfurt am Main 1525 - 1536, Frankfurt/Main 1976.

städtisches Selbstbewußtsein auch die Unterschichten erfaßt — die Ideologie reichsstädtischer Autonomie hatte nicht nur das Schweizer Vorbild, sondern auch das eindrucksvolle des republikanischen Rom; stolz sprach man von Senatus Populusque Bopfingensis oder Senatus Populusque, Buchaviensis, Bezeichnungen, die man in einer Zeit humanistischer Bildung gern aufgriff.

Die Reichsstadt als Ganzes war also durchaus getragen von einem kommunalen Geist — republikanisches Denken verband sich mit handfesten gemeinsamen Interessen, obgleich die Spannungen zwischen Obrigkeit und Gemeinde vielfach spürbar waren und immer wieder zu Explosionen führten. Man war aber verbunden in der Vorstellung, daß es gut war, frei zu sein vom Zugriff der Landesherren, deren zunehmender Druck sowohl den Oligarchen wie den Gemeinden Abbruch tun konnte; freilich gab es oft auch Bestrebungen innerhalb der Städte, sich einem mächtigen Landesherrn anzuschließen. Um 1500 waren die negativen Seiten dieser Freiheit in der Regel noch nicht hervorgetreten. Die Auseinandersetzungen zwischen den städtischen Räten und opponierenden Bürgerparteien waren bitter und auch immer noch blutig, aber man hatte doch meist gemeinsam als Ziel die Autonomie der Stadt[20]. Dennoch zogen innerstädtische Parteien immer wieder auswärtige Fürsten in die städtischen Konfigurationen hinein, ein Problem, das lebendig blieb bis zum Ende des alten Reiches, ja, das sich sogar mit den kaiserlichen Kommissionen der Neuzeit verband. Zugleich aber wurde immer wieder demonstriert, wie wichtig der Rückhalt des Kaisers war — zwar hörten die Verpfändungen im 16. Jahrhundert auf, aber noch 1607 gab der Kaiser die Reichsstadt Donauwörth im Zeichen der starken konfessionellen Krise des Reiches Bayern preis, freilich gegen einen ungeheueren Prestigeverlust[21]. Georg Schmidt hat jüngst gezeigt, wie sehr städtische Politik trotz aller Antagonismen konfessioneller Prägung immer wieder vom Kaiser abhängig blieb[22].

---

[20] *Wilfried Ehbrecht*, Zu Ordnung und Selbstverständnis städtischer Gesellschaft im Späten Mittelalter, in: Blätter für Deutsche Landesgeschichte 110 (1974), 89 - 103; *ders.* (Hrsg.), Städtische Führungsschicht und Gemeinde in der werdenden Neuzeit, Köln, Wien 1980; *Karl Czok*, Revolutionäre Volksbewegungen in mitteldeutschen Städten, in: Leo Stern / Max Steinmetz (Hrsg.), 450 Jahre Reformation, Berlin 1967, 128 - 145; *Hans-Christoph Rublack*, Political and social norms in urban communities in the Holy Roman Empire, in: Kaspar v. Greyerz (Hrsg.), Religion, politics and social protest: three studies on early modern Germany, London 1984, 24 - 60; *Rhiman A. Rotz*, „Social Struggles“ or the Price of Power? German Urban Uprising in the late middle ages, in: Archiv für Reformationsgeschichte 76 (1985), 64 - 95.

[21] Vgl. die in Anm. 31 und 60 zitierte Literatur.

[22] *Georg Schmidt*, Der Städtetag in der Reichsverfassung. Eine Untersuchung zur korporativen Politik der Freien Reichsstädte in der ersten Hälfte des 16. Jahrhunderts, Stuttgart 1984.

Diese Verbindung zum Kaiser war naturgemäß wichtiger für die regierenden Gruppen der Stadt als für die Unterschichten — sie war sicher auch regional unterschiedlich, etwa gemäß den von Peter Moraw herausgearbeiteten Beziehungsfeldern des Reiches zum Kaiser[23]. Der Kaiser substituierte die Schwächen der städtischen Oberschichten im Inneren der Stadt gegen die Gefahr des Druckes von unten — seine Autorität schützte die Städte aber auch vor dem Zugriff mächtiger Territorialherren. Es war die kaiserliche Garantie, die einen aggressiven Landesherrn immer wieder der Gefahr aussetzte, durch kaiserliche Gegenmaßnahmen zur Raison gebracht zu werden, wenn er sich an reichsstädtischer Autonomie vergriff — die Katastrophe des Herzogs Ulrich von Württemberg nach seinem Überfall auf die Reichsstadt Reutlingen 1519 blieb eine Mahnung für alle, die ähnliche Gelüste zeigten.

In der Mitte des 15. Jahrhunderts war freilich die kaiserliche Autorität sehr stark geschwunden — bezeichnenderweise wurden damals die letzten großen Auseinandersetzungen zwischen Städtebünden und Fürstenstaaten ausgefochten; Friedrich III. suchte zwar noch den Kontakt zu den Städten, suchte ihre Kräfte zu mobilisieren, konnte und wollte aber ihre Position nur in Grenzen stärken — der Kaiser war mehr der erste unter den Fürsten als ein effektiver Protektor der Städte[24]. Die Reichsferne Friedrichs III. warf hier ihren Schatten — so wurde das 15. Jahrhundert in vielerlei Hinsicht ein Jahrhundert des Widerstreits relativ ungezügelter Konflikte, in deren Feuer sich das territoriale Gefüge verfestigten. Maximilian I. näherte sich dann den Reichsstädten wieder; die süddeutschen wurden in großer Zahl in das Protektionssystems des Schwäbischen Bundes einverleibt, das ein wichtiger Eckpfeiler der kaiserlichen Reichspolitik wurde[25]. Das Reichsoberhaupt konnte seine Stellung gegenüber den Städten vielfach stabilisieren, besonders im Süden, während er dem Norden fernblieb — die städtischen Autonomiebewegungen gegen norddeutsche Landesfürsten erfuhren keinen wesentlichen kaiserlichen Rückhalt, anders als im Süden[26]. Allein im Westen des Reiches rückte das Erzhaus wieder näher,

---

23 *Peter Moraw*, Landesgeschichte und Reichsgeschichte im 14. Jahrhundert, in: Jahrbuch für westdeutsche Landesgeschichte 3 (1977), 175 - 191.

24 Vgl. die in Anm. 18 zitierte Literatur.

25 *Ernst Bock*, Der Schwäbische Bund und seine Verfassungen (1488 - 1534). Ein Beitrag zur Geschichte der Zeit der Reichsreform, Breslau 1927; *Adolf Laufs*, Der Schwäbische Kreis. Studien über Einungswesen und Reichsverfassung im deutschen Südwesten zu Beginn der Neuzeit, Aalen 1971, 58 - 155.

26 *Hermann Wiesflecker*, Kaiser Maximilian I. Das Reich, Österreich und Europa an der Wende zur Neuzeit, Bd. 5, München, Wien 1986, 59 - 71; *Adolf Laufs*, Reichsstädte und Reichsreform, in: ZRG, Germ. Abt. 84 (1967), 172 - 201; *Walter Hölbling*, Maximilian I. und sein Verhältnis zu den Reichsständen, Diss. phil. (Masch.) Graz 1970; *Werner Watzenig*, Die Finanz- und Wirtschaftspolitik in den Erblanden und im Reich unter Maximilian I. in den Jahren 1493 - 1507, Diss. phil. (Masch.), Graz 1983.

vor allem seit 1477 Maximilian die Herrschaft der Niederlande angetreten hatte — Städte wie Köln und Aachen gerieten unter den kaiserlichen Einfluß wegen ihrer Schlüsselfunktionen für die niederländischen Besitzungen der Habsburger, besonders als diese unter Karl V. zu den eigentlichen Erblanden des Kaisers wurden[27].

Mehr noch als das individuelle Engagement der Herrscher hat der Verrechtlichungsprozeß der Reichsverfassung die städtischen Positionen stabilisiert. Das gemeinsame Interesse am Überleben wurde eingebunden in eine Präzisierung und Juridifizierung der Reichsverfassung, die für die städtischen Ordnungen und Privilegien zu einer Bestandsgarantie wurde. Die Juridifizierung der Reichsverfassung stellte aber auch das innere Herrschaftsgefüge der Städte zunehmend unter reichsrechtliche Garantien — die Verpfändungen von Reichsstädten, die im späten Mittelalter sehr häufig waren, hörten auf, die bilaterale Beziehung zwischen Stadt und König wurde ersetzt durch die formale Einbettung in das Reichsgefüge unter der Norm der „Reichsunmittelbarkeit". Sie trat als eine gleichsam abstrakte bindende Größe mehr und mehr neben die persönliche Autorität des Kaisers, die nach wie vor wirksam blieb. Aber mit der städtischen Unabhängigkeit und mit der inneren Verfassung der Reichsstädte stabilisierten die reichsrechtlichen Normen auch das innerstädtische Sozialgefüge, das jeweils durch die Stadtverfassung eingerahmt wurde. Dies war ein indirekt wirksamer Prozeß, der eine jahrhundertelange Kontinuität gewinnen konnte. Im 16. Jahrhundert wußte man davon freilich noch relativ wenig.

Die Autonomie der verbleibenden Reichsstädte wurde durch ihre Integration in den (seit dem späten 15. Jahrhundert) entstehenden Reichstag gestützt, wo sie eine dritte, freilich minderberechtigte Kurie bildeten; sie hatten gegenüber dem „Conclusum duorum" von Kurfürsten und Fürsten keine Chance. Auf dem Reichstag war ihre Kurie in zwei Bänke unterteilt, die Rheinische und die Schwäbische; die Gruppe der Reichsstädte strukturierte sich auch dadurch, daß einzelne Städte einen Vorrang erreichten. Auf der Institution des „Städtetages", der ebenfalls regionale Gliederungen entwickeln konnte, suchte man sich abzustimmen. Gerade im Reformationszeitalter erreichte die reichspolitische Bedeutung der Städte einen letzten Höhepunkt — in der Folge ging der Einfluß von Städtekurie und Städtetag ständig zurück. Durch die Entstehung eines immerwährenden Reichstages in Regensburg seit 1663 verlor der Städtetag seine Funktionen und stellte seine Tätigkeit ein; auf dem Reichstag waren die Städte dann oft nur durch Regensburger Bürger vertreten. Auch wenn 1648 den Reichsstädten

[27] *Volker Press*, Die Niederlande und das Reich in der frühen Neuzeit, in: W. P. Blockmans u. H. van Nuffel (Hrsg.), État et réligion aux XVe et XVIe siècles, Brüssel 1986, 321 - 339.

formal das lange umstrittene „Votum decisum" überlassen wurde, war dies gegenüber dem Übergewicht der beiden vornehmen Kurien bedeutungslos. Die bessere Vertretung der Reichsstädte im Schwäbischen Bund (1488 - 1534) hing mit der territorialen Zersplitterung Schwabens zusammen, innerhalb derer der Einfluß der Städte relativ groß war. Als Kaiser Karl V. den Reichsstädten 1547 nach dem Modell des Schwäbischen Bundes in dem von ihm geplanten „Kaiserlichen Bund" einen verstärkten Einfluß einräumen wollte, schreckten die Städte vor dem Risiko zurück. Gleichwohl bedeutete die Verankerung der Reichsstädte im Gefüge des Reichstages eine zusätzliche Absicherung ihrer Autonomie und reichsunmittelbaren Existenz[28]. Allerdings erlebte man sowohl nach innen und nach außen immer noch erhebliche Krisenerscheinungen. Die genauen Ursachen für das tolle Jahr der reichsstädtischen Verfassungen 1513 — vielleicht spielte der Gemeine Pfennig von 1512 hier eine Rolle — sind letztlich ungeklärt, aber jene um sich greifende Krise konnte mehrere Städte noch immer nachhaltig erschüttern, ohne daß es zu wesentlichen Umstürzen kam. Vielleicht hat aber das Menetekel von 1512/14 die Politik der städtischen Räte in den stürmischen Jahren der Reformation entscheidend bestimmt[29].

Die Reichsstädte unterstanden in der Regel einem oligarchischen Regiment, so sehr es auch Differenzierungen gab, je nach dem Einfluß der Zünfte und der Ausbalancierung zünftischen und „patrizischen" Einflusses — Erich Maschke hat in einem berühmten Aufsatz ohnehin gezeigt, daß vielerorts auch die regierenden Zünfte das Handelsbürgertum verkörperten[30]. Daß die Herrschaft der großen Familien durch ihre

---

28 *Peter Moraw*, Versuch über die Entstehung des Reichstags, in: Hermann Weber (Hrsg.), Politische Ordnungen und soziale Kräfte im Alten Reich, Wiesbaden 1980, 1 - 36; *ders.*, Reichsstadt (Anm. 6); *Eberhard Isenmann*, Zur Frage der Reichsstandschaft der Frei- und Reichsstädte, in: Franz Quarthal / Wilfried Setzler (Hrsg.), Stadtverfassung, Verfassungsstaat, Pressepolitik. Festschrift für Eberhard Naujoks, Sigmaringen 1980, 91 - 110; *ders.*, Reichsstadt (Anm. 6); *Wilhelm Becker*, Über die Teilnahme der Städte an den Reichsversammlungen unter Friedrich III. 1440 - 1493, ND Aalen 1965 (zuerst 1891); *Schmidt*, Der Städtetag in der Reichsverfassung (Anm. 22); *Günter Buchstab*, Reichsstädte, Städtekurie und Westfälischer Friedenskongreß. Zusammenhänge von Sozialstruktur, Rechtsstatus und Wirtschaftskraft Münster 1976.

29 *Wiesflecker*, Kaiser Maximilian I. (Anm. 26), Bd. 5, 101 - 109; *Kurt Kaser*, Politische und soziale Bewegungen des deutschen Bürgertums zu Beginn des 16. Jahrhunderts, mit besonderer Rücksicht auf den Speyerer Aufstand im Jahre 1512, Stuttgart 1899; *Renate Fauland*, Kaiser Maximilian I., die Erblande, das Reich und Europa im Jahre 1514, Diss. phil. (Masch.), Graz 1977.

30 *Erich Maschke*, Verfassung und soziale Kräfte in der deutschen Stadt des späten Mittelalters, in: VSWG 46 (1959), 289 - 349, 433 - 476, jetzt in: ders., Städte und Menschen. Beiträge zur Geschichte der Stadt, der Wirtschaft und Gesellschaft 1959 - 1977, Wiesbaden 1980, 170 - 274; vgl. auch: *ders.*, Deutsche Städte am Ausgang des Mittelalters, in: Wilhelm Rausch (Hrsg.), Die Stadt am Ausgang des Mittelalters, Linz/Donau 1974, 1 - 44, jetzt in: *Maschke*, Städte und Menschen, 56 - 136.

Abkömmlichkeit bestimmt war, ist heute Allgemeingut — ihre Stellung gehörte zu den Ordnungsvorstellungen der Reichsstädte. Die Tendenz zu einer Willkürherrschaft war unzweifelhaft; die „Familien" unterlagen daher einem schwankenden Druck von unten, den sie zwar kanalisieren, aber kaum mit eigenen Machtmitteln niederhalten konnten — hier mußte die Autorität des Kaisers und die ordnungsstiftende Funktion der Reichsverfassung substituierend eintreten; gerade die Ereignisse um 1513 hatten ein Exempel dieser Labilität geliefert. Vorher und nachher war freilich auch die Gefahr des Zugriffs der großen Nachbarn demonstriert worden — der fortgesetzte Druck Bayerns gegen Regensburg und Donauwörth im 15. Jahrhundert[31], der Zug Herzog Ulrichs gegen Reutlingen 1519[32], schon vorher die Aktionen Sickingens gegen Worms und Frankfurt[33] demonstrierten die Empfindlichkeit der reichsstädtischen Position.

Die gefährlichste Bedrohung des labilen Gleichgewichts bedeutete die Reformation. Die meisten Städte, die bedeutenderen weit eher als die minder bedeutenden, wurden aufgewühlt von der Dynamik der evangelischen Bewegung, die fast allenthalben in den Stadtgemeinden einen Rückhalt hatte. In den kirchlichen Forderungen erhielt der politische Druck der Gemeinden einen neuen Kristallisationskern — teilweise boten die Bibel und die reformatorische Bewegung auch die Modelle einer Neugestaltung der innerstädtischen Konfigurationen. Die Position der alten Kirche, ein alter Pfahl im Fleisch der Städte, teils auch jene der bischöflichen Stadtherren, stand frei zum Sturm. Fast überall war — wenn auch unter sehr unterschiedlichen Vorzeichen — der Druck der Stadtgemeinden sehr stark[34].

---

31 *Ivo Striedinger,* Der Kampf um Regensburg 1486 - 1492, in: Verhandlungen des historischen Vereins von Oberpfalz 44 (1890/91), 1 - 88, 95 - 205; *Theodor Weiss,* Die Beziehungen der Stadt Donauwörth zu Bayern 1266 - 1459 und ihre Eroberung durch Herzog Ludwig den Reichen 1458, Diss. phil. München 1901.

32 *Christoph Friedrich v. Stälin,* Wirtembergische Geschichte, Bd. 4, Stuttgart 1870, 157 - 169.

33 *Heinrich Boos,* Franz von Sickingen und die Stadt Worms, in: ZGO 32 (1888), 386 - 422.

34 Grundlegend: *Bernd Moeller,* Reichsstadt und Reformation, Gütersloh 1962; *Gerhard Müller,* Reformation und Stadt. Zur Rezeption der evangelischen Verkündigung, Wiesbaden 1981; *Hans Baron,* Religion and Politics in the German Imperial Cities during the Reformation, in: English Historical Review 52 (1937), 405 - 427, 614 - 633; *Gerhard Pfeiffer,* Das Verhältnis von politischer und kirchlicher Gemeinde in den deutschen Reichsstädten, in: Walther Peter Fuchs (Hrsg.), Staat und Kirche im Wandel der Jahrhunderte, Stuttgart 1966, 79 - 99; *Steven E. Ozment,* The Reformation in the Cities, The Appeal of Protestantism to Sixteenth-Century Germany and Switzerland, New Haven, London ²1980. Zu den grundlegenden Voraussetzungen: *Rublack,* Political and social norms (Anm. 20).

Für die oligarchischen Räte der Städte freilich war die Situation komplex. Auch in ihre Kreise hatte die reformatorische Predigt Eingang gefunden, aber sehr viel deutlicher als die Gemeinden begriffen sie die Gefahr, in die sie der Druck von unten bringen konnte, wenn man durch die evangelische Lehre allzu sehr in einen Gegensatz zum Reichsoberhaupt und Protektor geriet. Dieser, Kaiser Karl V., war aus seiner spanisch-niederländischen Verankerung heraus entschiedener Katholik; er war zwar durch die mediterranen Schwerpunkte seiner imperialen Politik sehr häufig fern und konnte deshalb nur schwer unmittelbar eingreifen. Kaiserliche Politik gegenüber den Städten blieb aber angesichts des landesfürstlichen Drucks von höchster Bedeutung — die Ferne des Kaisers hat andererseits der landesfürstlichen Politik gegenüber den Städten vielfach den Weg freigemacht. In dieser Situation war es sicher günstig, daß sich das Normensystem des Reiches von der Person des Kaisers zu lösen begonnen hatte — aber der Schatten Karls V. fiel dennoch über die innerstädtischen Reformationsentwicklungen, eine Situation, die noch kompliziert wurde durch die Position des zweiten Habsburgers, des Erzherzogs und späteren Königs Ferdinand im deutschen Südwesten[35]. Wie würde das städtische Herrschaftsgefüge auf das Einwirken so verschiedener Kräfte reagieren?

In der Mehrzahl der Städte vollzog sich eine Hinwendung zur Reformation. Die Obrigkeiten gaben ihr mehr oder weniger freie Bahn und stellten sich an die Spitze der Bewegung — die Rücksichtnahme auf das Reichsoberhaupt blieb freilich relativ stark. Ihm gegenüber trieb man eine ausgesprochen defensive Politik — in vollem Bewußtsein der eigenen Schwächen. Aber die Reformation setzte sich in den meisten Städten dennoch durch — die Städteboten spielten im Rahmen der evangelischen Reichs-, Bündnis- und Konfessionspolitik eine wichtige Rolle[36]. Die führenden Städte standen einerseits im evangelischen Lager an vorderster Front, sie verharrten andererseits in Rücksicht auf den Kaiser. Dies war vor allem die Politik der herrschenden Ratsoligarchien, die durchzulavieren versuchten zwischen Kaiser und Gemeinde, wie Brady jüngst erneut deutlich gemacht hat[37]. Für sie gab es

[35] *Alfred Kohler*, Antihabsburgische Opposition in der Epoche Karls V. Die reichsständische Opposition gegen die Wahl Ferdinands I. zum römischen König und gegen die Anerkennung seines Königtums (1524 - 1534), Göttingen 1982.

[36] *Schmidt*, Der Städtetag in der Reichsverfassung (Anm. 22).

[37] *Brady*, Turning Swiss (Anm. 17); *Schmidt*, Der Städtetag in der Reichsverfassung (Anm. 22); *Hans-Christoph Rublack*, Die Außenpolitik der Reichsstadt Konstanz während der Reformationszeit, in: Bernd Moeller (Hrsg.), Der Konstanzer Reformator Ambrosius Blarer 1492 - 1564, Konstanz 1962, 56 - 80; *ders.*, Nördlingen zwischen Kaiser und Reformation, in: Archiv für Reformationsgeschichte 71 (1980), 113 - 133; *ders.*, Eine bürgerliche Reformation: Nördlingen, Gütersloh 1982; *Jahns*, Frankfurt, Reformation und Schmalkaldischer Bund (Anm. 19).

zweifellos auch ein beträchtliches religiöses Engagement, das sie durchaus mit der Gemeinde verband — der Gegensatz zur alten Kirche wirkte solidarisierend im Inneren der Reichsstädte. Die meisten süddeutschen Städte, mit Ausnahme der katholischen und des besonders lavierenden evangelischen Nürnberg[38], begaben sich auf die Linie einer evangelischen Bündnispolitik, die sie schließlich ins kaiserfeindliche Lager und in den Konflikt mit dem Reichsoberhaupt führte. Eine große Zahl evangelischer Städte schloß sich dem Schmalkaldischen Bund an[39].

Hier spielte der Druck von unten sicher keine geringe Rolle. Die Ferne des Kaisers, der 1530 den Städten seine Ungnade durchaus signalisiert hatte[40], war weiterhin entscheidend. Sie hatte noch andere Folgen. Eine ganze Reihe oberdeutscher Städte näherte sich politisch und konfessionell der Schweiz an — das Ausmaß der Bewegung ist ebenso wenig voll erforscht wie ihr theologischer Gehalt[41]. Die Gemeindekirche in den Städten oder, besser gesagt: das Nebeneinander von Ratsoligarchie und Gemeindekirche, war eine wichtige Gemeinsamkeit mit der Schweiz — die Rückkoppelung der kirchlichen Verhältnisse mit den städtischen Machtverhältnissen wird immer deutlicher, auch wenn Zünfte und Stadtgemeinde stärker vorwärtsdrängten als der Magistrat. Es scheint aber, als ob auch in allen evangelischen oberdeutschen Reichsstädten der Rat das Heft stets in der Hand behalten konnte. Seit 1530 aber begann die lutherisch geprägte Reformation das Übergewicht zu gewinnen, schließlich entscheidend begünstigt durch die württembergische Konfessionsentwicklung nach 1534[42] — in der einsetzenden Hinwendung der Städte zum Luthertum spielte die Rücksicht auf das Normensystem des Reiches eine bedeutende Rolle[43],

---

38 *Georg Schmidt,* Die Haltung des Städtecorpus zur Reformation und die Nürnberger Bündnispolitik, in: Archiv für Reformationsgeschichte 75 (1984), 194 - 233; *Günter Vogler,* Nürnberg 1524/25. Studien zur Geschichte der reformatorischen und sozialen Bewegung in der Reichsstadt, Berlin 1982; *Heinrich Schmidt,* Reichsstädte, Reich und Reformation. Korporative Religionspolitik 1521 - 1529/30, Stuttgart 1986.

39 *Georg Schmidt,* Die Freien und Reichsstädte im Schmalkaldischen Bund, in: Volker Press / Dieter Stievermann (Hrsg.), Martin Luther: Probleme seiner Zeit, Stuttgart 1986, 177 - 218.

40 *Schmidt,* Der Städtetag in der Reichsverfassung (Anm. 22), 510 - 512; *Wolfgang Reinhard,* Die kirchenpolitischen Vorstellungen Kaiser Karls V. Ihre Grundlagen und ihr Wandel, in: Erwin Iserloh (Hrsg.), Confessio Augustana und Confutatio. Der Augsburger Reichstag 1530 und die Einheit der Kirche, Münster ²1980, 62 - 100, hier: 97 f.

41 Dazu: *Moeller,* Reichsstadt und Reformation (Anm. 34).

42 *Volker Press,* 1534 — Ein Epochenjahr der Württembergischen Geschichte, in: Beiträge zur Landeskunde 5 (1984), 1 - 12; *Martin Brecht / Hermann Ehmer,* Südwestdeutsche Reformationsgeschichte, Stuttgart 1984, 195 - 290.

43 *Volker Press,* Reformatorische Bewegung und Reichsverfassung. Zum Durchbruch der Reformation — Soziale, politische und religiöse Faktoren, in: Press / Stievermann (Hrsg.), Martin Luther (Anm. 39), 11 - 42.

dieses wiederum stabilisierte die innerstädtischen oligarchischen Ordnungen.

Für eine ganze Reihe von Städten war die Situation 1525 anläßlich des Bauernkriegs kritisch geworden; die agrarischen Bewegungen verbanden sich mit den innerstädtischen, dramatisch dokumentiert im thüringischen Mühlhausen; aber auch im Westen und Süden des Reiches fehlten solche Bewegungen nicht[44]. Die Aktivitäten der Gemeinden setzten allenthalben die Magistrate verstärkt unter Druck, die Querverbindungen zur bäuerlichen Bewegung waren offenbar. Der Sieg des Schwäbischen Bundes und der verbündeten Heere stabilisierte denn auch die Situation zugunsten der Obrigkeiten; das Kräftespiel zwischen Rat und Gemeinde hörte dennoch nicht auf. Kein Geringerer als Martin Luther hat das Spannungsfeld der Reichsstädte zwischen Karl V. und Zwingli, zwischen Kaiser und Gemeinde sehr deutlich erkannt und daher den politischen Wert und die konfessionelle Stabilität der Reichsstädte relativ gering geachtet[45].

In einer Reihe von Städten, in denen der kaiserliche Einfluß stark blieb, setzte sich auf der anderen Seite das Festhalten des Magistrats an der alten Kirche durch — besonders da, wo die Anlehnung an das österreichische Herrschaftssystem besonders ausgeprägt war, etwa in Überlingen[46] oder in Rottweil[47], wo der Rat einen beträchtlichen Teil der Bürgerschaft wegen seiner Konfession auswies. Bei diesem Kräftespiel war der im Reich weilende Erzherzog und König Ferdinand wichtiger als sein ferner kaiserlicher Bruder. Andererseits hat die Nähe der habsburgischen Niederlande sicher der Stabilisierung der alten Kirche in den Reichsstädten Köln und Aachen einen wichtigen Rückhalt gegeben; die herrschenden Oligarchen, vor allem in Köln, konnten ihre Position so leichter behaupten[48].

---

44 *Günther Franz,* Der deutsche Bauernkrieg, Darmstadt [10]1975; *Otthein Rammstedt,* Stadtunruhen 1525, in: Hans-Ulrich Wehler (Hrsg.), Der Deutsche Bauernkrieg 1524 - 1526 (= Geschichte und Gesellschaft, Sonderheft 1), Göttingen 1975, 239 - 276.

45 *Wolfgang Reinhard,* Luther und die Städte, in: Erwin Iserloh / Gerhard Müller (Hrsg), Luther und die politische Welt. Wissenschaftliches Symposion in Worms 25. - 29. Oktober 1983, Stuttgart 1984, 82 - 112; *Bernd Moeller,* Korreferat zu Wolfgang Reinhard: Luther und die Städte, in: ebd., 113 - 121; *Volker Press,* Martin Luther und die sozialen Kräfte seiner Zeit, in: ebd., 189 - 217.

46 Bereits im August 1527 konnte der Kaiser das katholische Überlingen auffordern, seine Nachbarn bei der alten Kirche zu halten — das Gebot wurde an Ravensburg, Wangen, Pfullendorf und Buchau weitergegeben; *Brecht / Ehmer,* Südwestdeutsche Reformationsgeschichte (Anm. 42), 133.

47 *Martin Brecht,* Die gescheiterte Reformation in Rottweil, in: Blätter für Württembergische Kirchengeschichte 75 (1975), 5 - 22.

48 *Robert W. Scribner,* Why was there no Reformation in Cologne, in: Bulletin of the Institute of Historical Research 49 (1976), 218 - 241; dazu die

Als 1547/48 Kaiser Karl V. nach dem Sieg über die Schmalkaldener auf dem Höhepunkt seiner Macht stand, entschied er sich ganz bewußt für eine Verfestigung der Herrschaft der großen Familien in den Reichsstädten und damit langfristig für die Stabilisierung ihrer oligarchischen Strukturen[49]. Auch wenn die Einbindung der Städte in einen Kaiserlichen Bund und damit ihre verstärkte Mobilisierung für das Reichsoberhaupt mißlang, wurde die Absprengung von den Schweizer Verbindungen, die schon im Zurückgehen waren, vollendet; der Triumph der reichsrechtlichen Normen zeichnete sich ab. Die kaiserliche Politik führte also die Städte nicht nur in die Obödienz des Reichsoberhauptes zurück — sie erkannte zugleich, daß die zentrifugalen Kräfte und die neue Lehre etwas zu tun hatten mit dem Einfluß der dynamischen, in ihren Rücksichten weniger gebundenen Stadtgemeinden; altgläubige Augsburger, andere Oberdeutsche und auch der umtriebige Verfechter der alten Kirche und kaiserliche Parteigänger Abt Gerwig Blarer von Weingarten haben diese Vorstellungen dem Kaiser nahegebracht. Die Zielsetzung gipfelte also in der Kombination von Unterwerfung und Umgestaltung der Räte in den Städten. Auch wenn die weitergreifenden Aktivitäten des Reichsoberhauptes, wie etwa die zur alten Kirche zurücklenkende Formel des Interim, sich auf Dauer nicht durchsetzten, so bedeuteten sie doch einen tiefen Einschnitt. Am konstantesten wirkten sich die Umgestaltungen der Ratsverfassungen aus, die bis zum Ende des Alten Reiches wirksam blieben — sie bedeuteten nichts anderes als die Konservierung einer oligarchisch-herrschaftlichen Struktur, die es nur wenig später den städtischen Räten ermöglichte, fast Souveränitätsrechte zu reklamieren. Vielleicht wurde ihr Sieg auf dem politischen Feld dadurch erleichtert, daß die Stadtgemeinden in der Kirchenfrage ihr Hauptproblem sahen.

Das Interim unterlag vielfach der Kritik der Gemeinden, aber die Obrigkeiten setzten es nach 1548 weithin durch, unzweifelhaft aus Rücksicht auf den Kaiser — sie zerschlugen damit meist die gewachsene

---

Kritik von *Franz Petri*, Einführung, in: ders. (Hrsg.), Kirche und gesellschaftlicher Wandel in deutschen und niederländischen Städten der werdenden Neuzeit, Wien, Köln 1980, XI.

[49] *Eberhard Naujoks*, Obrigkeitsgedanke, Zunftverfassung und Reformation. Studien zur Verfassungsgeschichte von Ulm, Eßlingen und Schwäb. Gmünd, Stuttgart 1958; neuerdings: ders. (Hrsg.), Kaiser Karl V. und die Zunftverfassung. Ausgewählte Aktenstücke zu der Verfassungsänderung in den oberdeutschen Reichsstädten (1547 - 1556), Stuttgart 1984. Zum Hintergrund: *Martti Salomies*, Die Pläne Karls V. für eine Reichsreform mit Hilfe eines allgemeinen Bundes, Helsinki 1953; *Horst Rabe*, Reichsbund und Interim. Die Verfassungs- und Religionspolitik Karls V. und der Reichstag von Augsburg 1547/48, Köln, Wien 1971; *Volker Press*, Die Bundespläne Karls V. und die Reichsverfassung, in: Heinrich Lutz (Hrsg.), Das römisch-deutsche Reich im politischen System Karls V., München 1982, 55 - 107.

evangelische Kirchenstruktur[50]. An manchen Orten dauerte es überaus lange, daß man sich dieser konfessionellen Fessel wieder entledigte. Der Druck der Gemeinden richtete sich häufig gegen das Interim. Der Kampf gegen das Interim wurde somit erneut ein Instrument innerstädtischer Herrschaftsgestaltung. Am Ende stand in der Regel die Stabilisierung des Luthertums, das Erlöschen der Schweizer Neigungen in Oberdeutschland und damit das Einschwenken auf das Normensystem des Religionsfriedens von 1555 mit der Monopolisierung des Luthertums als einziger zugelassener evangelischer Konfession.

Die Eingriffe in die städtischen Herrschaftsstrukturen waren, wie gesagt, dauerhafter. Die „Hasenräte", nach dem kaiserlichen Kommissar so benannt, befestigten die Herrschaft der großen städtischen Familien, deren politischem Kalkül man mehr Besonnenheit zutraute — der Kaiser intervenierte nicht nur in evangelischen Städten, sondern auch in katholischen wie Überlingen und Schwäbisch Gmünd. Die Herrschaft der Geschlechter sollte die Stabilität der Städte gegen die Dynamik der Bewegungen von unten sichern; sie blieb bis zum Ende des Alten Reiches bestehen, alle Versuche, die Regelungen wieder umzustürzen, sollten im Prinzip scheitern — es gab allenfalls leichte Korrekturen, die einer weiterschreitenden Entwicklung Rechnung trugen. Das politische Kalkül ging durchaus auf — die Städte waren in die Loyalität zum Kaiser, in die prinzipielle Reichstreue zurückgeführt. Eine autonome Städtepolitik gab es allenfalls noch einmal in der Krise des Reiches nach 1608 und im Dreißigjährigen Krieg, wo man freilich dann um die nackte Existenz zu kämpfen hatte.

Die Weichenstellungen nach 1548 führten die Reichsstädte endgültig zurück in die ständische Welt des Alten Reiches — die Stadtregierungen, die von den Geschlechtern getragen und damit in oligarchische Entwicklungen eingebunden waren, wurden endgültig fixiert. Die Frage der Kirche, einst Konfliktfeld innerhalb der Stadt und Katalysator gemeindlicher Autonomiebestrebungen, war in den evangelischen Städten andererseits entschieden zugunsten einer Verstärkung der Obrigkeiten durch Einverleibung des Kirchenwesens in ihre Kompetenz — auch auf diesen Bereich wurde das beanspruchte jus superioritatis ausgedehnt[51]. Der Augsburger Religionsfriede von 1555 hatte den städtischen Obrigkeiten den Religionsbann nur beschränkt verliehen — er hatte mit der Fixierung des Konfessionsbestandes eine dynamische Entwicklung eingefroren. In den paritätischen Städten, in denen die Fragen der Ver-

---

50 *Brecht / Ehmer,* Südwestdeutsche Reformationsgeschichte (Anm. 42), 293 - 304.

51 Dazu demnächst exemplarisch: *Tilman M. Schröder,* Das reichsstädtische Kirchenregiment in Esslingen 1500 - 1800, Diss. phil. Tübingen 1986.

fügung über das Kirchengut und des konfessionellen Besitzstandes umkämpft blieben, waren damit vielfach Sprengsätze für eine krisenreiche Zukunft gelegt[52]. Andererseits mußten konfessionelle Umsturzversuche, wie sie z. B. in Aachen wiederholt stattfanden, fast zwangsläufig an der Mauer des Religionsfriedens scheitern[53].

Aber die seit 1555 kräftig verstärkte Verrechtlichung des Reichsverbandes hatte deutliche Konsequenzen für die Sozialstrukturen. Die älteren Stadtverfassungen wurden ebenso wie die Ordnungen nach 1548 festgeschrieben als gültiges Recht — die Konsequenz von Landfriedensordnung und Religionsfrieden war die rechtliche Fixierung der Verfassungsstrukturen; vor allem in den auf den politisch-rechtlichen Rahmen des Reichsverbandes angewiesenen Reichsstädten wurden sie damit sehr stark untermauert. Die enge Verflechtung von Sozial- und Verfassungsstrukturen bremste nun die Dynamik der sozialen Entwicklungen innerhalb der Mauern; die Verfassung wies dem einzelnen auch seine soziale Position zu; damit war die innerstädtische Mobilität in hohem Maße eingeengt — auch die Familienverbände, die die städtischen Regimenter in der Hand hatten, klammerten sich daran — gleichgültig, ob sie adeligen oder bürgerlichen Charakter hatten.

Aber innerhalb der Reichsstädte drängten Kräfte auf eine Weiterentwicklung der oligarchischen Verfassungen. Die Stabilisierung von außen bremste und engte die natürlichen Bewegungen ein. Eine weitergehende ökonomische Entwicklung, demographischer Druck bereits am Ende des 16. Jahrhunderts führten in mancher Stadt frühzeitig zu einer Opposition gegen die einengenden Verfassungsstrukturen. Seit Ende des 16. Jahrhunderts setzte eine Welle von erneuten Krisen in den Reichsstädten ein; sie fand ihren Höhepunkt im Frankfurter Fettmilchaufstand von 1612, in dem sich populäre Bewegungen mit gleichzeitigem Stoß gegen Obrigkeit, niederländische Emigranten und Juden verbanden. Auch wenn es möglicherweise an Unterstützung durch interessierte Reichsstände nicht gefehlt hatte, so mußten Fettmilch und seine Anhänger schließlich am kollektiven Schutzsystem des Alten Reiches scheitern; Kaiser und Reichshofrat setzten mit Kurmainz und Hessen-Darmstadt zwei starke benachbarte Reichsfürsten als Kommissare ein, die die Bewegung niederhielten — am Ende stand mit dem Bürgerver-

52 *Paul Warmbrunn,* Zwei Konfessionen in einer Stadt. Das Zusammenleben von Katholiken und Protestanten in den paritätischen Reichsstädten Augsburg, Biberach, Ravensburg und Dinkelsbühl von 1548 - 1648, Wiesbaden 1983.

53 *Heinz Schilling,* Bürgerkämpfe in Aachen zu Beginn des 17. Jahrhunderts. Konflikte im Rahmen der alteuropäischen Stadtgesellschaft oder im Umkreis der frühbürgerlichen Revolution, in: ZHF 1 (1974), 175 - 231 (mit der älteren Literatur).

trag von 1616 eine verbesserte Rechtsordnung für Frankfurt, die das Geschehen der beiden letzten Jahrhunderte des Alten Reiches bestimmen sollte[54]. In Worms, wo es gleichfalls eine starke Judengemeinde gab, waren die Parellelen zu den Frankfurter Ereignissen unverkennbar[55]. Auch in Wetzlar[56] kam es zur Judenaustreibung. Weitere schwere innerstädtische Auseinandersetzungen sahen Lübeck[57], Aachen[58], Köln[59], Donauwörth[60] und Schwäbisch Hall[61].

Die nach den 1580er Jahren wieder verstärkt auftretenden inneren Konflikte der Reichsstädte haben durchaus gezeigt, daß die Dynamik der innerstädtischen sozialen Entwicklungen an jenen Grenzen rüttelte, die durch die Stadtverfassungen gegeben waren[62]. Es erwies sich aber auch, daß die kaiserlichen Interventionen die Tendenz hatten, das städtische Regiment zu stabilisieren, aber auch die sozialen Konflikte so zu kanalisieren, daß einerseits erneute Unruhen so weit als möglich vermieden werden konnten, daß andererseits die Rechtsordnung gewahrt blieb[63]. Daraus folgte eine Tendenz zur teilweisen Ausschaltung

---

54 *Georg Kriegk,* Geschichte von Frankfurt am Main in ausgewählten Darstellungen, Frankfurt 1871, 237 - 417; *Matthias Meyn,* Die Reichsstadt Frankfurt vor dem Bürgeraufstand von 1612 bis 1614, Frankfurt 1981; *Friedrich Bothe,* Geschichte der Stadt Frankfurt am Main, Frankfurt a. M. ³1977.

55 *Heinrich Boos,* Geschichte der rheinischen Städtekultur von den Anfängen bis zur Gegenwart, mit besonderer Berücksichtigung von Worms, Bd. 3, Berlin 1899, 169 - 173.

56 *Gottlieb Trauthig,* Die Reichsstadt Wetzlar zur Zeit des Dreißigjährigen Krieges, Wetzlar 1928; *Volker Press,* Wetzlar — Reichsstadt und Reich im Spätmittelalter und in der frühen Neuzeit, in: Mitteilungen des Wetzlarer Geschichtsvereins 31 (1985), 70 - 73.

57 *Jürgen Asch,* Rat und Bürgerschaft in Lübeck 1598 - 1669, Lübeck 1961, 56 - 93.

58 *Heinrich Pennings,* Die Religionsunruhen in Aachen und die beiden Städtetage zu Speyer und Heilbronn 1581 und 1582, in: Zeitschrift des Aachener Geschichtsvereins 27 (1906), 25 - 108; *Heinz Schilling,* Bürgerkämpfe in Aachen zu Beginn des 17. Jahrhunderts (Anm. 53), 175 - 231.

59 *Ludwig Ennen,* Geschichte der Stadt Köln, Bd. 5, Köln, Neuß 1880, 532 - 549.

60 *Felix Stieve,* Der Kampf um Donauwörth im Zusammenhange der Reichsgeschichte dargestellt, München 1875.

61 *Christian Kolb,* Die Schneckischen Unruhen in Schwäbisch-Hall 1601 - 1604, in: Württembergische Vierteljahreshefte für Landesgeschichte NF 2 (1893), 163 - 216.

62 Zu alldem grundsätzlich: *Christopher Friederichs,* German Town Revolts and the Seventeenth Century Crisis, in: Renaissance and Modern Studies 26 (1982), 27 - 51; *ders.,* Urban Conflicts and the Imperial Constitution in Seventeenth-Century Germany, in: Journal of Modern History 58, Supplement, 1986; *ders.,* Urban Politics and Urban Social Structure in Seventeenth-Century Germany, demnächst in: Georg Schmidt (Hrsg.), Stände und Gesellschaft im alten Reich. Sammelband eines deutsch-amerikanischen Kolloquiums in Mainz, 17. - 20. September 1986.

63 Zum Grundsätzlichen: *Johann Jacob Moser,* Von der Reichs-Stättischen Regiments-Verfassung, Frankfurt, Leipzig 1772; *Otto Brunner,* Souveräni-

von städtischen Krisenherden und damit eine Öffnung der gesellschaftlichen Entwicklung. Dies aber bedeutete eine strikt begrenzte Art der Korrektur und beschränkte sich nur auf das Kurieren von Symptomen — im Prinzip hatte die juristisch orientierte Stabilisierungspolitik ihre klar beschränkten Grenzen. Die Verfestigung der städtischen Herrschaft band die Kräfte der städtischen Gesellschaft.

Die Jahre des Dreißigjährigen Krieges haben offenbar vielfältige Rückwirkungen auf das innerstädtische Gefüge gehabt, ohne daß die Vorgänge bis heute erforscht wären[64]. Sicher haben die demographischen Einbrüche den Druck auf die Gesellschaft entlastet; konfessionelle Verschiebungen zwischen Evangelischen und Katholiken betrafen nicht nur die Herrschafts-, sondern auch die Sozialstruktur der Städte, ganz zu schweigen von der Massenflucht vom Land in die Städte, deren Entwicklung zu Märkten für das Plünderungsgut aus den Beutezügen auf dem Land. Dies regte zum Teil die städtische Gesellschaft an, ganz abgesehen von den Geldanlagen der Kriegsgewinnler.

So sehr aber der Dreißigjährige Krieg vielfach den inneren sozialen Druck in den Städten entspannte, sieht man einmal von den gewaltsamen Verschiebungen zugunsten der Katholiken in den paritätischen Reichsstädten ab, so hat doch sein Erbe auch die Städte aufs Schwerste belastet — z. B. durch eine vielfach nicht mehr korrigierbare Explosion des Schuldenwesens[65]. In der Situation des Mangels wurde der Druck der umliegenden Landesfürsten stärker; der Territorialstaat ging wesentlich gekräftigter aus dem Großen Krieg hervor als die Reichsstädte

---

tätsproblem und Sozialstruktur in den deutschen Reichsstädten der frühen Neuzeit, in: VSWG 50 (1963), 329 - 360; auch in *ders.*, Neue Wege der Verfassungs- und Sozialgeschichte, Göttingen ³1980, 294 - 321; *Hermann Conrad,* Die verfassungsrechtliche Bedeutung der Reichsstädte im Deutschen Reich, in: Studium Generale 16 (1963), 493 - 500; *Reinhard Hildebrandt,* Rat contra Bürgerschaft. Die Verfassungskonflikte in den Reichsstädten des 17. und 18. Jahrhunderts, in: Zeitschrift für Stadtgeschichte, Stadtsoziologie und Denkmalpflege 1 (1974), 221 - 241; *Mack Walker,* German Home Towns. Community, State and General Estate. 1648 - 1871, Ithaca, London 1971; *Klaus Gerteis,* Frühneuzeitliche Stadtrevolten im sozialen und institutionellen Bedingungsrahmen, in: Wilhelm Rausch (Hrsg.), Die Städte Mitteleuropas im 17. und 18. Jahrhundert, Linz 1981, 43 - 58; *ders.*, Repräsentation und Zunftverfassung. Handwerkerunruhen und Verfassungskonflikte in südwestdeutschen Städten vor der Französischen Revolution, in: ZGO 122 (1974), 275 - 287; *Otto Borst,* Zur Verfassung und Sozialstruktur oberdeutscher Reichsstädte im Ende des Alten Reiches, in: Esslinger Studien 10 (1964), 106 - 194. Neuerdings gekürzt in: *ders.*, Babel oder Jerusalem. Sechs Kapitel Stadtgeschichte, Stuttgart 1984, 305 - 353.

64 Vgl. *Günther Franz,* Der Dreißigjährige Krieg und das deutsche Volk, Stuttgart ⁴1979.

65 *Eberhard Gothein,* Die deutschen Kreditverhältnisse und der Dreißigjährige Krieg. Einleitung zu *Eberhard Gothein* (Hrsg.), Ein Neu, Nutzlich- und Lustigs Colloquium von Ettlichen Reichstags-Puncten, Leipzig 1893.

— er begann vielerorts die alte Politik der Pressionen gegen diese reichsunmittelbaren Gebilde fortzusetzen und zu verstärken, die die Unvollständigkeit der eigenen territorialen Entwicklungen signalisierten, nun mit den verbesserten Methoden, die Kameralismus und Merkantilismus zur Verfügung stellten. Vielfach blühten unter der kräftigen Förderung ihrer Landesherren neben den Reichsstädten benachbarte Landesstädte auf und entzogen oder beschnitten den alten Reichsstädten ihre Existenzgrundlage. Von der vergleichsweise anderen Entwicklung der Landesstädte wird noch die Rede sein. Auch die zunehmenden Interventionen der Landesfürsten in das Wirtschaftsleben ihrer Territorien blieben nicht ohne Folgen für das reichsstädtische Gefüge.

Als allmählich die allgemeine Situation in den Städten wieder stabiler wurde, stießen die Bewegungen der städtischen Gesellschaft, so begrenzt sie auch durch den vorgegebenen Rahmen gehalten waren, immer wieder auf das Mauerwerk von Tradition und Verfassung. Dieses war durch den Westfälischen Frieden noch fester ausgebaut worden. In ihm wurde die Entwicklung des Reichsverbandes zu einem Rechtssystem vollendet — die traumatischen Erfahrungen des Großen Krieges hatten den Wunsch nach strikt rechtlicher Beilegung der zahlreichen Konflikte im Reich vorangetrieben[66] — nun traten die obersten Reichsgerichte, das Reichskammergericht in Wetzlar und vor allem der Reichshofrat in Wien in den Zenit ihrer Bedeutung. Es sollte sich nun erweisen, daß gerade die Reichsstädte, die so vollkommen ins Hintertreffen getreten waren, von diesem System vermehrter Sicherheit profitieren konnten. So lange der Reichsverband als Rechtssystem funktionierte, war man vor fürstlichem Zugriff sicher. Die Abtretung der elsäsischen Reichsstädte an Frankreich 1648 erfolgte zumindest unter Beibehaltung ihrer Privilegien; dies galt auch für das 1681 von der Krone Frankreichs weggenommene Straßburg.

Das Rechtssystem des Reichsverbandes aber stabilisierte weiterhin die Städte nach innen; die Autorität des Reichsoberhauptes und das Reichsrecht stützten die städtischen Magistrate, substituierten immer noch ihre Autorität — diese konnten in eine ausgeprägt obrigkeitliche Position einrücken, wie sie den absolutistischen Tendenzen der Landesfürsten entsprach, ohne daß dahinter eine Macht eigener Prägung stand, wie sie den Flächenstaaten eignete. Die sich als republikanisch verste-

---

[66] *Hans-Erich Feine*, Zur Verfassungsentwicklung des Heil. Röm. Reiches seit dem Westfälischen Frieden, in: ZRG, Germ. Abt. 52 (1932), 65 - 133; *Anton Schindling*, Der Westfälische Friede und der Reichstag, in: Hermann Weber (Hrsg.), Politische Ordnungen und soziale Kräfte im Alten Reich, Wiesbaden 1980,, 113 - 153; *Volker Press*, Die kaiserliche Stellung im Reich 1648 - 1740 — Versuch einer Neubewertung, demnächst in: Schmidt (Hrsg.), Stände und Gesellschaft im alten Reich (Anm. 62).

henden Gemeinwesen erhielten so eine verstärkte Obrigkeit, gestützt auf die Fixierung des Status quo nach innen und nach außen. Aber es war doch letztlich eine geliehene Autorität, die durch die geringste Bewegung von innen leicht zu erschüttern war — und dann konnte sie meist nur durch äußeren Eingriff gehalten werden. Die Frage war, wie weit die städtischen Obrigkeiten mit ihren Verboten Dämme gegen wirtschaftliche Innovationen errichten konnten, die eine Chance städtischer Weiterentwicklung geboten hätten. Aber die Angst vor dem Wandel übertraf bald auch die Hoffnung auf neue Impulse. Viele Reichsstädte suchten neue wirtschaftliche und technische Entwicklungen zu bremsen, die das erstarrende Zunftgefüge bedroht hätten. Hierin zeigt sich eine weitere Eigentümlichkeit reichsstädtischer Entwicklungen. Die Obrigkeiten machten unter den Bedingungen des konservierenden Reichsrechts gemeinsame Sache mit den Zünften und befriedeten sie durch Preisgabe von Fortentwicklungschancen. Immer schon war das städtische Gefüge bestimmt durch die selbstverständliche Rücksichtnahme der Magistrate auf die Stimmungen in der Stadt — durch das Zusammengehen mit den Zünften in Grundsatzfragen, durch ihre Beteiligung an Oligarchisierung und Vetternwirtschaft wurden sie vielfach eingebunden in die Verteidigung des gegenwärtigen Zustandes. Dann aber formierte sich die Opposition in Krisensituationen aus einer anderen Ecke; die unterschiedlichen Verfassungs- und Gesellschaftsordnungen der Reichsstädte provozierten somit unterschiedliche Formen von Krisen[67].

Krisen sollte es genügend geben, denn auch eine noch so sehr durch ihre Rechtsordnung abgesicherte Stadt konnte die sozialen Bewegungen nicht aus ihren Mauern fernhalten. Häufig spielten minderprivilegierte Bürger eine große Rolle, aufsteigende Gruppen minderen Rechts; Verschiebungen, die durch veränderte Rahmenbedingungen provoziert wurden, stießen auf die Barriere eines recht festgefügten und von außen geschützten Verfassungssystems. Damit aber war die Frage der Kanalisation und der Integration ein entscheidendes Problem für künftige Stadtentwicklungen. Im letzten Drittel des 17. Jahrhunderts kam es vielerorts zu Bürgerunruhen, teils von erheblichen Ausmaßen, wie etwa in Heilbronn[68], Bremen[69], später in Lübeck[70]. Die Krisensituation nach dem Kriege hatte den Drang der Bürgerschaft nach verstärkter Kontrolle der städtischen Finanzen jeweils verschärft — die Konflikte

[67] Zum Hintergrund: *Friederichs,* German Town Revolts (Anm. 62); *Hildebrandt,* Rat contra Bürgerschaft (Anm. 63).

[68] *Friederichs,* German Town Revolts (Anm. 62); ferner: *Johann Friedrich Dürr,* Heilbronner Chronik, Bd. 1, Heilbronn ²1926, 203 - 206.

[69] *Wilhelm v. Bippen,* Geschichte der Stadt Bremen, Bd. 3, Bremen 1904, passim.

[70] *Asch,* Rat und Bürgerschaft in Lübeck 1598 - 1669 (Anm. 57), 99 - 174.

erreichten in Hamburg besondere Dimensionen, wo die Oberalten, d. h. die Vertreter der Bürgerschaft, den Bürgermeister zum Rücktritt zwangen[71]. Der Gülick-Aufstand in Köln 1680 - 1686 nahm dramatische Formen an und endete mit der Hinrichtung seiner Wortführer[72]. Daneben gab es eine Fülle von kleineren Auseinandersetzungen[73].

Es gab natürlich Ausnahmen: häufig wurde wirtschaftliche Prosperität Voraussetzung politischer Stabilität und einer gewissen gesellschaftlichen Offenheit. Nürnberg gelang dies bis zum Dreißigjährigen Krieg hin, Schwäbisch Hall darüber hinaus mit seiner Saline, die den Wohlstand sicherte. Andererseits konnten schwere innerstädtische Konflikte durchaus mit wirtschaftlicher Entfaltung verbunden sein. Frankfurt war die wohl am stärksten durch Konflikte von Rat und Gemeinde mitgenommene Reichsstadt; schließlich regulierte der Reichshofrat in Wien kleinste Probleme dieser Stadt, die dies aus eigener Kraft nicht mehr vermochte — die Mehrzahl aller innerstädtischen Auseinandersetzungen, die der Reichshofrat behandelte, kam aus Frankfurt[74]. Schließlich wurden dort selbst mindere städtische Positionen wie die des Schornsteinfegers von Wien aus besetzt. Und dennoch war die Reichsstadt eine der wirtschaftlich wichtigsten Kommunen in Deutschland als Bank-, Börsen- und Messeplatz, aber auch als ein lebendiges intellektuelles Zentrum, als ein echter Mittelpunkt der Umgebung, mit einer kräftigen Oligarchie. Auch Augsburg behauptete seine Funktion als Handels- und Bankplatz, als außerterritoriales wirtschaftliches und intellektuelles Zentrum Vorderösterreichs. Ebenfalls erhielten sich Köln und Aachen, Hamburg, Bremen und Lübeck ihre Funktionen.

Aber die Enge des städtischen Lebens führte doch vielfach den Abstieg herbei, auch bei einstmals großartigen Kommunen — dies galt vor allem für Nürnberg[75]. Die Metropole des 16. Jahrhunderts wurde

---

71 *Gisela Rückleben*, Rat und Bürgerschaft in Hamburg, 1595 - 1686: Innere Bindungen und Gegensätze, Diss. phil. Marburg 1969; *Hermann Rückleben*, Die Niederwerfung der hamburgischen Ratsgewalt: Kirchliche Bewegungen und bürgerliche Unruhen im ausgehenden 17. Jahrhundert, Hamburg 1970.

72 *Leonhard Ennen*, Frankreich und der Niederrhein oder Geschichte von Stadt und Kurstaat Köln seit dem Dreißigjährigen Krieg, Bd. 2, Köln 1856, 403 - 461.

73 Demnächst: *Volker Press*, Verfassung und Konflikte in deutschen Reichsstädten der frühen Neuzeit, in: Esslinger Studien.

74 *Meyn*, Die Reichsstadt Frankfurt vor dem Bürgeraufstand von 1612 bis 1614 (Anm. 54); *Gerald L. Soliday*, A Community in Conflict. Frankfurt Society in the 17th and the Early 18th Century, Hanover 1974; *Paul Hohenemser*, Der Frankfurter Verfassungskonflikt 1705 bis 1732 und die kaiserlichen Kommissionen, Frankfurt/M. 1920; *Friedrich Bothe*, Geschichte der Stadt Frankfurt am Main (Anm. 54).

75 *Franz Buhl*, Der Niedergang der reichsstädtischen Finanzwirtschaft und die kaiserliche Subdelegationskommission von 1797 - 1806, in: Mitteilungen des Vereins für Geschichte der Stadt Nürnberg 26 (1926), 111 - 278; *Anton*

im 18. Jahrhundert zu einer krisengeschüttelten, dem nachbarlichen Druck unterliegenden Kommune. Dies zeigte sich auch bei Ulm und Rottweil, das schließlich nur noch durch die Ausbeutung seines erworbenen Landgebietes lebte — ganz zu schweigen von Worms und Speyer, die in den Stürmen der Franzosenkriege durch Niederbrennung ihr altes Gesicht verloren hatten und sich nicht mehr erholten. Städte wie Regensburg[76] und Wetzlar[77] erhielten durch Reichstag und Reichskammergericht neues Leben eingehaucht. Stagnation machte sich in den meisten Reichsstädten breit — Oligarchisierung, Nepotismus, Mißwirtschaft, Schuldenwesen führten zu Konflikten der mißtrauisch werdenden, nachdrängenden Gemeinden mit den erstarrenden und erlahmenden oligarchischen Obrigkeiten. Allerdings hat paradoxerweise gerade die Verrechtlichung auch die Formen der Konflikte bestimmt. Die städtischen Verfassungsurkunden waren ja oft geronnene Ergebnisse von früheren Auseinandersetzungen, deren Bedeutung für die städtische Verfassungsentwicklung war also sichtbar demonstriert — der Konflikt, auch der gewaltsame Konflikt als Mittel zur Verfassungsänderung wurde gleichsam vor Augen geführt.

In einer Mehrzahl der Reichsstädte spiegelte sich also die Entwicklung des Reichsverbandes zum Rechtssystem[78]. Die Städte waren stets oligarchisch regiert worden, aber die jüngste Fixierung und Erstarrung der städtischen Herrschaften hing aufs engste mit der Festschreibung des Rahmens zusammen. So wurde das gesamtstädtische Sozialgefüge festgehalten und veraltete zunehmend. Auch der Weg einer rechtlichen Lösung von Konflikten, etwa durch kaiserliche Kommissionen, fixierte grundsätzlich den Status quo, kurierte an den Symptomen, ließ aber keine grundsätzliche Erneuerung und Reform mehr zu. So wurde das 18. Jahrhundert die große Zeit reichsstädtischer Konflikte — des Drucks der Bürgergemeinden auf den oligarchischen Rat, gegen seine Protektions- und Versorgungspolitik, gegen seine Geheimniskrämerei, gegen das von ihm zu verantwortende städtische Schuldenwesen[79]. Stets wirk-

---

Ernstberger, Nürnberg im Widerschein der Französischen Revolution 1789 - 1796, in: ZBLG 21 (1958), 409 - 471; *Hans Hubert Hofmann*, Kampf um Selbstbehauptung und Agonie der Reichsstadt, in: Gerhard Pfeiffer (Hrsg.), Nürnberg. Geschichte einer europäischen Stadt, München 1971, 303 - 315; *Kurt Schall*, Die Genannten in Nürnberg, Nürnberg 1971; *Rudolf Endres*, Die Rolle der Kaufmannschaft im Nürnberger Verfassungsstreit, in: Jahrbuch für fränkische Landesforschung 45 (1985), 125 - 167.

[76] *Christian Gottlieb Gumpelzhaimer*, Geschichte der Streitigkeiten zwischen Magistrat und Bürgerschaft der Reichsstadt Regensburg, Regensburg 1795.

[77] *Press*, Wetzlar (Anm. 56).

[78] *Volker Press*, Das Römisch-deutsche Reich — Ein politisches System in verfassungs- und sozialgeschichtlicher Fragestellung, in: Wiener Beiträge zur Geschichte der Neuzeit 8 (1982), 221 - 242.

ten sich die künstlich verfestigten Formationen aus, so daß der grundsätzliche Rahmen reichsstädtischer Konflikte vielfach gleich blieb; in den kleinen paritätischen Reichsstädten Dinkelsbühl, Biberach, Ravensburg spielte ebenso wie im größeren Augsburg die festgeschriebene konfessionelle Positionsverteilung eine erhebliche Rolle[80]. So wirkten die von außen rechtlich stabilisierten Reichsstädte wie ein Kessel, dem ein Deckel aufgesetzt war, in dem es brodelte. Nicht immer ging wirtschaftlicher Niedergang mit den Krisen einer erstarrenden oligarchischen Ordnung Hand in Hand — von Frankfurt war schon die Rede, Esslingen etwa hatte seine schweren Auseinandersetzungen, hatte erhebliche öffentliche Schuldenprobleme, aber sie standen einem ausgeprägten privaten Reichtum gegenüber[81]. Die Oligarchen hatten innerhalb der städtischen Krise oft nichts verloren — und es war kein Wunder, daß dies Mißtrauen erregte.

Es war der Kaiser, der immer wieder die Städte durch Kommissionen zu regulieren suchte — er tat dies in der Regel durch die kreisausschreibenden Fürsten, die in seinem Auftrag handelten[82]. Die letzte Entscheidung freilich behielt sich der Wiener Reichshofrat vor. Ein so geartetes Schlichtungsverfahren konnte nicht anders als in den vorgegebenen Bahnen der Reichsverfassung ablaufen, also in prinzipieller Systemstabilisierung. Die Teilnahme benachbarter Reichsstände brachte deren

---

79 Vgl. die in Anm. 63, 75, 76 zitierte Literatur. Ferner: *Gustav Mödl*, „Weißenburg contra Weißenburg". Ein Beitrag zum Verhältnis zwischen Rat und Bürgerschaft, in: Uuizzinburg, Weißenburg 867 - 1967. Beiträge zur Stadtgeschichte, Weißenburg i. Bayern, 1967, 105 - 110; *Friedrich Leonhard Enderlein*, Die Reichsstadt Schweinfurt während des letzten Jahrzehnts ihrer Reichsunmittelbarkeit mit vergleichenden Blicken auf die Gegenwart, 2 Bde., Schweinfurt 1862/63; *Hans Eugen Specker*, Ulm, Stadtgeschichte, Ulm 1977, 199 - 262; *Ingrid Bátori*, Die Reichsstadt Augsburg im 18. Jahrhundert. Verfassung, Finanzen und Reformversuche, Göttingen 1969; *Sybille Stähle*, Verfassung und Verwaltung der Reichsstadt Reutlingen zwischen 1740 und 1770. Aspekte reichsstädtischer Geschichte im 18. Jahrhundert, in: Reutlinger Geschichtsblätter NF 23 (1984), 7 - 207; *Hans Jürgen Jüngling*, Der Konflikt der Reichsstadt Schwäbisch Gmünd mit ihrem Landgebiet (1774/75 - 1792), Magisterarbeit Tübingen 1985; *Ursula Laurentzsch*, Der Anfang vom Ende. Politische Strukturen der Reichsstadt im 18. Jahrhundert, in: Geschichte der Stadt Schwäbisch Gmünd, Stuttgart 1984, 293 - 306; *Axel Gotthard*, Von Herren und Bürgern. Auseinandersetzungen in der Reichsstadt Überlingen 1791 - 1796, Friedrichshafen 1984; *Franz Disch*, Chronik der Stadt Zell am Harmersbach, Lahr 1937; *Ludwig Frohnhäuser*, Geschichte der Reichsstadt Wimpfen, Darmstadt 1870, 366 - 419.

80 Die konfessionellen Probleme nahmen zu Beginn des 18. Jahrhunderts wieder zu, nachdem der Westfälische Friede eine gewisse Entspannung gebracht hatte.

81 *Helmut Schmolz*, Die Reichsstadt Esslingen am Ende des Alten Reiches. Ein Beitrag zur schwäbischen Rechtsgeschichte und zur Geschichte der Stadt, Diss. phil. (Masch.), Tübingen 1953; *Otto Borst*, Eßlinger Bürgertum in der Spätzeit der Reichsstadt, in: Eßlinger Studien 4 (1958), 61 - 89.

82 *Moser*, Von der Reichs-Stättischen Regiments-Verfassung (Anm. 63).

Sachkenntnis, aber auch deren Interessen ins Spiel — gegen die immer wieder die endgültige Entscheidung Wiens ein Gegengewicht bildete. Natürlich bedeuteten solche Konstellationen auch einen Faktor im innerstädtischen Spiel — sie boten den städtischen Gruppierungen Möglichkeiten, Rückhalt zu suchen; auch signalisierten sie gelegentlich der Opposition die Hoffnung, etwas in Bewegung zu bringen. Dennoch konnte eine Entscheidung der Kommission nicht über bloße Regeneration hinausgehen.

Zweifellos diente dieses System, das im 18. Jahrhundert seinen Höhepunkt erreichte, der Befriedung der Städte, aber nicht ihrer Weiterentwicklung — gerade die Interventionen der Landesfürsten im Auftrag des Kaisers signalisierten die Problematik reichsstädtischer Entwicklungen. Es waren vielfach grimmige Konkurrenten, die nun zum Schiedsrichter wurden. Eine der früheren Stärken der alten Reichsstädte war neben Fernhandel, Marktfunktion und Handwerk auch die wirtschaftliche Vorherrschaft über das territorial eingebundene Umland gewesen, die sie sogar zuweilen zu informellen Mittelpunkten der Territorien werden ließ: Straßburg für Baden und die kleineren oberrheinischen Herrschaften, Augsburg für Vorderösterreich, Nürnberg für Franken, Frankfurt für die mindermächtigen Herrschaften der Wetterau, aber auch für Hessen-Darmstadt. Dies begann sich schon seit Beginn des 16. Jahrhunderts zu ändern durch die bewußte Förderung der Landesstädte, die allmählich zu einer bedrohlichen Konkurrenz aufsteigen konnten — Altona und Glückstadt gegen Hamburg, Mainz gegen Frankfurt, Ansbach, Fürth und Erlangen gegen Nürnberg, die bewußt gegründete Kemptener Stiftsstadt gegen die alte Reichsstadt[83].

Bei dieser kursorischen Übersicht konnte die größere Dynamik der landesfürstlich geförderten Städte nur angedeutet werden; es begann mit den planmäßigen Emigranten-Ansiedlungen, die im 16. Jahrhundert anfingen und nicht zuletzt wirtschaftliche Impulse gaben; sie zogen sich bis ins 18. Jh. hin. Damit verband sich — ganz im Gegensatz zu den Reichsstädten — die konsequente Förderung innovatorischer Tendenzen in der Wirtschaft, die auch hier öfter nicht ohne Spannungen abging. Die kameralistische und merkantilistische Politik der Landesherren hat dies dann in der Begünstigung von Manufakturen, Bankwesen und Landhandwerk weitergeführt — eine Entwicklung, der die Reichsstädte nichts entgegenzusetzen hatten. Diese Förderung wurde oft genug begleitet von planmäßiger Untergrabung der reichsstädtischen Positionen durch fürstliche Zoll- und Handelspolitik, die eingebettet war in landesfürstliche Polizeimaßnahmen. Der Druck, der allein von hier auf die reichsstädtische Gesellschaftsordnung ausging, war beträchtlich.

---

[83] *Volker Press*, Der Merkantilismus und die Städte, in: ders. (Hrsg.), Städtewesen und Merkantilismus in Mitteleuropa, Köln, Wien 1983, 1 - 14.

Die Interventionsmöglichkeiten der Landesfürsten setzten sich fort; gerade in Brandenburg-Preußen hat die Regierung geradezu idealtypisch demonstriert, wie sie die städtischen Oligarchen entmachten konnte zugunsten der Rationalität des landesfürstlichen Steuerstaates[84]. Auch in anderen Territorien gab es solche Interventionen — die freilich in einer feudal geprägten Umgebung und unter dem Druck der fürstlichen Bürokratie nicht immer zum Aufleben der Städte führten. Aber generell war die Entwicklung der Landesstädte doch weit weniger behindert als jene der Reichsstädte; das Rechtssystem des Reichsverbandes erwies sich als Hindernis für die Weiterentwicklung und konservierte oligarchische Herrschaftsstrukturen und traditionelle Wirtschaftsvorstellungen.

Nun wäre es allerdings absurd, die fortwirkenden altständischen Elemente in den Landesstädten zu unterschätzen; leider fehlen dazu die Untersuchungen nahezu völlig. Aber zweifellos war die Neigung zu familiär-oligarchischen Verfestigungen in der Stadtherrschaft auch hier sehr deutlich; in Württemberg traten sie besonders hervor, bezeichnenderweise in einem Territorium mit einer reichsrechtlich gestützten ständischen Landesverfassung[85]. Aber auch anderswo fanden sich diese Tendenzen — allerdings mit einer ungleich größeren Offenheit, als sie in den Reichsstädten gegeben war. Es war dann zumeist die landesfürstliche Amtsträgerschaft, die stärker zur Oligarchisierung neigte, damit wohl auch in das Sozialgefüge der Städte einwirkte — so aber machte sie die städtische Gesellschaft auch mobiler.

Die Konfliktregelungen in den Landesstädten sind bislang wenig erforscht. Heinz Schilling hat in seinen grundlegenden Studien über die nordwestdeutschen Landesstädte des 16. und 17. Jahrhunderts gezeigt, wie kompliziert die Verfassungs- und Sozialprobleme in jenen Kommunen sein konnten, die den Reichsstädten relativ ähnlich waren[86]. Angesichts der verhältnismäßig großen Autonomien sprach man von Semi-Reichsstädten — in komplizierten Auseinandersetzungen wurde dann ihre Freiheit von den Fürsten zurückgedrängt. Die relative Stärke einzelner Landesstädte führte zu einem beträchtlichen Konfliktpotential

---

84 *Otto Hintze*, Der preußische Militär- und Beamtenstaat im 18. Jahrhunder, in: *ders.*, Regierung und Verwaltung. Gesammelte Abhandlungen, Bd. 3, Göttingen 1967, 419 - 428; *Gustav Schmoller*, Das Städtewesen unter Friedrich Wilhelm I., in: *ders.*, Deutsches Städtewesen in älterer Zeit, Bonn 1922, ND Aalen 1964, 231 - 428.

85 *Erwin Hölzle*, Das alte Recht und die Revolution. Eine politische Geschichte Württembergs in der Revolutionszeit 1789 - 1805, München, Berlin 1931; *Walter Grube*, Der Stuttgarter Landtag 1457 - 1957. Von den Landständen zum demokratischen Parlament, Stuttgart 1957; *Volker Press*, Der Württembergische Landtag im Zeitalter des Umbruchs 1770 - 1830, in: Zeitschrift für Württembergische Landesgeschichte 42 (1983), 255 - 281.

86 Vgl. die in Anm. 8 zitierte Literatur.

zwischen den Beharrungskräften der Oligarchen, dem Zugriff des Landesfürsten und den Bewegungen von unten. Diese Konflikte lagen allerdings im 16. und frühen 17. Jahrhundert, im 18. waren sie meist entschieden.

Aber insgesamt gesehen — dies zeigen die wenigen Untersuchungen — wurden hier die innerstädtischen Bewegungen doch weit weniger nach den Regeln eines starren Rechts reguliert, hatte der Landesfürst bessere Möglichkeiten, bot wahrscheinlich seine bloße Drohung der Intervention ein starkes Motiv zum inneren Ausgleich. Die größere Offenheit der landesstädtischen Gesellschaft hing also mit der Einbindung in das territoriale Sozialgefüge, mit der Stellung des Landesherrn, mit den von ihm ausgehenden Konfliktregelungsmechanismen zusammen — die führenden Familien hatten nie eine große Chance, auf Biegen oder Brechen ihre Position zu halten. Das oben zitierte Württemberg bildete in der Tat eine Ausnahme, da es ein relativ einheitliches Oberschichtengeflecht hatte, das auch die landesfürstliche Bürokratie einbezog. Diese bedeutete sonst offensichtlich im Sozialgefüge der Territorien ein wichtiges Gegengewicht gegen die Oligarchisierung an der Spitze der Landesstädte. Insgesamt also korrespondierte in den Landesstädten eine größere soziale Offenheit mit einer zunehmenden Einflußnahme des Landesfürsten — dies bedeutete größere Entfaltungsmöglichkeiten der Gesellschaft.

Im Kontrast zur Reichsstadt wird deutlich, daß eine Vielfalt gesellschaftlicher und politischer Kräfte auch von außen in die Landesstädte einwirken konnte, den Bewegungsspielraum beträchtlich erweiterte, jedenfalls die oligarchische Position der großen Familien relativierte. Das war ein wichtiger Aspekt des Vordringens der landesfürstlichen Autorität und damit der Bürokratie, die den Spielraum der großen Familien einengte. Man könnte in diesem Zusammenhang auch auf die unterschiedlichen Rollen des Adels in den Territorien zurückkommen. Auch die landesfürstliche Städtepolitik hatte mit Stadtordnungen und Privilegien, mit Rechtsetzungen und mit den Resultaten geronnener und geschlichteter Konflikte zu tun — sie hatte dabei jedoch einen weit größeren Spielraum, und sie nützte ihn auch durchaus, wobei eine Differenzierung nach Territorien, aber auch nach Größe der Städte notwendig wäre.

Das Normensystem der Reichsverfassung stabilisierte demgegenüber die politischen Ordnungen und damit das soziale Gefüge der Reichsstädte, so daß diese vielfach in eine Sackgasse liefen. Die kaiserlichen Kommissionen haben zwar in der Regel die innerstädtischen Spannungen entschärft, aber doch nicht den Weg geöffnet für durchgreifende Modernisierungen der Reichsstädte.

Es blieb aber nicht allein bei diesem rechtlich konservativen Zustand. Durch ihn wurde auch die Mentalität der Bürger und damit der Ablauf innerstädtischer Konflikte entscheidend geprägt. Vielfach verliefen diese sozusagen abgebremst und nach einem Ritual, das die grundsätzlichen Strukturen des städtischen Sozialgefüges nicht in Frage stellte. Natürlich war dieses Ritual durch die reichsrechtlichen Normen mit ihrer strikten Verdammung von Gewalttätigkeiten geprägt, gegen die es harte Sanktionen gab. So simulierte man oft nur die Gewalt, agierte mit Schmähungen und Drohgebärden, wobei es natürlich auch zu harten Konfliktformen, zu strengen Strafen kommen konnte — immerhin aber machte die Mehrzahl der reichsstädtischen Auseinandersetzungen den Eindruck, als ob sich die Beteiligten des gesteckten Rahmens sehr wohl bewußt waren. Dies war kein Wunder,denn häufig trafen sich die Konkurrenten im Interesse an einer konservierenden städtischen Sozialstruktur. Sie waren oft gleichermaßen interessiert an der Erhaltung des Ganzen, so sehr man im einzelnen um die Positionen kämpfte. Die Interventionen der Landesfürsten in ihren Städten haben dazu beigetragen, das gemeinsame Pathos der reichsstädtischen Gegner von Kaisertreue, Reichsfreiheit und republikanischer Tradition zu bestärken, denn bei ihrem Verschwinden hatten die Gegenspieler in den Reichsstädten einiges zu verlieren.

Gegen die herrschenden Familien hatten die kaiserlichen Kommissionen zunehmend Bürgerausschüsse als Regulativ toleriert[87], es stellte sich bald heraus, daß auch sie der Oligarchisierung unterlagen, ein Prinzip, das längst für die Zünfte galt, die familiär geprägte Verbände mit entsprechenden Kooptationsmechanismen waren. Damit aber waren sie von den Verhaltensweisen der regierenden Familien gar nicht so weit entfernt. Gemeinsam war man stets bereit, das gegebene System gegen die Nachdrängenden, gegen wirtschaftliche Innovationen und gegen Kräfte der Veränderung zu verteidigen. Die reichsstädtischen Konflikte waren also oft Konflikte zwischen Mehr- und Minderprivilegierten, aber immerhin Privilegierten, zwischen denen es eine Grundsolidarität gab. Gefährlicher war der Druck von Gruppen, die außerhalb standen — das konnten Nichtbürger sein, aber auch in einer ganz patrizisch beherrschten Stadt wie Nürnberg die Kaufmannsschaft, die „Genannten". Nur selten gelang die friedliche Koexistenz zwischen traditionellen Kräften und solchen, die die wirtschaftliche und soziale Entwicklung vorwärtstreiben wollten. Aber das Gefüge einer Reichsstadt mit den herrschenden Familien, den zünftisch gebundenen Handwerkern und anderen an der Stadtverfassung Interessierten bremste den Druck von unten so ab, daß sich die innerstädtischen Konflikte insgesamt meist in traditionellen Rahmen und traditionellen Formen ab-

87 *Hildebrandt,* Rat contra Bürgerschaft (Anm. 63), 232.

spielten — nicht selten verbanden sie sich sogar mit Auseinandersetzungen innerhalb der Oligarchen.

Die Situation in den Reichsstädten war also gegen Ende des 18. Jahrhunderts offensichtlich in eine Sackgasse geraten[88]. Man hatte sich zwar gegen die Vereinnamung durch die Landesstaaten gewehrt, der Schutz des Reiches hatte funktioniert, die Reichsfreiheit war verteidigt worden — auch begannen die erwürdigen äußeren Formen, von einem erwachenden historischen Bewußtsein gestützt zu werden. Man berief sich auf den Kaiser als Stadtherr. Aber es wurde auch, freilich mehr außerhalb als innerhalb der Reichsstädte, bewußt, daß die allgemeine Entwicklung andere Wege ging.

Gab es aber hier Auswege? Die Geschichte hat ihr Urteil gesprochen, und dennoch sollte man die Entwicklungstendenzen durchaus sehen. So haben etwa die kaiserlichen Kommissionen am Ende des 18. Jahrhunderts, nicht zuletzt durch die behutsame Steuerung der aufgeklärten Reichshofräte Josefs II., noch vorsichtige Modernisierungen der Stadtverfassungen versucht[89]. Die niedergeschriebenen Konfliktregelungen des 17. und 18. Jahrhunderts begann man nun auszubauen, indem man den Kreis der Herrschaftsbeteiligten erweiterte und in die Nähe vorkonstitutioneller Verfassungen vorstieß — am stärksten war dies der Fall in Nürnberg[90] und vor allem — wie Horst Carl gezeigt hat — in Aachen, wo man mit einer richtiggehenden Stadtverfassung im modernen Sinn experimentierte[91]. Auch hier gab es durchaus Ansätze zu weiterführenden innerstädtischen Reformen — sehr stark in Rottweil. Dort aber zeichnete sich die Brüchigkeit dieses Unterfangens dadurch ab, daß die Stadt auf die weitere Ausbeutung ihres Landgebietes mangels einer Alternative nicht verzichten konnte. Dennoch hat gerade Rottweil — unter Erneuerung der mehr als 200 Jahre lang schlummernden Beziehung zur Eidgenossenschaft — sich der Mediatisierung besonders widersetzt[92]; so sah sich der württembergische König

[88] Zum Folgenden grundsätzlich: *Volker Press*, Reichsstadt und Revolution, demnächst in: Bernhard Kirchgäßner / Eberhard Naujoks (Hrsg.), Stadt und wirtschaftliche Selbstverwaltung (Literatur!).

[89] *Peter Leyers*, Reichshofratsgutachten an Kaiser Josef II., Diss. jur. Bonn 1976; *François Noël*, Der Reichshofrat und das Verfassungsleben der Reichsstädte zur Zeit Josefs II., in: Eßlinger Studien 16 (1970), 121 - 131.

[90] Vgl. die in Anm. 75 zitierte Literatur.

[91] *Horst Carl*, Die Aachener Mäkelei 1786 - 1792. Konfliktregelungsmechanismen im Alten Reich, in: Zeitschrift des Aachener Geschichtsvereins 92 (1985), 177 - 199.

[92] *Adolf Laufs*, Die Verfassung und Verwaltung der Stadt Rottweil 1650 - 1806, Stuttgart 1963; *ders.*, Die Verfassung der Reichsstadt Rottweil im Zeitalter der Mediatisierung, in: Erich Maschke / Jürgen Sydow (Hrsg.), Verwaltung und Gesellschaft in der südwestdeutschen Stadt des 17. und 18. Jahrhunderts, Stuttgart 1969, 84 - 102.

genötigt, ein besonders großes Aufgebot in diese Stadt einrücken zu lassen[93]. Betonte Reformbestrebungen zu Ende des Alten Reiches gab es auch in Goslar[94] und Weil der Stadt[95]. Letzteres suchte sich Rottweil zum Vorbild zu nehmen, scheiterte aber am Immobilismus des Wiener Hofes. Unabhängig von Wien spielten sich die Bewegungen in Hamburg und Bremen ab[96].

Andererseits wurden die Möglichkeiten der kaiserlichen Interventionen vollends paralysiert durch die erfolgreiche preußische Politik gegen die Tendenzen Josefs II., seine kaiserliche Stellung auszubauen — für die städtischen Entwicklungen wurde damit dem Reichsoberhaupt ein entscheidendes Instrument aus der Hand geschlagen. Die Wahlkapitulation Leopolds II. 1790 verbot nämlich dem Kaiser, die Stadtverfassungen zu ändern, wie ebenfalls Horst Carl gezeigt hat. Damit aber wurde das überalterte Rechtssystem der Reichsstädte in einer Zeit festgemauert, als Frankreich bereits die Wandlung der Generalstände zur Nationalversammlung und den Zusammenbruch der Feudalrechte erlebt hatte.

Zugleich wurden die Spannungen, unter denen die Reichsstädte standen, verstärkt durch den immensen finanziellen Druck, den die französischen Revolutionskriege hervorbrachten. Er hat nicht nur bei den Reichsstädten, sondern auch bei vielen anderen kleineren Reichsständen die strukturellen Schwächen erbarmungslos enthüllt. Sehr rasch zeigte sich damals, daß das Ende endgültig nahe kam. Mediatisierungspläne geisterten seit langem durch die politischen Diskussionen des Reiches, aber nun konkretisierten sie sich. Wenn im 16. Jahrhundert da und dort Schweizer Sympathien unter den städtischen Unterschichten festzustellen waren, so gab es bereits damals schon vereinzelt Sympathien für den nächstgelegenen Territorialherrn — sie traten in der Spätzeit reichsstädtischer Existenz erneut, aber unverhüllter hervor und sollten dann bei der Mediatisierung durchaus eine Rolle spielen.

---

93 *Walter Döring*, Die Mediatisierung der ehemaligen Reichsstadt Hall durch Württemberg 1802/3, Diss. phil. Tübingen 1981, 128 - 130.

94 *Wolfram Werner*, Goslar am Ende seiner reichsstädtischen Freiheit unter besonderer Berücksichtigung der Reformen von J. G. Siemens, Goslar 1967.

95 Dazu vorläufig: *Press*, Reichsstadt und Revolution (Anm. 88).

96 *Herbert Schnepel*, Die Reichsstadt Bremen und Frankreich von 1789 - 1813, Bremen 1935; *Jürgen Bolland*, Senat und Bürgerschaft. Über das Verhältnis zwischen Bürger und Stadtregiment im alten Hamburg, Hamburg ²1978; *Heinrich Laufenberg*, Hamburg und die Französische Revolution, Hamburg 1913; *Adolf Wohlwill*, Neuere Geschichte der Freien und Hansestadt Hamburg, insbesondere von 1789 - 1815, Gotha 1914; *Wilhelm v. Bippen*, Geschichte der Stadt Bremen, Bd. 3, Bremen 1904; *Herbert Schwarzwälder*, Geschichte der Freien Hansestadt Bremen, Bd. 1: Von den Anfängen bis zur Franzosenzeit (1810), Bremen 1975.

Die kritische Situation der Reichsstädte wurde dann unter den Bedingungen der Französischen Revolution sehr deutlich sichtbar. Heinrich Scheel hat in seinem anregenden und wichtigen Buch auf revolutionäre Sympathien in den Städten hingewiesen[97]. Eine Gesamtschau weist diesen jedoch eine eher temporäre Rolle zu — die innerstädtischen Konflikte behielten nicht nur ihre traditionellen Formen, sondern gingen in dem guten Jahrzehnt des Nebeneinanders von Altem Reich und revolutionärem Frankreich (1789 - 1803) deutlich zurück[98]. Das ist um so bemerkenswerter, da zwar unter dem konservativen Kaiser Franz II. die aufgeklärten Reichshofräte Josefs II. nach wie vor offen waren für eine moderne, die traditionalistische Stadtverfassung ergänzende Politik. Aber nicht nur die Grenzen der Wahlkapitulation von 1790 hinderten sie daran; der Kurs der Wiener Regierung wurde insgesamt sichtlich konservativer.

Der deutliche Rückgang der innerstädtischen Konflikte nach 1789 fällt auf. Dies läßt sich natürlich durchaus pragmatisch erklären; den Historikern, die die Auseinandersetzungen in einzelnen Städten darstellten, war meist nicht hinreichend klar, daß sich die reichsstädtischen Entwicklungen gegen Ende des 18. Jahrhunderts in Süddeutschland unter dem Druck der aufmarschierten kaiserlichen Armee vollzogen. Diese aber sorgte offensichtlich für eine Entschärfung der Situation — Vorgänge, die im einzelnen noch nicht erforscht sind.

Aber dies allein genügt nicht zum Verständnis der innerstädtischen Entwicklungen im Zeichen der Französischen Revolution. Es waren offenbar vielfältig die Städte selbst, die sich in Distanz zu den Entwicklungen begaben, welche die Französische Revolution mitbrachte. Worms und Speyer zählten zu den ersten Reichsstädten, die von ihr erreicht wurden. Aber der Wormser Magistrat setzte nach der Rückeroberung der Stadt durch die kaiserlichen Armeen die alte deutsche Freiheit über die importierten Errungenschaften und rief deshalb den Reichshofrat an[99]. In Speyer und Worms, vor allem aber in Köln und Aachen wurde nach der endgültigen französischen Eroberung überdies deutlich, daß sich die führenden Kräfte der Städte nicht den Jakobinern oder Girondisten, sondern nach 1795 dem großbürgerlichen Direktorium öffneten und die Eingliederung in die Republik Frankreich akzeptier-

---

[97] *Heinrich Scheel*, Süddeutsche Jakobiner. Klassenkämpfe und republikanische Bestrebungen im deutschen Süden Ende des 18. Jahrhunderts, Berlin [3]1980.

[98] *Press*, Reichsstadt und Revolution (Anm. 88).

[99] *Wilhelm Müller*, Die Verfassung der Freien Reichsstadt Worms am Ende des 18. Jahrhunderts mit besonderer Berücksichtigung der Zeit unter französischer Besetzung bis zum Frieden von Lunéville (1801), Worms 1937.

ten[100]. Damit läßt sich durchaus eine Parallele herstellen zum Verhalten im Inneren des Reiches.

Zunächst freilich sah es in den rechtsrheinischen Reichsstädten ganz anders aus. Es ist bekannt, daß die Sympathien in Deutschland für die Revolution keineswegs gering waren, bis der Terror sich 1793 endgültig Bahn brach. Die Bewegungen erhielten noch einmal einen Auftrieb, als sich 1796 und 1798 die Revolutionsarmeen dem Inneren Deutschlands näherten. In Nürnberg und Ulm, in Esslingen und Reutlingen vor allem gab es radikale Parolen und revolutionäre Sympathien, die sich mit den überkommenen Auseinandersetzungen mischten. Von Basel und Straßburg aus suchte man auch seitens des revolutionären Frankreich die Unruhen durch Emissäre zu schüren. In den meisten Reichsstädten aber war die wachsende Reserve auch der Kontrahenten städtischer Konflikte gegenüber den radikalen Losungen aus Frankreich unverkennbar. Der Rückgang der innerstädtischen Konflikte deutete auf eine Sensibilität, ja einen Konsens der Konfliktgegner in Richtung auf eine Bewahrung der reichsstädtischen Situation gegen alle Gefahren der Veränderung. So wurden die alten Traditionen der städtischen Gemeinwesen durch die Ängste der Bürger gestützt — nicht nur die Oligarchen hatten bei einem Umsturz viel zu verlieren. Die andauernden Gesellenunruhen hatten den Zünften die Gefahr des Wandels vor Augen gestellt, das Risiko, vor dem auch sie als Begünstigte standen[101].

Darüber hinaus aber zeigte sich, daß der unter dem Druck reichsrechtlicher Normen zustande gekommene innerstädtische Kompromiß

100 *Klaus Müller*, Studien zum Übergang vom Ancien Régime zur Revolution im Rheinland. Bürgerkämpfe und Patriotenbewegungen in Aachen und Köln, in: Rheinische Vierteljahresblätter 46 (1982), 102 - 189 (weitere Literatur!).

101 *Adolf Bruder*, Die Behandlung der Handwerkercorporationen durch die Juristen des 17. und 18. Jahrhunderts, in: Zeitschrift für die gesamte Staatswissenschaft 36 (1880), 484 - 503; *Rudolf Wissell*, Des alten Handwerks Recht und Gewohnheit, 3 Bde., Berlin ²1971; *Hans Proesler*, Das gesamtdeutsche Handwerk im Spiegel der Rechtsprechung von 1530 - 1806, Nürnberg 1954; *Wolfram Fischer*, Handwerksrecht und Handwerkswirtschaft um 1800. Studie zur Sozial- und Wirtschaftsverfassung vor der industriellen Revolution, Berlin 1957; *Andreas Grießinger*, Das symbolische Kapital der Ehre. Streikbewegungen und kollektives Bewußtsein deutscher Handwerksgesellen im 18. Jahrhundert, Frankfurt 1981; *ders.*, Handwerkerstreiks in Deutschland während des 18. Jahrhunderts. Begriff — Organisation — Ursachenkonstellationen, in: Ulrich Engelhardt (Hrsg.), Handwerker in der Industrialisierung. Lage, Kultur und Politik vom späten 18. bis ins frühe 20. Jahrhundert, Stuttgart 1984, 407 - 434; *ders.* / *Reinhold Reith*, Obrigkeitliche Ordnungskonzeptionen und handwerkliches Konfliktverhalten im 18. Jahrhundert: Nürnberg und Würzburg im Vergleich, in: Rainer S. Elkar (Hrsg.), Deutsches Handwerk im Spätmittelalter und in der Frühen Neuzeit, Göttingen 1983, 117 - 180; *Arno Herzig*, Organisationsformen und Bewußtseinsprozeß Hamburger Handwerker und Arbeiter in der Zeit 1790 - 1848, in: ders. / Dieter Langewiesche / Arnold Sywottek (Hrsg.), Arbeiter in Hamburg, Hamburg 1983, 95 - 108.

zwischen den sozialen Gruppen, die Solidarität aller Privilegierten, das Festhalten an den gewonnenen Positionen nach wie vor funktionierte — sie wurden immer noch überwölbt durch die Berufung auf Kaiser und Reich. So stellte sich das reichsstädtische Sozialgefüge gegen Ende des 18. Jahrhunderts trotz aller Konflikte, trotz des wirtschaftlichen und politischen Niedergangs als überraschend fest dar — der Druck in Richtung auf radikale Veränderungen war relativ gering. Die Revolution hat zwar in manchen Städten geradezu traditionelle Konflikte verstärkt, hat neue Argumente geliefert, aber nirgendwo haben sich die Konfigurationen und Konflikte qualitativ entscheidend verändert.

Dennoch war die reichsstädtische Herrlichkeit am Ende. Keine Stadt hat sich schließlich gegen die Mediatisierung mit Gewalt gewehrt; sie hätte auch schwerlich eine Chance gehabt. Es zeigte sich, daß der Zusammenbruch von kaiserlicher Stellung und Reichsverfassung der reichsstädtischen Existenz die Grundlagen entzog, auch wenn sechs Reichsstädte, die drei Hansestädte, Frankfurt, Augsburg und das völlig ruinierte Nürnberg, bis 1806 überleben durften[102]. Die eine oder andere Stadt hat sich gegen die Mediatisierung gesträubt — die Oligarchen wußten durchaus, warum. Fast allenthalben brachen nun die oligarchischen Herrschaftssysteme zusammen; der Weg war frei für die soziale Veränderung — zuweilen beriefen die mediatisierenden Staaten sogar die bisherigen Führer der Bürgeropposition in städtische Ämter. Der Wandel im Gesellschaftsgefüge der Reichsstädte ist bislang nicht umfassend untersucht worden — erste Ergebnisse aber deuten doch auf eine grundlegende Veränderung nach dem spektakulären Zusammenbruch der politischen Voraussetzungen. Sicher haben in den größeren Städten die führenden Familien ihre Positionen behauptet, dank ihres Reichtums, der oft mit der öffentlichen Armut kontrastierte — dies galt vor allem für die sechs Städte, die ihre Freiheit bis 1806 bzw. 1810 erhielten[103]; aber auch dort vollzogen sich beträchtliche Verschiebungen — in der Regel kam es zu einer Machtreduzierung, sehr häufig — vor allem in kleineren Reichsstädten — allerdings auch zu einem sozialen Abstieg

---

102 Dabei wird deutlich, daß die Politik der drei Hansestädte sich von der der übrigen Reichsstädte entscheidend unterschied. Sie hatten — vor allem Hamburg und Bremen — eine florierende Wirtschaft, ein politisches Selbstbewußtsein, ein einigermaßen austariertes Gleichgewicht zwischen Rat und Bürgerschaft und vor allem eine periphere Lage und handelspolitische Stärke, die sie dem Druck der Territorialherren weitgehend entzog.

103 Lübeck, Hamburg und Bremen hatten bereits vor 1802/03 den entscheidenden Rückhalt für die Reichsstädte gebildet und die aktivste Politik betrieben. Da Lübeck, Hamburg und Bremen 1806 nicht wie Frankfurt, Augsburg und Nürnberg mediatisiert wurden, waren sie nach dem Ende des Reiches eine kurze Zeit souveräne Staaten, bis sie Napoleon aus wirtschafts- und handelspolitischen Gründen im Zeichen der Kontinentalsperre in sein Grand Empire einverleibte.

der bisher führenden Gruppen. Wenn sich die Entwicklung auch nicht mit jener Dynamik vollzog, die die französisch gewordenen Reichsstädte Köln und Aachen kennzeichnete, war der Weg nun doch frei zur Modernisierung und in vielen Fällen zu einem Wiederaufstieg. Die Bande, die reichsrechtlich gestützter Traditionalismus und Oligarchenherrschaft gelegt hatten, waren gesprengt.

Es war also der mediatisierende Zugriff der rheinbündischen Mittelstaaten, der diese Veränderungen einleitete, wenn es nicht gar die Gesetzgebung des revolutionären Frankreich selbst war. Eine überlebte Welt brach zusammen, die freilich weitgehend akzeptiert war. Man kämpfte jedoch nicht mehr um sie, aber es scheint, daß man den Wandel in den meisten Städten zwar als notwendig, aber durchaus auch als schmerzlich empfand. Dies galt vor allem für die alten Familien, vornehmlich der kleinen Städte, für die das Ende der reichsstädtischen Herrlichkeit auch jenes der eigenen war und den Abstieg ins Mittelmaß einleitete. Auch wurde das Ende von reichstädtischer Repräsentation, von der Berufung auf den Kaiser als Oberhaupt und auch von ritualisierten Konflikten nachträglich zwar als nötig empfunden, zugleich aber auch als Verlust von Lebendigkeit verstanden. Die nach 1815 restituierten Freien Städte im Deutschen Bund, Hamburg, Bremen, Lübeck und Frankfurt, deren Stadtverfassungen nur wenig umgestaltet worden waren, drehten das Rad in die Vergangenheit zurück und restituierten den Rahmen einer ständischen Gesellschaft; freilich hatten gerade sie die Krisen der vergangenen Jahrhunderte besonders gut bewältigt.

Sonst aber war das Verschwinden einer bunten Welt der Preis für die notwendige Modernisierung; die ersten Schritte kamen zwar unter dem despotischen Druck der rheinbündischen Regierungen zustande, die die Reformen auf ihre Fahnen geschrieben hatten. Aber viele Reichstädte konnten doch nun unter den Bedingungen einer neuen Zeit den Weg in eine neue Zukunft finden und dabei ihre teilweise glänzenden Voraussetzungen nützen, zu denen freilich auch zuweilen der Reichtum in privater Hand gehörte. Andere, vor allem die kleineren, verharrten in ihrem Mittelmaß, das sie auch im alten Reich gekennzeichnet hatte, nun ohne die glanzvolle Überhöhung durch Kaiseradler und Reichsfreiheit. Manchen freilich bewahrte das Zurückfallen hinter die modernen Entwicklungen des 19. Jahrhunderts eine faszinierende historische Kulisse wie in Rothenburg und Schwäbisch Hall, in Rottweil und Goslar.

Die Entwicklung der Reichsstädte lehrte, daß die oligarchisch verfaßten Kommunen, konserviert durch das Reichsrecht, nicht die bürgerliche Alternative der deutschen Geschichte waren; ihre Freiheit war eine altständische, der feudalen Umwelt entsprechende. Sie wurden geschützt durch ein festgezurrtes Reichsrecht und standen am Ende ihrer eigenen Entwicklung im Wege — es bedurfte des Zugriffs von außen, um ihnen den Weg in die Zukunft zu öffnen.

Concordia, Discordia, Tolerantia

Deutsche Politik im konfessionellen Zeitalter[1]

Von Winfried Schulze, Bochum

Über Eintracht und Zwietracht in der deutschen Geschichte des konfessionellen Zeitalters zu sprechen, scheint eine implizite Aufforderung zu enthalten, das gesteigerte Maß an Feindschaft zwischen den Konfessionen und die mangelnde Toleranz dieses Zeitalters zu beklagen. Auf den ersten Blick ist dieses Thema vor allem dazu geeignet, die Bedeutung der Forderung nach politischer, konfessioneller und sozialer Eintracht mit historischen Belegstücken zu versehen. Der am historischen Horizont heraufziehende Dreißigjährige Krieg taucht das ganze konfessionelle Zeitalter in ein Licht, das es zum Vorspiel dieses großen Entscheidungskampfes werden läßt. Auch der denkbare Beitrag eines solchen Blicks in die deutsche Geschichte des konfessionellen Zeitalters für die heutige Zeit scheint vorgezeichnet. Vielen Beobachtern des politischen und sozialen Lebens unserer Zeit ist gerade die elementare Konflikthaltigkeit unserer Ordnung ein ständiger Anlaß zu kritischen Erwägungen. Auseinandersetzungen zwischen divergierenden Meinungen werden als Störung eines vermeintlich idealen Zustandes politisch-sozialer Ordnung verstanden, die Suche und die Pflege gemeinsamer Überzeugungen, Grundwerte und Traditionen hat einen entsprechend hohen Stellenwert, ein unstillbares Harmoniebedürfnis prägt unsere politische Kultur. Es scheint dies auch eine nur zu verständliche Reaktion auf den Gesamtverlauf der deutschen Geschichte zu sein, die immer durch elementare Widersprüche geprägt war und die uns jenen vielbeklagten Mangel an historischer Identität beschert hat, den wir in Deutschland im Vergleich zu anderen Nationen glauben entdecken zu müssen.

---

1 Grundlage dieses Beitrags ist ein öffentlicher Vortrag, den ich 1985 während des Internationalen Historikertags in Stuttgart auf Einladung des Verbandes der Historiker Deutschlands und der Breuninger-Stiftung im Rathaus der Stadt Stuttgart gehalten habe. Beiden Institutionen habe ich ebenso wie dem Oberbürgermeister von Stuttgart sehr herzlich für die Einladung zu danken. Der Vortrag wurde überarbeitet, mit den notwendigen Belegen versehen und um den Teil erweitert, der sich mit dem Toleranzproblem beschäftigt.

Die deutsche Geschichte der Neuzeit scheint dies alles noch intensiver zu bestätigen. Sie steht unter dem unauslöschlichen Verdikt des 19. und 20. Jahrhunderts. Der Vorgang der verspäteten Reichseinigung unter preußischer Hegemonie und unter Zurücksetzung der Interessen des liberalen Bürgertums, der Weg in den Ersten Weltkrieg, das verunglückte Experiment der vorbelasteten Republik von Weimar und schließlich die Herrschaft des Dritten Reiches haben der modernen Geschichte und Geschichtsschreibung unseres Landes ihren Stempel aufgedrückt. Auf der einen Seite hat dieser Verlauf der Geschichte der letzten 150 Jahre Anlaß zu Fragen nach den vermeintlichen Kontinuitäten deutscher Nationalgeschichte, nach einem vermuteten „Sonderweg" in die Moderne gegeben, ein Thema, das gerade in den letzten Jahren erneut diskutiert worden ist[2].

Auf der anderen Seite hat diese unbestreitbare Dominanz des 19. und 20. Jahrhunderts zu einem bemerkenswerten Bruch zwischen der deutschen Geschichte der frühen Neuzeit und der des 19. und 20. Jahrhunderts geführt. Dies gilt sicher nicht im traditionellen Sinne der akademischen Forschung und Lehre, es gilt aber doch in der Weise, daß ein offensichtlicher Bruch die klassischen Themen der frühneuzeitlichen Geschichte von den großen Fragen der neueren und neuesten Geschichte trennt. Man wird schwerlich Hinweise auf eine ernsthafte Diskussion über den Zusammenhang zwischen der spezifischen historischen Lebensform des Heiligen Römischen Reiches Deutscher Nation und seiner Territorien und der modernen Geschichte unseres Landes finden[3]. Ein seltsamer Widerspruch scheint zwischen dem Alten Reich und dem Zweiten

---

[2] Ich verweise nur auf einige der hier einschlägigen Publikationen wie die Auslöser der neuerlichen Debatte *David Blackbourn / Geoff Eley*, Mythen deutscher Geschichtsschreibung. Die gescheiterte bürgerliche Revolution von 1848, Frankfurt/M.-Berlin 1980, und die Kritik von *Hans Ulrich Wehler*, ‚Deutscher Sonderweg' oder allgemeine Probleme des westlichen Kapitalismus? Zur Kritik an einigen „Mythen deutscher Geschichtsschreibung", in: Merkur 35 (1981), 478 - 487, und schließlich die Dokumentation einer Diskussionsveranstaltung des Instituts für Zeitgeschichte: Deutscher Sonderweg — Mythos oder Realität? Kolloquien des Instituts für Zeitgeschichte, München-Wien 1982. Für die Entstehung des „Mythos" ist die gründliche Arbeit von *Bernd Faulenbach*, Ideologie des deutschen Weges. Die deutsche Geschichte in der Historiographie zwischen Kaiserreich und Nationalsozialismus, München 1980, heranzuziehen.

[3] Thomas Nipperdey hat vor einigen Jahren einen über das 19. Jahrhundert hinausgehenden Rückgriff zur Deutung der modernen Geschichte Deutschlands wegen der unweigerlich entstehenden „Tacitushypothesen" — also eines regressus ad infinitum — abgelehnt. Der Begriff selbst stammt von Ralf Dahrendorf. Angesichts der in Frankreich und in England vorgetragenen Kontinuitätsthesen — zuletzt etwa *Alan Macfarlane*, The Origins of English Individualism. The Family, Property and Social Transition, Oxford 1978 — und aus prinzipiellen Gründen folge ich dieser Warnung nicht. Vgl. *Thomas Nipperdey*, 1933 und die Kontinuität der deutschen Geschichte, in: HZ 227 (1978), 86 - 111.

Reich zu bestehen. Auf der einen Seite ein offensichtlich dem europäischen Konkurrenzkampf nicht gewachsenes, innerlich uneiniges Gemeinwesen mit komplizierten und obsoleten Entscheidungsmechanismen, zerrissen von konfessionellen Spannungen und dynastischer Konkurrenz, schwach nach außen und chaotisch im Innern, auf der anderen Seite ein aggressiver Machtstaat mit einem beachtlichen offensiven Potential, wirtschaftlicher Kraft, auf einem autoritären Herrschaftssystem aufbauend. Beide Bewertungen — gewiß überzeichnet — stehen noch weitgehend unverbunden nebeneinander, und es stellt sich damit die grundsätzliche Frage, wie überhaupt noch eine Beziehung zwischen der älteren deutschen Geschichte und der neueren Geschichte oder gar unserer Gegenwart gefunden werden kann.

Dabei ist sicher jene Kontinuitätslinie auszuschalten, die nach dem Zweiten Weltkrieg allzu eilfertig „von Luther zu Hitler" gezogen wurde[4]. Die Versuche, die Genese des preußisch-deutschen Obrigkeitsstaates aus dem spezifischen Obrigkeitsverständnis der protestantischen Theologien herzuleiten, litten und leiden sowohl am fehlenden Vergleich mit anderen europäischen Ländern als auch an der Fehlinterpretation der Obrigkeits- und Widerstandsdiskussion der lutherischen Theologie, die sich immer deutlicher als Ausgangspunkt der europäischen Widerstandstradition des 16. und 17. Jahrhunderts ausmachen läßt[5]. Auch die neueren Forschungen über die Praxis der Obrigkeit-Untertanen-Beziehungen, die Normalität von Widerstand, Herrschaftskonflikten und Prozessen weisen in eine andere Interpretationsrichtung[6].

Lange Zeit haben die Perspektiven des 19. und 20. Jahrhunderts eine starke Wirkung auf die Bewertung des 16. und 17. Jahrhunderts ausgeübt. Der Konflikt zwischen dem katholischen Österreich und dem protestantischen Preußen lieferte die entscheidenden Kriterien für die Interpretation von Reformation, Gegenreformation und Dreißigjährigem Krieg. Leopold von Ranke hat sich diesem Grundmuster ebensowenig entziehen können wie Johann Gustav Droysen. Kaiser und Reich er-

---

4 Vgl. *William M. Mc Govern*, From Luther to Hitler. The History of Fascist-Nazi Philosophy, London 1946. Gerhard Ritter bezeichnete Anhänger dieser Interpretationsrichtung als „Vansittartisten" in Anlehnung an *Robert Vansittart*, Black Record, London 1941.

5 Deutlich herausgearbeitet bei *Quentin Skinner*, The Foundations of Modern Political Thought, Bd. 2, Cambridge 1978, 189 ff. Zuletzt dazu *Winfried Schulze*, Zwingli, lutherisches Widerstandsdenken, monarchomachischer Widerstand, in: Peter Blickle [u. a.] (Hrsg.), Zwingli und Europa, Zürich 1985, 199 - 216.

6 Ich verweise nur auf den letzten einschlägigen Sammelband: Aufstände. Revolten, Prozesse. Beiträge zu bäuerlichen Widerstandsbewegungen im frühneuzeitlichen Europa, hrsg. v. Winfried Schulze, Stuttgart 1983, und meinen Literaturbericht in: ZHF 9 (1982), 67 - 72.

wiesen sich — an der Elle preußischer Staatlichkeit gemessen — als schwach und wenig lebensfähig, aller Widerspruch gegen Kaiser und Reich sonnte sich im Glanz der preußischen Zukunft.

Diese Perspektiven der kleindeutschen Geschichte des 19. Jahrhunderts hatten gewiß den Vorteil, die Geschichte der konfessionellen Spaltung zur direkten Vorgeschichte der Gegenwart zu machen und damit ihre direkte Bedeutung zu sichern. In der Kritik der Thesen Ernst Troeltschs, die ja die Kulturbedeutung der Reformation relativierten[7], tauchte immer wieder die Frage auf, ob das zweite Kaiserreich ohne die Reformation überhaupt möglich gewesen sei. Für Friedrich von Bezold war 1890 die Antwort auf diese Frage völlig eindeutig: „Spät, aber überreich hat die Reformation in ihrem Vaterland Früchte gebracht... Ohne Luther hätten wir keinen Kant und Goethe, ohne die protestantische und antikaiserliche Herkunft des preußischen Staates nicht unser neues deutsches Reich[8].“ Es liegt jedoch ebenso gewiß auf der Hand, daß diese Perspektiven heute wenig erfolgversprechend sind. Sie unterwerfen die Geschichte des Reiches und der Territorien im konfessionellen Zeitalter den unangemessenen Kriterien von militärischer Effektivität, Einheitlichkeit des politischen Willens und weltpolitischer Machtentfaltung. Auch die zuweilen anzutreffende Verkürzung der deutschen Geschichte der frühen Neuzeit auf die brandenburgisch-preußische Geschichte, zu der vor allem angelsächsische und amerikanische Historiker neigen, bietet keine Alternative.

Es ist unbestreitbar, daß sich der Historiker nicht dem faktischen Zwang entziehen kann, den die reale Geschichte seiner perspektivischen Auswahl auferlegt. Jede realisierte Variante von Geschichte läßt Vorläuferkonstruktionen in eben dem Maße entstehen, wie sie alternativen Varianten das Lebensrecht entzieht. Trotzdem scheint es mir ein legitimer Zugriff zu sein, das konfessionelle Zeitalter unter Problemstellungen anzugehen, die nicht durch die Ausschließlichkeit der neueren und neuesten deutschen Geschichte geprägt sind. Sie können uns helfen, historische Prozesse zu entdecken, die unter der Last späterer Geschichte nur mehr schwer oder gar nicht mehr sichtbar zu machen sind. Der Historiker Paul Joachimsen hat im Jahre 1930 die Frage gestellt, wie die unbestreitbaren Auswirkungen der konfessionellen Spaltung auf das nationale deutsche Bewußtsein überwunden werden könnten, gewiß auch dies ein Beispiel für die Suche nach innerer Eintracht in der Endphase der Weimarer Republik. Sein Vorschlag lief darauf hinaus,

[7] *Ernst Troeltsch,* Die Bedeutung des Protestantismus für die Entstehung der modernen Welt, 5. Aufl. München-Berlin 1928 (zuerst in: HZ 97 [1906], 1 - 66).

[8] *Friedrich von Bezold,* Geschichte der deutschen Reformation, Berlin 1890, 872.

„auch das Positive" der Reformation zu erkennen[9]. Dieser Vorschlag stand und steht zweifellos quer zu einem mächtigen Strom historischer Literatur. Gleichwohl kann er wichtige Anregungen geben, die weiterwirkende Bedeutung des konfessionellen Zeitalters herauszuarbeiten und für unsere Gegenwart nutzbar zu machen. Wohl in diesem Sinne hat Theodor Schieder schon 1952 einmal davon gesprochen, daß die reformatorische Bewegung nicht nur zu einer Vielzahl von Kirchenbildungen und Bekenntnissen geführt, sondern auch den Grund gelegt habe für verschiedene politische Denk- und Verhaltensweisen. Dadurch sei sie zu einem der mächtigsten Antriebe der neueren Geschichte „weit über ihr religiöses Anliegen hinaus" geworden: „Spaltung bedeutet also Differenzierung, polare Spannung und damit im letzten doch schöpferisches Leben." In dieser Sicht wurde für ihn auch Positives in der Spaltung sichtbar: „An die Stelle einer einzigen universalen Doktrin" trat die Differenzierung auch im politischen Denken, „in der sich ein Stück der europäischen Freiheit ausspricht"[10].

Das 16. Jahrhundert — so hat Leopold von Ranke konstatiert — ist das Jahrhundert der „Spaltung der Nation". Dies ist von ihm zunächst als Beschreibung jenes historischen Prozesses gemeint, der für ihn seit 1524 dazu führt[11], daß sich die Stände des Reiches in konfessionellen Gruppierungen organisieren, daß konfessionspolitische Gesichtspunkte die Reichspolitik beherrschen und letztlich dem Reich eine andere, eine paritätische Verfassung aufzwingen. Es war dies ein schmerzhafter Prozeß, der sich nicht nur in friedlichen Bahnen des Meinungsstreits vollzog, sondern der zu kriegerischen Konfrontationen zwischen Kaiser und Reichsständen führte. Das „büchische" wurde durch das „spießische Disputieren" ersetzt, wie es 1556 ein schwäbischer Beobachter formulierte[12]. Dieser Konflikt entzweite nicht nur Kaiser und eine erhebliche

---

9 *Paul Joachimsen*, Die Reformation als Epoche der deutschen Geschichte, hrsg. v. Otto Schottenloher, München 1951, XXIV. Joachimsen hat diese Überlegung zuerst in seinem Aufsatz „Epochen des deutschen Nationalbewußtseins" von 1902 formuliert.

10 *Theodor Schieder*, Kirchenspaltungen und Kirchenunionspläne und ihre Rückwirkungen auf die politische Geschichte Europas, in: GWU 3 (1952), 591 - 605.

11 *Leopold von Ranke*, Deutsche Geschichte im Zeitalter der Reformation. Historisch-kritische Ausgabe, hrsg. v. Paul Joachimsen, Bd. 2, München 1926, 113 ff.

12 Die Formulierung stammt vom Komtur von Altshausen, zitiert bei: *Gerwig Blarer*, Abt von Weingarten 1520 - 1567, Briefe und Akten, bearbeitet v. Heinrich Günter, Bd. 2, Stuttgart 1921, 404 f. Diese Formulierung geht zurück auf eine von *Juan Luis Vives*, Von der gemaynschaft aller dingen, Straßburg 1536, A iii, getroffene Beobachtung, wo es heißt: „Von der zwispalt der leeren ist es biß umb das leben zu kämpffen gerathen, ward also vom Wortstreit und em Kampff der Federn gelassen und zun spiessen und schwertern und büchsen gegriffen."

Gruppe der Reichsstände, sondern er zertrennte auch bis dahin funktionierende soziale Einheiten wie Familien, Dynastien, Stadtgemeinden und adelige Standeskorporationen. Ja, er stellte in letzter Konsequenz auch die Frage nach der Existenz des kaiserlichen Amtes, wenn etwa der Kaiser nach dem Reichstag von 1530 als „tyrannus" bezeichnet und damit das Problem des Widerstandsrechts gegen diesen Tyrannen aufgeworfen wurde[13]. Kein Gemeinwesen konnte in eine tiefere Existenzkrise gestürzt werden als das Reich in diesen Jahren drohender „mutationes". Heinrich Lutz hat vor wenigen Jahren die Frage nach dem „Gelingen und Scheitern deutscher Einheit im 16. Jahrhundert" gestellt und dabei auch die anthropologischen Konsequenzen der Erfahrung von Spaltung vorsichtig erwogen. Einen „so besonders hohen Grad von Verletztheit" hat er als Ergebnis dieser Spaltung festgestellt, eine enorme Belastung aller zukünftigen Politik[14]. Ich möchte versuchen, die damit angeschnittene wichtige Frage nach der Bewältigung von Spaltung und Zwietracht im 16. und 17. Jahrhundert einen Schritt weiterzuführen, weil sich damit eine besonders prägende Erfahrung deutscher Geschichte zu erschließen scheint.

Diese „Spaltung der Nation" war über die eben erwähnten leidvollen Begleiterscheinungen hinaus auch deshalb von Bedeutung, weil sie ein Gemeinwesen traf, dem die Erfahrung grundlegender Differenzen fremd war. Zwar waren im Reich politische und dynastische Kontroversen an der Tagesordnung, ja sie prägten — zumal in der Zeit Kaiser Maximilians — diesen eigenartigen politischen Verband. Doch verliefen diese Konflikte in dem allen Beteiligten gemeinsamen Bewußtsein der Zugehörigkeit zur römischen Kirche, deren Schutz dem Kaiser in besonderer Weise oblag. Die Zugehörigkeit zur römischen Kirche schuf „elementare Einigkeit, die elementare Stabilität" garantierte, wie Bernd Moeller kürzlich formulierte[15]. Die reformatorische Spaltung war demgegenüber ein Zerbrechen dieses gemeinsamen und heilsamen Fundaments politischer Kontroversen, ein Verlust, der von allen Zeitgenossen als tiefe Bedrohung empfunden wurde. Die nun eingetretene Trennung der Reichsstände, die Spaltung des Städtekorpus, das erzwungene Nebeneinander von Menschen unterschiedlicher religiöser

---

[13] Vgl. *Heinz Scheible,* Das Widerstandsrecht als Problem der deutschen Protestanten 1523 - 1546, Gütersloh 1969, 37,80, und *Eike Wolgast,* Die Wittenberger Theologie und die Politik der evangelischen Stände, Gütersloh 1977, 175 ff. Vgl. auch die grundsätzlichen Bemerkungen bei *Martin Heckel,* Staat und Kirche nach den Lehren der evangelischen Juristen Deutschlands in der ersten Hälfte des 17. Jahrhunderts, München 1968, 178 ff.

[14] *Heinrich Lutz,* Die deutsche Nation zu Beginn der Neuzeit. Fragen nach dem Gelingen und Scheitern deutscher Einheit im 16. Jahrhundert, in: HZ 234 (1982), 529 - 559, hier 558.

[15] Ich zitiere hier *Bernd Moeller* nach seinem Vortrag über „Europäische Wirkungen Luthers" auf dem Internationalen Historikertag in Stuttgart 1985.

Überzeugung, war ein neues Faktum, dessen Bewältigung eigentlich das Grundproblem der Reformationsepoche darstellt: die Bewältigung der neuen Erfahrung von Spaltung, die Hinnahme dissentierender Menschen und sozialer Gruppen, die Suche nach Möglichkeiten, trotzdem die Existenz des übergeordneten politischen Verbandes, des Reiches, zu bewahren, ja sogar neu zu begründen.

Mir scheint, daß die Lösung dieser Aufgabe, die im Lauf des 16. und 17. Jahrhunderts in verschiedenen Schritten schließlich erreicht werden mußte, einen der interessantesten Prozesse des konfessionellen Zeitalters darstellt. Im Vergleich mit den westeuropäischen Nationalstaaten ist dieser Prozeß in Deutschland von ungleich größerer Bedeutung. Während es in England und Frankreich gelang, den Grundsatz „un roi, une loi, une foi" prinzipiell durchzusetzen und religiöse Minderheiten aus dem politischen Leben der Nation auszuschließen bzw. in einer kontrollierten Minoritätsposition zu halten, war in Deutschland schon seit dem Speyerer Reichstag von 1526 der Weg zu einer Regelung der Koexistenz der Konfessionen vorgezeichnet. Er gewann an Wahrscheinlichkeit, je schärfer sich die politischen Gegensätze ausprägten und je weniger Hoffnung schließlich auf den Erfolg eines Konzils gesetzt werden konnte, auf das sich lange Zeit alle Hoffnungen auf Wiedererlangung der alten „concordia" richteten. Er wurde zu einer Notwendigkeit, als sich seit dem Augsburger Religionsfrieden von 1555 das territoriale Nebeneinander der Konfessionen verfestigte, das sich in der kleinräumigen Praxis des Reiches oft genug als schwieriges Miteinander der Konfessionen entpuppte. Es war dies die Zeit der leidvollen Anpassung an die neuen Prinzipien, an das noch fremde Miteinander der Konfessionen, dessen Belastungen im folgenden untersucht werden sollen.

Zwei Bereiche will ich dabei besonders in den Vordergrund stellen. Zum einen will ich einer begriffsgeschichtlichen Fragestellung nachgehen, die für unser Thema von besonderem Interesse ist: der Entwicklung und dem Bedeutungswandel des Wortes Concordia oder Eintracht im 16. und 17. Jahrhundert. Das gesteigerte Interesse an begriffsgeschichtlicher Arbeit bedarf in diesem Zusammenhang keiner besonderen Erklärung. Wir sehen hierin eine hervorragende Möglichkeit, sich wandelnde Auffassungen über längere Zeiträume hinweg zu untersuchen, da der Sprachgebrauch ein Medium hoher Aussagekraft darstellt. Veränderungen, Verengungen und Brüche im Sprachgebrauch lassen die Vermutung zu, daß damit auf realhistorische Veränderungen reagiert wird. Begriffsgeschichtliche Forschung erscheint insbesondere für Umbruchzeiten ein vorzügliches Analyseinstrument zu sein, dessen Erkenntniswert gerade für unsere Epoche noch nicht in dem Maße genutzt worden ist, wie für die europäische „Sattelzeit" zwischen 1750 und 1850[16]. Bislang schon vorliegende Befunde wie etwa der Nachweis neuer Begriffe wie Souveränität[17], Fundamentalgesetze[18], Staatsräson[19] weisen eher in den Bereich der Veränderung des frühmodernen Staates als in den Bereich der Normen und Werte politischer Vergesellschaftung. Angeregt wurde diese Analyse des Concordia-Begriffs durch den Eindruck einer starken Formelhaftigkeit der politischen Sprache des 16. Jahrhunderts. Die Begründungen politischen Handelns, so wie sie sich aus den Akten der Reichs- und Landtage ermitteln lassen, bedienen sich einer festen Sprache, die sich scheinbar gar nicht verändert. So besteht die Schwierigkeit, begriffsgeschichtlichen Wandel überhaupt dingfest zu machen. Diese Voraussetzung des Quellenmaterials erscheint deshalb besonders wichtig, weil wir im Vergleich mit der begriffsgeschichtlichen Erforschung des späten 18. und 19. Jahrhunderts noch kaum über zeitgenössisches Material verfügen, das wie die Wörterbücher, Enzyklopädien oder die allgemeine philosophische Literatur und Publizistik späterer Zeit einen gewissen Abstraktionsgrad aufweist. Für das 16. Jahrhundert ist man in stärkerem Maße auf das Aktenmaterial politischer Entscheidungsfindung angewiesen, hinzu kommen eher spärliche Quellen der Publizistik oder persönliche Briefwechsel.

Die andere Fragestellung, die hier behandelt werden soll, schließt sich unmittelbar an die Frage nach der Concordia an. Sie will zeigen, wie im 16. und 17. Jahrhundert nach dem Aufbrechen der konfessionellen Spaltung auf den Reichstagen dieser Epoche überhaupt noch Mehrheitsbeschlüsse gefaßt werden konnten, wie also ein Mindestmaß politischer Einigkeit realisiert wurde. Dabei geht es einmal um die konkrete Frage, wie es den protestantischen Ständen gelang, gegenüber der weiterhin bestehenden numerischen Mehrheit katholischer Stände ihre Stellung behaupten zu können, und zum anderen darum, ob der Grundkonflikt zwischen den Parteien nicht auch einen neuen Begriff von „Eintracht“ hervorbringen mußte. Schließlich soll die Frage überprüft werden, ob nicht diese neue doppelte Sicht von „concordia“ und die damit

---

16 Vgl. dazu *Reinhart Koselleck*, Begriffsgeschichte und Sozialgeschichte, in: *ders.*, Vergangene Zukunft. Zur Semantik vergangener Zeiten, Frankfurt/M. 1979, 107 - 129, und *ders.*, Einleitung zu Geschichtliche Grundbegriffe, Bd. 1, Stuttgart 1972, XIII - XXVII.

17 *Helmut Quaritsch*, Staat und Souveränität, Bd. 1, Frankfurt/M. 1970.

18 Hinweise darauf finden sich bei *Rudolf Vierhaus* (Hrsg.), Herrschaftsverträge, Wahlkapitulationen, Fundamentalgesetze, Göttingen 1977, und bei *Johannes Kunisch* (Hrsg.), Der dynastische Fürstenstaat. Zur Bedeutung von Sukzessionsordnungen für die Entstehung des modernen Staates, Berlin 1982, bes. 3 ff. und 372, wo *Michael Stolleis* auf das fast gleichzeitige Erscheinen der Begriffe „Souveränität“, „lex fundamentalis“ und „Staatsräson“ hinweist.

19 Vorzüglicher Überblick über den Forschungsstand bei *Roman Schnur* (Hrsg.), Staatsräson. Studien zur Geschichte eines politischen Begriffs, Berlin 1975.

implizierte Akzeptierung eines grundlegenden Dissenses in der Gesellschaft erst die Voraussetzung für ein neues Toleranzdenken ergab. Damit sollen nicht jene Stimmen übersehen werden, die schon in der ersten Jahrhunderthälfte aus verschiedenen Denktraditionen humanistisch-skeptizistischer Richtung Toleranz gegenüber den Andersgläubigen gefordert haben. Es scheint vielmehr, als ob nach 1555 und auf der Erfahrung der Reformationsjahre aufbauend eine neue Haltung gegenüber dem Toleranzproblem entwickelt wurde, die in einem engen Zusammenhang mit der unmöglich gewordenen alten Concordia steht[20]. Bedarf es noch des Hinweises darauf, daß hier eine für die weitere Zukunft des Reiches als politische Einheit wesentliche Problematik lag, die schon einen Vorgriff auf die neue innere Struktur des Reiches nach 1648 enthielt? Darüber hinaus bietet diese Fragestellung die Möglichkeit, die komplizierte Genese einer für demokratische Verhältnisse zentralen Kategorie einmal nicht am üblichen westeuropäischen Material zeigen zu müssen, sondern an sehr naheliegenden Problemen der deutschen Geschichte.

Die Entstehung der Konfessionen im 16. Jahrhundert vollzog sich für alle Beteiligten als ein negativer Prozeß, nämlich als Verlust von Concordia. Abgesehen einmal von dem zentralen Begriff des „gemeinen Nutzens" als Inhalt von guter Politik schlechthin[21], gibt es in dieser Zeit schwerlich einen anderen Begriff, der in ähnlicher Weise den Idealzustand des Gemeinwesens charakterisieren würde wie der Begriff der Eintracht, die es zu bewahren oder wiederherzustellen galt. Im übrigen stellt sich heraus, daß es die Politik des „Gemeinnutzes" ist, die die „Eintracht" aller Bürger herstellt. Für Kaiser Karl V. war es im Ausschreiben des Reichstags von 1530 der vielfach geäußerte Wunsch nach „Ainigkeit im Reich", der sein Bemühen leitete, diesen Reichstag „des zwiespalts halben in dem heiligen Glauben und der christlichen Religion" auszuschreiben. Seine Aufgabe sei es, „beschließlich also gute ainigkeit und fried, auch sunst gute münzpolicey und wohlfahrt des heiligen reichs allenthalben in diesen und anderen desselben obliegenden sachen zu beschließen, zu machen, aufzurichten und zu unterhalten[22]. Karl bewegte sich mit dieser im ganzen Zeitraum häufig wieder-

[20] Diesen begrifflichen Zusammenhang hat jetzt interessanterweise auch *Mario Turchetti*, „Concorde ou tolérance" de 1562 à 1598, in: Revue Historique 274 (1985), 341 - 355, aufgegriffen, freilich auf die Interpretation des Edikts von Nantes bezogen. Vgl. auch *dens.*, Concordia o tolleranza? François Bauduin (1520 - 1573) e i „moyenneurs", Genf 1984.

[21] Vgl. jetzt dazu *Winfried Schulze*, Vom Gemeinnutz zum Eigennutz. Über den Normenwandel in der ständischen Gesellschaft der frühen Neuzeit, in: HZ 243 (1986), 591 ff. und zuletzt *Peter Blickle*, Gemeindereformation. Die Menschen des 16. Jahrhunderts auf dem Weg zum Heil, München 1985, bes. 196 ff.

[22] Das Ausschreiben Karls V. für den Reichstag 1530, in: *Karl Eduard Förstemann* (Hrsg.), Urkundenbuch zu der Geschichte des Reichstages zu

holten Formel genau im Rahmen der traditionellen Herrscheraufgaben: „Unio atque Concordia“ lautete das klassische Ziel kaiserlicher Politik, so wie es schon im Zusammenhang der Reichsreformdiskussion formuliert worden war[23].

Einigkeit oder Eintracht war jedoch nicht nur politisches Ziel des Kaisers, wie es in den Präambeln der Reichsgesetze und der Reichstagsausschreiben zum Ausdruck kam. Darüber hinaus wird die Suche nach der Concordia gewissermaßen zum Signum dieses Jahrhunderts, das mit der schmerzlichen Erfahrung der Spaltung konfrontiert wurde. Europäische Humanisten wie Erasmus von Rotterdam und Juan Luis Vives, aber auch die deutschen Politikschriftsteller dieses Jahrhunderts machten mit ihren einschlägigen Schriften deutlich, daß die Analyse von Eintracht und Zwietracht das eigentliche Problem dieses Jahrhunderts betraf, das mit einer allenthalben auseinanderbrechenden Ordnung konfrontiert war. In dieser humanistischen Zeitanalyse galt freilich die Sorge um die Eintracht nicht allein dem Verhältnis der Konfessionen, sondern darüber hinaus auch dem Verhältnis der europäischen Mächte und — nicht zuletzt — auch dem Verhältnis der verschiedenen sozialen Gruppen zueinander. Zwietracht erschien Vives als ein so generelles und weitverbreitetes Phänomen der Gesellschaften seiner Zeit, daß er die Ursache dieses Zustandes in einer anthropologischen Konstante sah: Für ihn war die verdorbene Natur des Menschen, seine natürliche Veranlagung zu Laster und Begehrlichkeit auf das, was er nicht besitzt, der Grund für die Zwietracht in allen Formen menschlicher Gesellschaftung[24].

Auf den anderen bedeutenden Befürworter christlicher Eintracht, auf Erasmus von Rotterdam also, gründeten sich die meisten jener zahlreichen Versuche humanistisch gesinnter Theologen und Fürsten, die Einheit der Kirche im Reich wiederherzustellen, zumindest bis zu dem Zeitpunkt, als eine Einigung durch ein Konzil noch möglich erscheinen konnte. 1533 veröffentlichte er auf Drängen seiner Freunde

---

Augsburg im Jahre 1530, 2 Bde., Halle 1833, 1855 (NDr. Osnabrück 1966), hier Bd. 1, 1 - 9, das Zitat ebd., 8. In der Begrifflichkeit durchaus parallel („alle Stände zu Einigkeit, Gleichheit und Friede in dem heiligen, christlichen Glauben“) die Antwort der Reichsstände auf Karls Denkschrift zur Glaubensfrage, wie *Herbert Immenkötter*, Um die Einheit im Glauben. Die Unionsverhandlungen des Augsburger Reichstags im August und September 1530, Münster 1973, 84, zeigt.

23 Vgl. *Alfred Schroecker*, Unio atque concordia. Reichspolitik Bertholds von Henneberg 1484 bis 1504, Phil. Diss. Würzburg 1970.

24 *Juan Luis Vives* hat über die Bedingungen und Formen der Zwietracht im Europa seiner Zeit eine große Karl V. und Franz I. gewidmete Abhandlung „Von Einigkeit und Zwytracht in dem menschlichen Geschlecht“ von 1529 geschrieben. Ich habe hier die deutsche Übersetzung benutzt, die 1578 von Georg Lauterbeck in Frankfurt am Main herausgegeben wurde.

eine Zusammenfassung seiner konfessionspolitischen Überzeugungen in der Schrift „De sarcienda ecclesiae concordia deque sedandis opinionum dissidiis“, „Von der Kirchen lieblicher Verainigung“, wie sie Wolfgang Capito ein Jahr später übersetzte. Diese Schrift und die in ihr vertretene Auffassung, um jeden Preis die Einheit der Kirche zu suchen, prägte die Bemühungen der 30er Jahre des 16. Jahrhunderts bis hin in das protestantische Lager[25]. Hier war es vor allem Martin Bucer, der sich um die Einigung bemühte, „da alles an vergleichung der religion gäntzlich hanget und on die beyde die spaltung und niedergang aller guten polici und der unfall und niederliegen gegen dem türcken auffs gefährlichst zunimmt“[26]. Es ist dies ein argumentum pro concordia, das bis in den Anfang des 17. Jahrhunderts hinein die protestantische Politik bestimmen sollte, wenn man in diesem Lager aus Furcht vor eventuellen Rückwirkungen auf die militärische Sicherheit des Reiches in dieser entscheidenden Frage die konfessionellen Interessen zurückstellte. So wird deutlich, daß Concordia keine Leerformel darstellt, sondern sie war die Voraussetzung der existentiellen Handlungsfähigkeit des Reiches in dieser Epoche.

Der Höhepunkt der erwähnten Bemühungen um Einigung im Erasmianischen Sinne ist im „Regensburger Buch“ zu sehen, einem letzten Versuch, der Anfang 1541 in der Vorbereitung des Regensburger Reichstags entstanden war. Er scheiterte freilich an seinen theologischen Zweideutigkeiten und an der entschiedenen Ablehnung, die er in Wittenberg und Rom erfuhr. Vielleicht war auch der „Traum der Verständigung“ und die hinter ihm stehende Abneigung zur direkten Parteinahme im sich verschärfenden Streit auch ein Ausfluß einer tiefverwurzelten Sehnsucht nach Harmonie, die so schnell vor den sich abzeichnenden Parteiungen nicht resignieren wollte. Diese Linie ließ sich jedoch nach Regensburg nicht mehr vertreten. Der sächsische Kurfürst mag hier stellvertretend für jene Haltung stehen, die „eine concordia und vergleichung“ auf der Basis des erzielten Kompromisses ablehnte, „davor soll uns Gott gnädlich behüten“. Die Regensburger Verhandlungen seien „aus des Butzers und etlicher Getrieb des Orts ... herge-

---

[25] *Wolfgang Capito*, Von der Kirchen lieblichen Vereinigung und von Hinlegung dieser Zeit haltender Spaltung in der glauben leer, geschrieben durch den hochgelerten und weitberiempten herren Des. Erasmus v. Roterdam, Straßburg 1533. Vgl. dazu *James M. Kittelson*, W. Capito. From Humanist to Reformer, Leiden 1975, bes. 207. Capito sah die „sanctissima concordia“ der protestantischen Lehren als sein oberstes Ziel an (ebd. 163). Grundlegend zur Haltung des Erasmus in der Frage der Wiedervereinigung der Konfessionen ist *Robert Stupperich*, Der Humanismus und die Wiedervereinigung der Konfessionen, Leipzig 1936, bes. 27 ff.

[26] So Bucer in: Alle Handlungen ..., Vorrede, 2, zitiert nach *Stupperich* (Anm. 25), 105, A. 1.

flossen"[27]. Luthers Stellungnahme blieb jener grundsätzlichen Auffassung verhaftet, die er schon in seiner Reaktion auf die erwähnte Schrift „De sarcienda concordia" von 1533 vertreten hatte[28]. In der Vorrede zur Auslegung der Evangelien durch Antonius Corvinus von 1535 formulierte Luther eine bemerkenswerte Aufspaltung des Begriffes der concordia, die in Zukunft die weitere Entwicklung dieses Begriffs prägen sollte: „Alia est enim concordia fidei, alia charitatis." Letztere sei wohl auch das Ziel aller seiner Bemühungen („summis studiis quaesivimus, oravimus, efflagitavimus"); doch beziehe sie sich nur auf den politischen Umgang der Konfessionen miteinander. Entscheidend aber sei die Frage des Glaubens, denn hier dürfe man nicht mit undeutlichen Worten von den zentralen Wahrheiten ablenken: „sed conscientia et veritas ipsa hanc concordiae rationem tolerare non potest." Eine Concordia, die diesen Grundsatz verletzte, lag für Luther außerhalb dessen, was zu dulden war. Aus dieser Grundüberzeugung resultiert auch seine Stellungnahme gegen die Toleranz aus dem Jahre 1541, die als der erste deutschsprachige Nachweis dieses Begriffs gilt: „Ich kan auch nit bedengken, Das einiche ursach vorhanden sey, die gegen got die tollerantz mochte entschuldigen[29]". Es zeigte sich also, daß Luther schon sehr früh die Concordia-Politik des Erasmus und seiner Anhänger für irreal gehalten hatte, daß die alte Concordia der römischen Kirche ein unerreichbares Ziel geworden war und durch eine kompliziertere Verbindung von Konsens und Dissens ersetzt werden mußte. Es erfüllte sich

[27] So äußerte sich Kurfürst Johann Friedrich in einem Schreiben an seine Gesandten in Regensburg vom 28. Mai 1541, gedruckt in: CR 4, Nr. 2252, 342 ff., hier 344 und 346. — Über die konfessionspolitische Entwicklung zwischen Wittenberger Konkordie und dem Reichstag von Regensburg vgl. die knappe Skizze von *Pierre Fraenkel*, Einigungsbestrebungen in der Reformationszeit, Wiesbaden 1965, und *Marion Hollerbach*, Das Religionsgespräch als Mittel der konfessionellen und politischen Auseinandersetzung im Deutschland des 16. Jahrhunderts, Frankfurt/M.-Bern 1982, 139 ff.

[28] WA 38, 276. In diesem Zusammenhang ist eine Äußerung Martin Luthers aus seiner Schrift „De servo arbitrio" (1525) von Interesse, wo er Erasmus vorwarf, den durch die Reformation erregten „tumultus" zu beklagen und „concordia" zu fordern, ohne doch zu erkennen, daß eben dieser „tumultus" von Gott gewollt sei und deshalb auch nicht beigelegt werden könne (WA 18, 600 - 787, hier 626).

[29] Luther reagierte am 12. Juni in einem Brief auf den in Regensburg erreichten Diskussionsstand, die verbleibenden Differenzen zwischen den Bekenntnissen durch eine reichsrechtlich garantierte, befristete Duldung beizulegen. Eine solche „tollerantz" — so meinte Luther jedoch — könne nichts taugen, weil sie die Duldung eines wissentlichen Irrtums bedeute: „Ich kan auch nit bedenken, daß einiche ursach vorhanden sey, die gegen got die tollerantz möchte entschuldigen. Die Kinder mögen schmutzig sein, aber das Bad muß zumindest rein und nicht verunreinigt sein." (WA Br 9, 438 f.). Die Forschung glaubt, in dieser Passage die erste deutsche Verwendung des Toleranzbegriffs zu erkennen. So *Heinrich Lutz* (Hrsg.), Zur Geschichte der Toleranz und Religionsfreiheit, Darmstadt 1977, Einleitung, IX, wobei er sich auf Heinrich Bornkamm bezieht, ebd., 256.

hier die Voraussage des Juan Luis Vives, der schon 1529 in seiner Abhandlung „De concordia" geschrieben hatte: „Wenn sich aber begibt, daß man der Wahrheit halben zwiespältig wird und man die Sache so weit kommen läßt, daß auch die Affekt dazwischen kommen und also einwurzeln, daß kein Teil den andern nicht lassen oder weichen will, so wird die Sache desto beschwerlicher, wenn man mit der Faust dreingreifen will... Denn die Leute, was den Leib anlangt und betrifft, können wohl erschreckt werden, die Gemüter aber nicht, welche weder Feuer noch Schwert verletzen noch beleidigen können." Der kühle Beobachter der menschlichen Natur und des menschlichen Affektlebens war aus seiner Sicht zu dem gleichen Ergebnis gekommen wie der Reformator, der seine Glaubenswahrheit verteidigte[30].

Haben wir zunächst den gedanklichen Weg skizziert, der von der klassischen Concordia im Sinne von *unitas* der römischen Kirche zum Wagnis der Discordia führte — ohne daß diese von Luther freilich schon akzeptiert worden wäre —, so soll in einem zweiten Blick der politische Weg bis zu jenem Punkt verfolgt werden, an dem die Zielvorstellung einer Wiedervereinigung der Bekenntnisse unrealistisch wurde. Es ist zunächst durchaus beeindruckend, sich noch einmal der Stärke jener Bewegung zu vergewissern, die auf Wiederherstellung der alten Einheit drängte. Aus der Rückschau wirken diese Aufrufe wie naive Bemühungen um die Wiedervereinigung der Standpunkte. Der Augsburger Bischof Christoph von Stadion wollte sich auf dem Augsburger Reichstag von 1530 — ganz im Sinne des Erasmus — um des „Friedens und der Ainigkeit" willen zu religiösen Konzessionen verstehen[31], und der Erasmianer Georg Witzel fragte 1537 in seiner „Methodus concordiae ecclesiasticae": „Warum soll denn die Einheit zerrissen oder die zerrissene Einheit nicht wiederhergestellt werden können, wenn es sich nur um solche Dinge handelt, über die weder Christus etwas angeordnet, noch die Apostel etwas überliefert oder die Kirchenväter etwas gelehrt haben und die infolgedessen weder dem Glauben noch den guten Sitten Abbruch tun[32]?"

Diese mit dem Zitat Witzels noch einmal belegte starke erasmianische Position unter den Reichsständen, die die Eintracht als die Grundvoraussetzung eines blühenden Gemeinwesens ansahen, bildete zunächst die Basis für die Politik der Friedstände zwischen den Konfessionen,

[30] *Juan Luis Vives* (Anm. 24), 2 (Vorrede).

[31] Vgl. *Hans Peter Schmauch*, Christoph von Stadion (1478 - 1543), Bischof von Augsburg (1517 - 1543), und seine Stellung zu Reformation, Phil. Diss. München 1956, 164 f. und 209 ff.

[32] Vgl. *Georg Witzel*, Methodus Concordiae Ecclesiasticae, Leipzig 1537, hier auszugsweise zitiert nach *August Franzen*, Zölibat und Priesterehe in der Auseinandersetzung der Reformationszeit und der katholischen Reform des 16. Jahrhunderts, Münster 1969, 48.

die Suspension der Kammergerichtsprozesse und die de facto-Hinnahme der Säkularisationen, kurzum die politische Durchsetzung der Reformation im Rahmen des Reiches. Verfolgt man die Politik der sog. konfessionsneutralen Stände in den letzten zwei Jahrzehnten vor 1555, so zeigt sich, daß Kurpfalz, Jülich-Berg und Kurbrandenburg — um diese drei vor allem zu nennen — die Lösung des entstandenen Konflikts in einer sehr bewußten Aufspaltung der Problematik von innerem Frieden und konfessionellem Streit sahen. Wie immer auch in Zukunft eine Vergleichung der Konfessionen würde zu erreichen sein, so lag dieser Ständegruppe vor allen Dingen an einer Bewahrung des inneren Friedens im Reich: „So ist doch ein groß unterscheidt zwischen vergleichung der religion und dem friedstand in der religion, auch den vorigen reichsabschieden nit ungemeß, daß die kaiserliche Majestät als das haupt den frieden unterhalte." So wurde es in einer Düsseldorfer Beratung über das weitere Vorgehen im Jahre 1552 formuliert[33]. Die Bewahrung bzw. die Wiederherstellung des Friedens war im Verständnis der sog. neutralen Stände ein Ziel, das zu wichtig war, um es in dieser Situation des Reiches alleine dem Kaiser überlassen zu können. Die unbestreitbare Mitverantwortung der Stände für den Landfrieden wurde so hoch gewichtet, daß in letzter Konsequenz auch eine Politik gegen den Kaiser für möglich gehalten wurde, um nur den Frieden im Reich zu sichern. Diese Politik des Zurückstellens der religiösen Concordia und der Sicherung des inneren Friedens und damit aber auch der Protestanten beherrschte auch ganz die Passauer Verhandlungen zwischen Kurfürst Moritz und König Ferdinand. Der hartnäckige Widerstand des Kaisers gegen eine solche den Protestantismus endgültig und für alle Zeit absichernde Reichspolitik war nur mehr eine Verdeutlichung des neuen Prinzips, das in Passau etabliert worden war: Der auf der Anerkennung der Discordia aufbauende konfessionelle Pluralismus bestimmte jetzt das Reich.

Überblickt man die relative Stetigkeit einer konfessionsneutralen Friedenspolitik, ihre Hartnäckigkeit im Verfechten einer säkularisierten Friedensidee, so erscheint die Schnelligkeit bemerkenswert, mit der sich dieser Wandel vollzog. Binnen einer Generation hatte sich die Auffassung durchgesetzt, daß Concordia in einem politischen Gemeinwesen wie dem Heiligen Römischen Reich nicht unbedingt des dogmatischen Konsenses bedurfte. Letztlich setzte sich eine Aufspaltung des Concordia-Begriffs durch, die den Dissens in Dingen der Konfession durch einen Rückzug auf den elementaren Konsens der Friedenserhal-

---

[33] Diese Politik der konfessionsneutralen Stände untersucht die vorzügliche Arbeit von *Albrecht Pius Luttenberger*, Glaubenseinheit und Reichsfriede. Konzeptionen und Wege konfessionsneutraler Reichspolitik 1530 - 1552 (Kurpfalz, Jülich, Kurbrandenburg), Göttingen 1982, hier 708.

tung ausglich. Darüber darf freilich nicht übersehen werden, welche erheblichen Schwierigkeiten diese Sicht vielen Zeitgenossen bereitete. Martin Bucers Unterscheidung aus dem Jahre 1545 zwischen einem „satten Frieden" — d. h. einem Frieden auch in Fragen der Lehre — und einem „glesernen", „ungöttlichen" oder „äußeren" Frieden, der nur auf einen politischen Kompromiß zielte[34], macht deutlich, wie wenig Bereitschaft zunächst bestand, eine politische Einigung ohne die wirkliche religiöse Einigung zu akzeptieren.

Parallel dazu vollzog sich die Anwendung des neuen, verengten Concordia-Begriffs auf den Bereich der jetzt konfessionell gebundenen Lehrübereinstimmung. Zum ersten Mal sichtbar wurde diese Tendenz in der Wittenberger Konkordie von 1536. Sie wurde notwendig verstärkt, als sich seit dem Tode Luthers in der protestantischen Bewegung erhebliche Lehrstreitigkeiten einstellten. 1577 wurde mit der Konkordienformel diese neue Begriffsvariante verewigt, als unübersehbares Zeichen einer neuen begrenzten Form der Concordia unter den Glaubensgenossen[35]. Nach langwieriger regionaler Vorbereitung gelang es schließlich, eine formula concordiae zu erarbeiten, die die gegensätzlichen Standpunkte vereinigte und die allein gültigen Lehrschriften bestimmte. Von besonderem Interesse ist dabei das in der „solida declaratio" entwickelte Verfahren der Sicherung der „immerwährenden und sicheren concordia in ecclesia": „Weil zu gründlicher und beständiger einigkeit in der kirchen vor allen dingen von nöten ist, daß man ein summarischen einhelligen Begriff und form habe, ... so haben wir uns gegeneinander mit herzen und mund erklärt, daß wir kein sunderliche oder neue bekenntniß unseres glaubens machen oder annehmen wollen, sondern uns zu den öffentlichen allgemeinen schriften bekennen, so für solche symbola oder gemeine bekenntnisse in allen kirchen der augsburgischen konfession je und allwege, eh denn die zwiespalt ... entstanden ... gehalten und gebraucht werden[36]." In diesem überfälligen

---

[34] Die Zitate in: *Max Lenz* (Hrsg.), Briefwechsel Langraf Philipp's des Großmütigen von Hessen mit Bucer, 2. Theil, Stuttgart 1887 (NDr. Osnabrück 1965), 372, 373, 186, der für Bucers Einigungspolitik besten Quellengrundlage. Die theologischen Grundlagen der Einigungsbemühungen Bucers analysiert *James M. Kittelson*, Martin Bucer and the Sacramentarian Controversy: The Origins of his Policy of Concord, in: ARG 64 (1973), 166 - 183.

[35] Vgl. dazu *Lewis W. Spitz / Wenzel Lohff* (Hrsg.), Discord, Dialogue and Concord. Studies in the Lutheran Reformation's Formula of Concord, Philadelphia 1977; *dies.* (Hrsg.), Widerspruch, Dialog und Einigung. Studien zur Konkordienformel der Lutherischen Reformation, Stuttgart 1977, und *Martin Brecht / Reinhard Schwartz* (Hrsg.), Bekenntnis und Einheit der Kirche. Studien zum Konkordienbuch, Stuttgart 1980. Begriffsgeschichtlich interessant vor allem der Beitrag von *Klaus Schreiner* (351 ff.).

[36] Zitiert nach: Die Bekenntnisschriften der evangelisch-lutherischen Kirche, hrsg. vom Deutschen Evangelischen Kirchenausschuß, 6. Aufl. Göttingen 1967, 833.

und letztlich auch erfolglosen Versuch einer dogmatischen Vereinheitlichung des reformierten Bekenntnisses liegt zugleich das Eingeständnis der immer begrenzteren Concordia und der Beginn der weiteren Zertrennung des evangelischen Lagers[37].

Die begriffsgeschichtliche Diagnose, die nach dem Augsburger Religionsfrieden und nach der Konkordienformel zu stellen ist, muß also von drei Concordia-Begriffen ausgehen: Zum einen von einer lehrmäßig verengten Concordia, die die innerkonfessionelle Verbindlichkeit setzte, zum anderen von einer politischen Concordia, wie sie etwa in Passau und Augsburg praktiziert wurde, und zum dritten von einer weiterhin bestehenden umfassenden Vorstellung von concordia, dem alten „Traum der Verständigung", wie er genährt wurde aus der Erinnerung an die hochseligen Vorfahren der vorreformatorischen Zeit, aber auch aus der politischen Dynamik des Reichsverbandes, der als Schutzsystem gegen äußere Gefahr die Concordia erforderte[38]. Denn es wäre falsch anzunehmen, daß die neue Ordnung der Dinge nach 1555 auch schon die alten Wertvorstellungen politischen Zusammenlebens verändert hätte. Zwar etablierte sich eine neue pluralistische Realität, zumal nach der de facto Etablierung der calvinistischen Partei der Reichsstände nach dem Reichstag von 1566, doch stand der Wunsch nach schließlicher Einigung noch vor allen anderen Zielen. Er bestimmte nicht nur den Text des Augsburger Religionsfriedens selbst, der zwar als „immerwährender" Friede bezeichnet wurde, der aber gleichwohl die Hoffnung auf eine „endliche Vergleichung" der Bekenntnisse nicht aufgab[39], sondern er beherrschte auch weiterhin alles politische Argumentieren. Damit wurden die Möglichkeiten einer baldigen, friedlichen Durchsetzung der neuen Friedensordnung eingeschränkt, denn der Religionsfriede wurde nicht in toto akzeptiert, sondern nur in jenen Teilen, die der jeweiligen Partei nützlich erschienen. Die Vorstellung politischer Eintracht blieb also auch — oder vielleicht gerade deshalb — nach dem Augsburger Religionsfrieden erhalten.

Die Voraussetzungen hatten sich freilich insofern erheblich verändert, als nach 1555 die Augsburgische Konfession reichsrechtlich geschützt war und die Regelung von Konfessionsfragen nicht mehr

[37] Diese Problematik wird schon in der unterschiedlichen Bewertung des Konkordienbuchs im späten 16. und frühen 17. Jahrhundert als „concordia concors" (Leonhard Hutter, 1614) und „concordia discors" (Rudolf Hospinian, 1607) deutlich. Vgl. dazu auch den Beitrag von *Deetjen* in: Bekenntnis und Einheit der Kirche (Anm. 35), 303 ff.

[38] Vgl. dazu *Winfried Schulze*, Reich und Türkengefahr im späten 16. Jahrhundert. Studien zu den politischen und gesellschaftlichen Auswirkungen einer äußeren Bedrohung, München 1978, passim.

[39] Neue und vollständigere Sammlung der Reichsabschiede, bearb. von Ernst August Koch. IV Teile, Frankfurt/M. 1747, hier Bd. III, 19.

etwaigen Mehrheitsbeschlüssen der Reichstage und ihrer konstanten katholischen Mehrheiten unterlag. 1529 hatten die protestierenden Stände zum ersten Mal die Gültigkeit der Mehrheitsregel bestritten und der altgläubigen Mehrheit die Überzeugung entgegengehalten: „Es mag auch das mehrer nit gelten noch helfen, da eins jeden verwilligung sunderlich sein müsse, zudem daß dies sachen sein, die eins jeden gewissen und seligkeit belangen tun." In diesen Sachen aber müsse jeder selbst vor Gott stehen und Rechenschaft geben, also könne man sich hier nicht mit der Mehrheit oder Minderheit eines Reichstags entschuldigen[40]. Diese elementare Forderung war 1555 allgemein anerkannt worden, und selbst in der schlimmsten Polemik über den Religionsfrieden wurde diese Tatsache nicht bestritten.

Die komplizierte Frage der Berechtigung von Majoritätsentscheidungen, die im folgenden in kurzen Strichen und nur so weit, wie sie für unseren Zusammenhang bedeutsam ist, skizziert werden soll, war seit dem späten 16. Jahrhundert bis zum Westfälischen Frieden eine Frage von erstrangiger Bedeutung für die deutsche Politik. Sie konnte über den engeren Bereich der konfessionellen Angelegenheiten hinaus praktisch jede andere politische Frage tangieren, sobald sich — vor allem im Fürstenrat des Reichstages — um diese Frage ein Konflikt zwischen den beiden Konfessionsparteien ergab. Es bedarf keiner näheren Erläuterung, wie dies geschehen konnte. Jede Steuerforderung des Kaisers, jede intendierte institutionelle Veränderung, jede Supplikation eines Reichsstandes mit eventuellen konfessionspolitischen Vor- oder Nachteilen konnte die Interessenlage einer der Parteien berühren. Schlichte Geschäftsordnungsfragen konnten unter diesen Voraussetzungen zu hochpolitischen Fragen werden. Auf Streitfragen dieser Art freilich war die auf der Observanz beruhende Geschäftsordnung des Reichstags überhaupt nicht vorbereitet. Das „Herkommen" dieses Gremiums, das auf der Sammlung einschlägiger Präzedenzfälle beruhte, hatte erst kurz vor der Reformation die Gültigkeit der Mehrheitsregel de facto bestätigt, doch war dies nur geschehen, um die auf dem Reichstag nicht anwesenden Stände auf die Beschlüsse der Mehrheit zu verpflichten[41].

---

40 Deutsche Reichstagsakten unter Kaiser Karl V. (Jüngere Reihe), Bd. VII, bearb. v. Johannes Kühn, Stuttgart 1935, 1212.

41 Gemeint ist hiermit der Reichsabschied des Jahres 1512, der freilich nur die Geltung des Abschiedes in Verteidigungsfällen auch für die Stände festlegte, die nicht selbst zum Reichstag erschienen waren. Vgl. dazu *Klaus Schlaich,* Die Mehrheitsabstimmung im Reichstag zwischen 1495 und 1613, in: ZHF 10 (1983), 299 - 340. Schlaich relativiert ebd., 311, die Bedeutung dieses Präzedenzfalles, was freilich der auch von ihm anerkannten Bedeutung widerspricht, die in der Diskussion des späten 16. Jahrhunderts diesem Fall zugemessen wurde.

Über diese engere Bedeutung der Mehrheitsregel für das Verfahren des Reichstags hinaus ist diese Frage für unseren Zusammenhang des Concordia-Begriffs besonders wichtig. Wenn im Reich nach 1555 überhaupt noch Maßnahmen von politischer Relevanz beschlossen werden sollten, so setzte dies ein neues Verständnis von politischer Meinungsbildung voraus, wie es bislang eigentlich nicht üblich gewesen war. Zwar setzte sich in vielen Gremien, Kollegien und Versammlungen die Entscheidungsfindung per numerischer Mehrheit durch, doch galt gerade bei hochrangigen Versammlungen die einmütige Entscheidung als die geeignetste Form des Beschlusses. Mochten Ratskollegien oder Gerichtshöfe ihre Urteile per einfacher Mehrheit finden, dem Selbstverständnis der auf den Reichstagen gewährten „Hilfe" für den Kaiser entsprach der einmütige Beschluß sehr viel besser. D. h., die im konfessionellen Bereich — wie wir gesehen haben — schon vollzogene Verengung der Concordia auf einen engen Bereich von Konsens bei Ausklammerung des Dissenses bedurfte im politischen Bereich erst noch der Durchsetzung. Die Reichstagsgeschichte vor allem des späten 16. und frühen 17. Jahrhunderts kann uns zeigen, wie sich dieser Vorgang abspielte[42]. Weiterhin muß bedacht werden, daß die 1555 vorgenommene Bildung zweier konfessioneller Gruppierungen in den Reichsinstitutionen auch auf jene Bereiche übergreifen mußte, die eigentlich nicht Konfessionsfragen im engeren Sinne waren. So heißt es schon 1560 in einem Memorial des Kammerrichters, daß möglichst die Beisitzer „von beyderseits Religions-Verwandten zu gleicher Zahl / auß alten und jungen Beysetzern ... besetzt und verordnet" werden sollten, um die Gleichheit und Billigkeit der Rechtsprechung dieses Gerichts sichern zu können[43].

Die Frage der Gültigkeit der Mehrheitsentscheidung mußte für die protestantische Partei vor allem seit dem Zeitpunkt an Bedeutung gewinnen, als erstens klar geworden war, daß die Forderung nach „Freistellung" der Konfession — wie sie auf den Reichstagen zwischen 1556 und 1576 von protestantischer Seite immer wieder gefordert worden war — ohne jeden greifbaren Erfolg bleiben würde. Dieser Versuch zur nachträglichen Durchsetzung des Ziels, das auf dem Augsburger Reichstag von 1555 nicht erreicht werden konnte, hatte vor allem dazu gedient, dem protestantischen Adel die Nutzung der angestammten Domstifter

---

[42] Ich verweise hier noch einmal auf meine Ausführungen in: *Schulze*, Reich und Türkengefahr (Anm. 38), vor allem 155 ff., wo ich zum erstenmal ausführlich die Entwicklung der Mehrheitsproblematik in diesem Zeitraum beschrieben habe. Ich folge hier der dort entwickelten Grundlinie.

[43] Der Text des Memorials gedruckt bei *Kaspar Klock*, Tractatus nomicopoliticus de contributionibus in romano-germanico imperio ..., Frankfurt am Main 1676, 177 (im Rahmen eines Kapitels über die Gültigkeit von Mehrheitsbeschlüssen in Steuersachen).

zu ermöglichen. Zum anderen war auf dem Reichstag von 1582 durch den Magdeburger Sessionsstreit herausgekommen, daß die Administratoren der säkularisierten Reichsstifte wohl nicht damit rechnen konnten, jemals ihren Sitz im Fürstenrat einzunehmen. Damit waren auch alle eventuellen Hoffnungen zunichte gemacht worden, die Stimmverhältnisse im Fürstenrat in einer für die protestantische Partei vorteilhaften Weise zu verändern. Diese beiden Bedingungen trafen zum erstenmal nach dem Abschluß des erwähnten Reichstags von 1582 zusammen. Das System von 1555 erwies sich jetzt zum Erschrecken der Protestanten als festgefügt im reichspolitischen Sinne, und damit wurde automatisch das Interesse auf die Frage gelenkt, wie in Zukunft auf den Reichstagen protestantische Interessen gegenüber der festgefügten katholischen Mehrheit durchgesetzt werden konnten. Folglich ergab sich in der politischen Bewältigung des Reichstages von 1582 zum ersten Mal eine ausführliche Diskussion über die Abstimmungsmodalitäten im Fürstenrat. Man empfand es auf seiten der Protestanten als „unleidenliche beschwerung, das man sich untersteht, die stende augsburgischer confession in allen sachen zu überstimmen, indem die vota nit ponderirt, sondern numerirt werden“. In Zukunft sei jeder Reichtag eigentlich unnötig, wenn ohnehin die Masse der geistlichen Stimmen im Gefolge Österreichs die Mehrheit machen würde, „da sie doch billich kain stim im reich haben oder ir gleiche bürden mittragen helfen solten“. Dies bezog sich auf die vielen geistlichen Reichsstände, die nach Meinung der Protestanten nur wenig zur Reichssteuer beitrugen, gleichwohl aber über eine große Zahl von Stimmen im Fürstenrat verfügten. Als Möglichkeit der Abhilfe empfahlen protestantische Stimmen nach 1582 deshalb die paritätische Besetzung von Deputationstagen (also den kleinen Ersatzversammlungen für einen Reichstag zur Lösung spezieller Aufgaben) und als radikalste Forderung, „daß der stette bedencken in achtung genommen und pro numero civitatum ihre vota gerechnet werde, damit sie in religions- und contributionssachen das mehrer machen und da ihr mehrertheils der augsburgischen confession zugethan seindt, der churfürsten und stende derselben religion sententia und suffragia mit ihrer votis und iren beyfall durchdrücken mögen“[44]. Dieser Versuch zur Einbeziehung der Städte in das Abstimmungsverfahren des Fürstenrats und zur Ausgleichung der dortigen katholischen Mehrheit ist sicherlich der bemerkenswerteste Vorschlag von protestantischer Seite und zeigt, in welche Richtung die Überlegungen hier gingen. So gerechtfertigt ein solcher Vorschlag auch von der finanziellen Beteiligung der Städte am Steueraufkommen des Reiches gewesen wäre

[44] Zitat aus den protestantischen Gravamina für den Reichstag 1594, die hervorgingen aus der kritischen Diskussion der Erfahrungen des Reichstags von 1582. Benutzt in: Staatsarchiv Nürnberg, Ansbacher Reichstagsakten, Bd. 62, fol. 9 a - 18 b.

— das sie zu einem guten Viertel trugen —, so wenig Hoffnung bestand natürlich auf Durchsetzung eines solchen Vorschlags.

Neue Aktualität erhielt das Thema erst wieder im Zuge der Vorbereitungen des Reichstages von 1598, dem vom Kaiserhof alleine die Aufgabe zugedacht worden war, die erforderlichen Steuern für die Führung des Krieges gegen die Türken zu bewilligen. Es verwundert nicht, wenn sich die protestantischen Fürsten auf einer Versammlung in Heilbronn vor dem Reichstag darauf festlegten, einer etwaigen katholischen Mehrheitsentscheidung zugunsten einer hohen Steuer nicht folgen zu wollen. Schon auf dem Reichstag von 1594 hatten sie die Erfahrung gemacht, daß der nachträgliche Protest einer kleinen Gruppe protestantischer Stände ohne jede Wirkung geblieben war[45].

Die Protestanten hatten es freilich der Haltung Salzburgs zu verdanken, daß die Mehrheitsfrage während des Reichstags zum Problem wurde. Salzburgs Erzbischof hatte schon seit längerem Bedenken gegen die allzu bereitwillige Bewilligung großer Geldmengen für den Kaiser. Deshalb nutzte der Salzburger Vertreter als Direktor des Fürstenrats seine Position, um neben der knappen Mehrheitsentscheidung für eine Sonderhilfe des Reiches für das bedrohte Wien auch die Minderheitsmeinung protestantischer Stände gegen die Hilfe in die Relation aufnehmen zu lassen. Jetzt war der Eklat da: Als sich nämlich acht protestantische Stände dem salzburgischen Protest angeschlossen hatten, schritt der bayerische Reichstagsvertreter zum Gegenangriff und zur Verteidigung des Mehrheitsprinzips. Jetzt, da das Reich um seine Existenz kämpfe, sei jede „separation und zertrennung" der Glieder des Reiches außerordentlich gefährlich und mit unvorhersehbaren Konsequenzen verbunden. Er verwies zunächst auf die Tradition der Reichstage und der Königswahlen, in denen immer die Mehrheit entschieden habe. Man habe zwar eine Sonderregelung in „gewissens- und religionssachen", doch könne man diese Ausnahmeregelung keinesfalls auf die jetzt diskutierte Frage der Steuerbewilligung ausdehnen. Eine Entscheidung des Fürstenrats auf dem Wege der Mehrheitsentscheidung könne auch keine Beeinträchtigung der deutschen „Libertet" sein, denn der entscheidende Punkt an einer solchen Abstimmung sei die Verwandlung eines vorher freien Votums in eine bindende Verpflichtung, sobald sich die Mehrheit gefunden habe und aktenkundig gemacht worden sei. Wenn man einmal an der Gültigkeit des Mehrheitsverfahrens zu zweifeln beginne, warnte der Bayer, dann werde alle Politik unmöglich, ebenso die Rechtsprechung und letztlich auch der Religionsfrieden, der schließlich auch per Mehrheit beschlossen worden sei[46].

[45] Vgl. *Schulze*, Reich und Türkengefahr (Anm. 38), 161 f.

[46] Das bayerische Votum im Protokoll des Fürstenrats in: Haus-, Hof- und Staatsarchiv Wien, Reichstagsakten der Reichskanzlei, Fasz. 71, fol. 70 a ff.

Mit diesem Votum wurde eine der bedeutsamsten Fürstenratssitzungen dieser Epoche abgeschlossen. An der Grundauffassung der kaiserlich-katholischen Partei konnte jetzt kein Zweifel mehr bestehen, und man mußte gespannt sein, wie die Protestanten auf diese prinzipielle Positionsbestimmung reagieren würden. Bemerkenswert am Verlauf dieser Sitzung war vor allem die in dieser Prägnanz erstmalig vorgetragene Theorie von der Entstehung eines bindenden Beschlusses auf dem Reichstag; man könnte von einer kaiserlich-katholischen „Gesetzgebungstheorie“ sprechen. Da diese Theorie auch bei den späteren Auseinandersetzungen vor dem Kammergericht immer wieder Anwendung fand, kann sie als eines der ergiebigsten Argumente dieser Diskussion bezeichnet werden. Angesichts der Schwammigkeit des Begriffs der „teutschen libertet“, der ja von allen Ständen häufig verwendet wurde, mußte die jetzt vorgenommene Eingrenzung dieser Parole durch die pluralitas votorum im Abstimmungsverfahren des Reichstags einen wichtigen Beitrag zur Rationalisierung politischer Entscheidungen im Reich bedeuten. Jede zukünftige Berufung auf die „libertet“ mußte sich mit dieser Theorie auseinandersetzen. Wenn sich auf den Reichstagen bislang auch eine gewisse Tradition der Anerkennung des Mehrheitsprinzips herausgebildet hatte, so war diese Frage doch niemals Gegenstand grundsätzlicher Festlegungen gewesen. Im immer wieder zitierten Reichsabschied von 1512 war lediglich bestimmt worden, daß ein von der Mehrheit der Stände gebilligter Abschied des Reichstags auch jene Stände binden sollte, die diesem Reichstag ferngeblieben waren. Gerade die Ergebnisse der Reformationsepoche mochten bei den protestantischen Ständen eher jene Auffassung bestärkt haben, daß eine Steuer im Reich nur mit der Zustimmung aller betroffenen Stände realisiert werden konnte und daß den Ständen für den Notfall das Instrument der protestatio zur Verfügung stand, eine rechtliche Verwahrung gegen den Willen der Mehrheit.

Unter diesen Aspekten ist es nun von besonderem Interesse, die Reaktion der protestantischen Seite zu verfolgen. Im Fürstenrat — um zunächst diesen Faden wiederaufzunehmen — kam es nach dem salzburgisch-protestantischen Angriff auf das Majoritätsprinzip zu einer höchst ungewöhnlichen Diskussion ohne feste Reihenfolge, d. h. es wurde ohne die übliche Umfrage in direkter Diskussion gesprochen, freilich ohne ein weiterführendes Ergebnis. Da auch dieser Reichstag wieder mit einer katholischen Mehrheit für eine Türkenhilfe in Höhe von 60 Römermonaten zu Ende ging, die protestantische Minderheit sich jedoch zu höchstens 40 Monaten verstehen wollte, war der Reichstag selbst nicht der Ort, an dem die begonnene Diskussion über das Majoritätsprinzip ausgetragen werden konnte. Eine Minderheit von sieben protestantischen Ständen überreichte wieder eine Protestation gegen den Reichstagsabschied in der Steuerfrage, doch blieb man dabei bei dem schon 1594 geübten Verfahren, das man auch schon in der politischen Vorbereitung des Reichstags erneut erwogen hatte. Die Auseinandersetzung mußte sich jetzt notwendigerweise auf das Feld der Steuerexekution durch den kaiserlichen Fiskal verlagern, denn der Kaiser ließ unmittelbar nach dem Verstreichen der ersten Termine für die neue Türkenhilfe keinen Zweifel daran, die Sache vor dem Kammergericht ausfechten zu lassen, zumal diese fiskalische Gerichtsbarkeit bei Nichterlegung der Steuern seit langem schon in den Reichsabschieden verankert war. Aus den notwendigen Vorüberlegungen der von den fiskalischen Prozessen bedrohten Stände heraus entstanden nun im protestantischen Lager ausführlichere Stellungnahmen zur Mehrheitsfrage bzw. sog. Exzeptionsschriften gegen kammergerichtliche Mandate. Wir verfügen damit über eine bemerkenswerte Quellengattung zur politischen Theoriediskussion des konfessionellen Zeitalters, die bislang erst ansatzweise erschlossen ist.

Wenn im Folgenden auf das Gutachten des kurpfälzischen Rats Dr. Leonhard Schug zurückgegriffen wird, dann geschieht dies in Anbetracht der Tatsache, daß sein Gutachten in gewisser Weise die Argumentation der späteren Exzeptionalschriften vorwegnimmt[47]. Schug ist insgesamt überzeugt von der Richtigkeit der protestantischen Position „in jure“ und „in facto“. Bemerkenswert ist an seiner Beweisführung, daß sie keineswegs nur die politischen Aspekte der Kontroverse diskutiert, sondern sich überwiegend darum bemüht, für die protestantische Position rechtliche Argumente heranzuziehen. Mit rechtlichen Argumenten ist hier der weite Bereich des kanonischen Rechts und des römischen Rechts gemeint, hinzu treten die Verweise auf die Entscheidungspraxis der politischen Institutionen des Reiches, also der römischen Königswahl und der Reichstage. Schug mußte es zunächst einmal darum gehen, die scheinbare Unausweichlichkeit des Mehrheitsprinzips in Gremien aufzuweichen. Zwar gebe es einen Satz des Scaevola (eines römischen Juristen des 1. Jahrhunderts v. Chr.), der lautet, „quod maior pars curiae effecit, pro eo habetur, ac si omnes egerint.“ Doch könne dieser Satz nicht auf alle Situationen gleichförmig angewendet werden. Selbst im kaiserlichen Recht gebe es „vil exceptationes et limitationes“, und im Schuldrecht sei festgelegt, daß niemandem eine Geldschuld durch Mehrheitsbeschluß zugewiesen werden könne. Zur Unterstützung seiner Auffassung verwies Schug dann auf die römisch-kanonische Rechtsregel „Quod omnes tangit, ab omnibus debet approbari“, ein „vulgare theorema“ und eine „gemeine rechtsregel“ dieser Zeit, wie es in anderen Quellen heißt. In diesem Satz ist von der Forschung zur

---

[47] Schugs Gutachten in: Geheimes Staatsarchiv München, Kasten blau 115/4 a, fol. 108 ff.

politischen Theorie des Mittelalters eines der wichtigen Theoriestücke gesehen worden, das zur Entwicklung des Konsensusprinzips in der mittelalterlichen Gesellschaft wesentlich beigetragen hat. Die frühparlamentarischen Versammlungen Europas nehmen von diesem Satz ihren Ausgangspunkt, er ist ihr Lebensrecht gegen fürstliche Alleinkompetenz[48].

Am protestantischen Aufgreifen dieser Rechtsregel gegen Ende des 16. Jahrhunderts ist nun erstaunlich, daß jetzt, wo doch die Rolle des Reichstags gegenüber dem Kaiser weitgehend geklärt ist, noch einmal auf dieses Prinzip rekurriert wird, freilich in einer anderen, zivilrechtlichen Version. Hatte der Satz im Mittelalter vorwiegend dazu gedient, die Mitsprache bestimmter gesellschaftlicher Gruppen bei der Beratung öffentlicher Angelegenheiten zu gewährleisten, so wird er jetzt in seiner zivilrechtlichen Interpretation dazu vewandt, einen Schutzwall für eine dissentierende Minderheit innerhalb eines bereits etablierten Gremiums zu errichten. Es ist vielleicht für die Tendenz des Zeitalters von einer gewissen Aussagekraft, daß es hier nicht mehr um die Sicherung korporativer Ansprüche geht, sondern vielmehr um die Sicherung individueller Ansprüche durch das römische Zivilrecht. Selbst wenn wir uns der Tatsache bewußt sind, daß die protestantischen Reichsstände hier keine Individuen darstellen, so ist dieser Rückgriff auf eine individualistisch geprägte Rechtsordnung doch bemerkenswert.

Der kaiserlich-katholischen Mehrheit war dieses Denken jedoch fremd. Insofern kann es nicht verwundern, wenn die Reaktion der kaiserlichen Behörden auf diese protestantische Position deren theoretischen Hintergrund gar nicht beachtete. Für diese Gruppe hatte sich der Prozeß der politischen Entscheidungsfindung auf den Reichstagen längst zu einem formalen Akt entwickelt. Dessen Kriterien waren nicht mehr an abstrakten römisch-rechtlichen Prinzipien zu messen, sondern allein an formalen verfahrenstechnischen Kriterien des tradierten Verfahrens der Gesetzgebung. In einer Gesandtschaft an den pfälzischen Kurfürsten formulierte der Kaiserhof seine Auffassung von der Rechtslage folgendermaßen: „Das ist, daß wir und furgehende römische kayser in dergleichen fällen niemals eins oder des andern standts absonderlich votum, sondern den schluß, der durch das mehrer verglichen, und uns alß ein abschied mit gewöhnlicher subscription und siglung verfertigt, presentirt auch also publicirt worden, in acht genommen. Und so dann jüngster reichs abschied (d. h. von 1598) alle diese

---

[48] Vgl. *Karl Bosl*, Aus den Anfängen der landständischen Bewegung und Verfassung, in: Wirtschaft, Geschichte, Wirtschaftsgeschichte. Festschrift zum 65. Geburtstag von Friedrich Lütge, Stuttgart 1966, 8 - 27, und *Gaines Post*, Studies in Medieval Legal Thought. Public Law and the State, 1100 - 1322, Princeton 1964.

requisita und solemnia habe, so köndten wir nicht nachsehen, daß sich iemand hievon absondere[49].“ Es entsprach durchaus dieser Auffassung des Gesetzgebungsvorgangs, wenn Erzherzog Matthias, der 1597/98 den Kaiser in Regensburg vertrat, mehr Sorgfalt darauf verwandte, rechtzeitig das kaiserliche Siegel von Prag nach Regensburg zu schaffen, als den protestantischen Argumenten inhaltlich entgegenzutreten[50].

Freilich beschränkten sich weder das Gutachten Dr. Schugs noch die protestantischen Exzeptionalschriften auf die bislang angeführten Argumente. Sie erkannten, daß in dem von Bayern und dem Kaiser beschriebenen „medium concludendi“, also der Wandlung von der Freiwilligkeit der Hilfe zur Verpflichtung durch den Mehrheitsbeschluß, eine für die Struktur des Reichstags gefährliche Gesetzgebungstheorie entwickelt worden war, die angesichts der sicheren katholischen Mehrheit bedeutsame Konsequenzen für die protestantischen Stände haben konnte.

Natürlich konnte von den Protestanten diese Theorie nicht akzeptiert werden. „In spontaneis donationibus sive contributionibus, in welcher qualitet dann dise contributio in namen irer Maytt. begehret und auch von den löblichen reichsstenden bewilliget worden“, konnte auch die numerische Majorität aus Freiwilligkeit keinen Steuerzwang machen. Die ständigen Hinweise des kaiserlichen Fiskals, der am Kammergericht die Interessen des Kaisers gegen die nicht zahlungsbereiten Stände vertrat, auf das in allen Gemeinwesen und Kollegialorganen übliche Mehrheitsverfahren nahm man eher gelassen hin. Man bestritt lediglich vehement die Auffassung, daß es sich bei der Türkenhilfe des Reiches von vornherein um eine Materie handele, die einen Mehrheitsbeschluß eo ipso erfordere. Dieser Schluß sei deshalb unzulässig, weil darüber vergessen werde, daß Wahlen, Beschlüsse und Urteilssprüche „inn einem jeden regiment nicht freywillig, sondern nothwenndige sachen“ seien. „Externa auxilia“ für fremde Königreiche — und garum ging es ja bei der Verteidigung gegen die Türken auf dem Boden des ungarischen Königreichs — seien aber keinesfalls notwendige Angelegenheit in diesem Sinne. Notwendige Angelegenheiten — diese Definition wurde gleich mitgeliefert — seien nur alle die Entscheidungen, ohne deren Vollziehung die „zerstörung totius corporis“ eines Gemeinwesens unabwendbar sei. Gerade weil in einem Gutachten aus dem Jahre 1603 Erzherzog Matthias den Protestanten den Vorwurf machte, daß „Teutsch-

[49] Das Dokument in: Geheimes Staatsarchiv München, Kasten blau 115/4, fol. 409 ff.

[50] Vgl. *Schulze*, Reich und Türkengefahr (Anm. 38), 170, Anm. 258. Die folgende protestantische Argumentation auf der Grundlage der beim Kammergericht eingereichten Exzeptionalschriften wird ebd., 173 ff., nachgewiesen.

land ein zertrennt wesen, und kain zusamen verfasst corpus" mehr sei, muß auf diese wichtige Begrenzung der protestantischen Majoritätskritik hingewiesen werden. Keinesfalls darf angenommen werden, daß den Protestanten eine völlige Aufweichung der Entscheidungsverfahren auf Reichsebene vorschwebte.

Dieser Einschätzung scheint eine Quelle zu widersprechen, die aus dem Aktenmaterial des Reichstags von 1613 stammt. Es handelt sich dabei um die „Dreizehn puncta, worin die Maiora nicht können statthaben", die schon von mehreren Publizisten des 17. Jahrhunderts abgedruckt worden sind[51]. Diese dreizehn Punkte umfassen „letztlich alle Angelegenheiten, die der Reichstag behandeln konnte", wie zuletzt Klaus Schlaich formuliert hat, und er hat diese Quelle als Beleg für die generelle Zurückdrängung des Mehrheitsverfahrens in dieser Epoche angeführt[52]. Freilich zeigt eine genauere Untersuchung der Umstände der Entstehung dieses Papiers, das sächsische Gesandte an ihren Herrn schickten, daß es sich hierbei um eine Diskussionsvorlage handeln muß, die zu keinem Zeitpunkt vor, während oder nach diesem Reichstag zum Programm der protestantischen Partei gemacht worden ist. Da es sich bei dieser Quelle nicht, wie noch Johann Jacob Moser 1752 annahm, um eine Fälschung handelt[53], muß dieses Papier den allgemeinen Diskussionen innerhalb der protestantischen Gruppierung zugerechnet werden[54].

---

[51] Die „Dreizehn Punkte" sind mehrfach gedruckt worden. Zuerst bei *Bernhard Bertram*, De comitiis Imperii Romano-Germanici (Jena 1615), in: Disputationes politico-historico-juridicarum, vol. V, Jena 1622, Thes. 73, später auch bei *Michael Caspar Londorp*, Acta Publica, Bd. 1, Frankfurt/M. 1668, 138.

[52] *Schlaich* (Anm. 41), 333. *Fritz Wolff*, Corpus Evangelicorum und Corpus Catholicorum auf dem Westfälischen Friedenskongreß, Münster 1966, 132, Anm. 147, wies auf die von Moser geäußerte Vermutung hin, daß die „Dreizehn Punkte" eine Fälschung sein könnten. Ein Hinweis bei *Anton Chroust* (Hrsg.), Der Reichstag von 1613 (Briefe und Akten ..., Bd. 11), München 1909, 744, auf den mich Gregor Horstkemper in einer Seminararbeit aufmerksam machte, führte mich zum Original der „Dreizehn Punkte" im Landeshauptarchiv Dresden (Loc. 10 212), dessen Direktion mir freundlicherweise Mikrofilmaufnahmen des Textes und des Begleitbriefes der sächsischen Reichstagsgesandten zur Verfügung stellte. Die Möglichkeit einer Fälschung scheidet deshalb so gut wie definitiv aus. Freilich geben weder der Brief („selzame rationes et limitationes") noch den Text der „Dreizehn Punkte" selbst irgendwelche Aufschlüsse über die Rolle, die diese Punkte innerhalb der protestantischen Beratungen gespielt haben. Die bei Chroust abgedruckten Protokolle des protestantischen Korrespondenzrates lassen keinen Schluß darauf zu, daß sich die protestantische Partei zu irgendeinem Zeitpunkt des Reichstag diese Punkte zu eigen gemacht hätte.

[53] *Johann Jacob Moser*, Teutsches Staatsrecht, Teil 48, Franktfurt/M.-Leipzig 1752, 284.

[54] Weder im umfangreichen gedruckten Aktenmaterial des 17. Jahrhunderts noch bei *Chroust* (Anm. 52) ergeben sich irgendwelche Anhaltspunkte für eine gegenteilige Annahme.

Als jedenfalls unmittelbar nach diesem Reichstag Kardinal Klesl und Zacharias Geizkofler sich in Briefen um einen Ausgang aus der ausweglosen Situation nach dem ergebnislos und ohne Abschied auseinandergegangenen Reichstag bemühten, tauchte kein Hinweis auf Forderungen der Protestanten auf, die über die freiwilligen Hilfen und die Konfessionsfrage hinausgegangen wären[55].

Damit wird einsichtig, daß die hier entwickelte Argumentation der protestantischen Gutachten einem ähnlichen Muster folgte, wie dies schon in der Entwicklung des Concordia-Begriffs festgestellt wurde. Der zur Existenz eines Gemeinwesens notwendige Konsensus wurde auf einige wenige essentielle Punkte begrenzt und damit zugleich ein weiter Bereich politischen Handelns dem Dissens bzw. dem Kompromiß der Parteien eröffnet. Wieder kommt es zu einer Begrenzung des Bereichs von Concordia, wieder wird die legitime Discordia ausgedehnt.

Die hier kurz dargestellte Majoritätsdebatte lieferte eigentlich schon den Kernpunkt jener Regelung, die dann in Art. V, 52 des Westfälischen Friedens realisiert wurde. Hier wurde für alle jene Entscheidungen, in denen die beiden konfessionellen Corpora nicht übereinstimmten, die itio in partes und die amicabilis compositio vorgeschrieben[56]. Theoriegeschichtlich war diese Debatte des späten 16. und frühen 17. Jahrhunderts von besonderer Ergiebigkeit. Sie scheint wohl geeignet zu sein, die alte Auffassung ad absurdum zu führen, daß Deutschlands Anteil „an dem Ringkampf der politischen Ideen“ im konfessionellen Zeitalter nur ein „sehr geringfügiger war“, wie es einmal Otto von Gierke formuliert hat, der freilich — selbst mit seinen Althusius-Forschungen dieses Paradigma in Frage stellend — in seiner Beschäftigung mit dem Majoritätsproblem die hier skizzierte Phase nicht zur Kenntnis genommen hat[57]. Läßt man die Debatte um die Gültigkeit des Majoritätsprinzips noch einmal Revue passieren, so zeigt sich, daß Problemlage und -lösung dieses Konfliktes auf einem beachtlichen theoretischen Niveau stehen, das den Vergleich mit westeuropäischen Diskussionen nicht zu scheuen braucht.

Es ist schließlich diese Debatte um die Gültigkeit von Mehrheitsentscheidungen auf den Reichs-, aber auch den Kreis- und Landtagen, die

---

[55] Vgl. dazu *Johannes Müller*, Die Vermittlungspolitik Klesls von 1613 bis 1616 im Lichte des gleichzeitig zwischen Klesl und Zacharias Geizkofler geführten Briefwechsels, in: MIöG, Erg. Bd. V (1896 - 1903), 604 - 690.

[56] Vgl. die gründliche Behandlung bei *Wolff* (Anm. 52), 138 ff., und zuletzt bei *Martin Heckel*, Itio in partes, in: ZRG Kan. Abt. 95 (1978), 180 ff.

[57] *Otto von Gierke*, Johann Althusius und die Entwicklung der naturrechtlichen Staatstheorien. Zugleich ein Beitrag zur Geschichte der Rechtssystematik, 3. Aufl. Breslau 1913, 1.

den Blick schärft für ein neues Bewußtsein von dem, was politische Concordia in dieser Zeit bedeuten soll. Erinnern wir uns der Frühgeschichte des Mehrheitsprinzips, so sehen wir, daß die Einsicht in die numerische Überlegenheit der jeweiligen Mehrheit durch die Vermutung erleichtert wurde, daß diese Mehrheit zugleich auch der sanior pars — also der stärkere Teil — sein sollte[58]. Oft genug wurde die Mehrheitsentscheidung durch eine abschließende Abstimmung ergänzt, die dann die Einmütigkeit des Beschlußgremiums ergab. Man wird hierin eine gewisse Scheu vor einem reinen „Numerieren" der Stimmen sehen dürfen, und hierin liegt wohl auch der Grund, daß sich das Verfahren der numerischen Mehrheitsfindung auf den Reichstagen erst kurz vor der Reformation durchgesetzt hatte, nachdem diese Institution ihre endgültige Zusammensetzung gefunden hatte. Dahinter steht der mächtige Wunsch nach innerer Einheit im Gemeinwesen, nach der Überwindung von Differenzen durch eine schließliche einmütige Entscheidung. Die endlich gefundene Concordia bildete dabei das Gegengewicht zum vorherigen Zustand des Dissenses, der nur durch Einmütigkeit aus der Welt geschafft werden konnte. Unter dem Eindruck der empirisch vielfach belegten Neigung der Menschen zum Dissens, wie er auch durch die Sozialphilosophie des 16. Jahrhunderts belegt wurde, und der langsamen Gewöhnung an notwendige Mehrheitsentscheidungen im politischen Tagesgeschäft, aber auch in Kollegialorganen der Justiz, ergab sich am Ende unseres Zeitraums auch eine bemerkenswerte Neuerung in der Definition des juristischen Concordia-Begriffs, zweifellos als Reflex auf die eben geschilderte Auseinandersetzung.

Dominikus Arumaeus schuf 1630 eine neue Definition von Concordia, wenn er schrieb: „Duplex enim est concordia, una plena et vere talis est quando scilicet omnes consentiunt, altera vero juris fictione pro tale quando scilicet major pars consentit[59]." Während Arumaeus so die Doppelung des Concordia-Begriffs aus der Theologie und der Politik aufnahm, kam es Theodor Reinking 1619 in seiner Definition darauf an, die neue erhöhte Schwelle für politische Eintracht zu bestimmen, wenn er schrieb: „Nam concordia hic requiritur non respectu singularum personarum, sed respectu actus ad cuius perfectionem etiam concordia

---

[58] Vgl. dazu *Ferdinand Elsener,* Zur Geschichte des Majoritätsprinzips (pars maior und pars sanior), in: ZRG Kan. Abt. 73 (1956), 73 - 116, 560 - 570. Mit dem Argument, pars maior et sanior zu sein, bestritten auch Kurfürsten und Fürsten im 16. Jahrhundert den Städten das Recht auf das votum decisivum am Reichstag. Die Entwicklung von der Geltung des pars sanior zu der des pars maior knapp skizziert bei *Otto von Gierke,* Über die Geschichte des Majoritätsprinzipes, in: Schmollers Jahrbuch für Gesetzgebung, Verwaltung und Volkswirtschaft 39 (1915), 565 - 587, 569 ff.

[59] Auf diese Definitionen hat im Kontext der Majoritätsdebatte *Schlaich* (Anm. 41) 335, Anm. 186 aufmerksam gemacht, nach dem hier zitiert wird.

majoris partis sufficit[60]." Diese Auffassung von der doppelten Concordia wurde auch von Kaspar Klock, dem bekanntesten Steuertheoretiker des 17. Jahrhunderts, übernommen, der in seinem „Tractatus de contributionibus" von 1676 bei der Behandlung der Majoritätsproblematik ebenfalls formulierte: „Duplex enim est in jure Concordia, una plena et vera, quando scilicet omnium in idem concurrit, altera, quando ex juris fictione requiritur plurium consensus; et tunc si major consentiat pars, perinde leges, Canones et jura hanc concordiam, ac si omnes consenserint, reputant[61]."

Diese offensichtlich neu gefundene Formel belegt anschaulich Verluste und Zugewinne, die das 16. Jahrhundert in der Entwicklung politischer Theorie und Praxis gebracht hat. Auf der einen Seite den Verlust der *unitas* der römischen Kirche, den Verlust der *vera concordia* als der Idealvorstellung aller Formen politischer Vergesellschaftung. Auf der anderen Seite schlägt der Zugewinn an politischer Rationalität zu Buche, der mit der Legitimierung des Dissenses erreicht worden war. Was an Concordia verlorenging, wurde für das Recht der Minderheit gewonnen.

Doch die Einsicht in solche Vorgänge war bei den betroffenen Zeitgenossen nicht zu erwarten. Um so mehr müssen dagegen jene Positionen auffallen, die Toleranz und Freistellung forderten und als notwendige Voraussetzungen einer neuen „ainigkeit" im Reich erkannten. Lazarus von Schwendi ist hier zunächst als einer jener politisch argumentierenden Vertreter der Toleranz zu nennen. Er war sich der Neuerung seiner Forderungen durchaus bewußt, wenn er 1574 schrieb: „Und ob wol solche Toleranz beiden Religionen nicht die rechte Regel und der ordinari weg in den Regiment ist ... sondern ... allein ein Nothweg und Aufenthalt gemeinen wesens und friedens ...[62]." Zu nennen sind hier aber auch jene Forderungen nach einer untertanenfreundlichen Interpretation der umstrittenen *jus emigrandi*-Bestimmung des Religionsfriedens. Es kommt mir hier auf den von Koselleck betonten Gesichtspunkt der „modernen" Aufspaltung des Menschen in einen des Dissenses fähigen Gläubigen und einen gehorsamen Untertan an[63], und deshalb zitiere ich nur eine Passage aus dem „Kurtzen Bericht und Anzaig, daß die Bedrangnis unnd beschwerungen so den Underthanen, die

---

[60] Ebd.

[61] *Klock* (Anm. 43), 163, der weder auf Arumaeus noch auf Reinking Bezug nimmt.

[62] Ich zitiere hier nach *Eugen von Frauenholz,* Des Lazarus von Schwendi Denkschrift über die politische Lage des Deutschen Reiches von 1574, München 1939, 34.

[63] In Anlehnung an *Reinhart Koselleck,* Kritik und Krise. Eine Studie zur Pathogenese der bürgerlichen Welt, Frankfurt/M. 1973, 18 ff.

sich zu der Lehr der Augsburgischen Konfession bekennen ...", wo es heißt: „Derwegen und wover den Stenden ires gemeinen vatter lands hail und wolfart von hertzen angelegen, hoch von nöten, daß obberürte ursachen dieses mißtrauens, nemblich die bedrangnuß und verjagung der jenigen, so sich zu der augsburgischen Confession bekennen, unnd ihrer ordenlichen Obrigkeit inn Politischen sachen den schuldigen gehorsam laisten, sich auch sonsten ihres thails dem Religionsfriden gemeß verhalten, unvertrieben sambt weib unnd Kinder bey Hauß und Hof gelassen werden. Bevorab so sich ainig Exercitium publicum Religionis nit, sonder allein die Freyheit irer Gewissen begern[64]."

Mir scheint aus Quellenbelegungen dieser Art die Notwendigkeit zu resultieren, in der spezifischen Lösung der konfessionellen Konflikte im Reich nicht nur eine aus politischem Kalkül vereinbarte „Gleichberechtigung" der Konfessionen zu sehen, sondern zugleich einen starken Impuls für eine Toleranz, die von der individuellen und deshalb nicht hinterfragbaren Glaubensentscheidung ausging.

Die bislang erbrachten Belege für den Zusammenhang zwischen der Aufspaltung des Concordia-Begriffes und der Bereitschaft zur Toleranz haben gezeigt, daß der Komplex der Friedensordnung von 1555 sich für unsere Fragestellung als außerordentlich fruchtbar erwies. Die einmal erkannte, wenn auch nicht geöffnete Tür der Freistellung erwies sich als erweiterungsfähiges Einfallstor in das bislang gewahrte Prinzip der konfessionellen Einheitlichkeit der Territorien. Daneben ist auch noch auf die bereits erwähnte Gruppe „politisch" argumentierender Toleranzbegründungen hinzuweisen, die wir auch im Reich des späten 16. Jahrhunderts ausmachen können. Auf die Freistellungsforderungen eines Lazarus von Schwendi wurde schon hingewiesen. Für ihn bestand die naheliegendste Lösung des Konflikts in einem bewußten Ausbau des Friedenswerks von 1555: „Also soll und mag er jetzo gleichergestalt durch dieselben (Stände — WS) weiter erklert, verbessert und versichert werden." Konkret bedeutete dies für Schwendi, wie er in seinem Gutachten für Kaiser Maximilian von 1574 ausführte, „daß also kein ander verhoffentlicher weg und mittel, (dann wie es die zeit selbst treibt und aufmachet, kann an die hand genommen werden) dann die befriedung der gemüther und gewissen und eine gleichmässige, gesammte und mit

[64] Der Text von 1576 findet sich als Anhang in: Franciscus Burgkard (d. i. *Andreas Erstenberger*), Erster Thail Des Traktats De autonomia, Das ist von Freystellung mehrerlay Religion und Glauben, München 1586, 201 - 206, hier 202. Den hier entwickelten Gedanken einer Trennung von politischer Untertanenpflicht und einer Religionsausübung, die auf äußerlichen Kultus verzichtet und deshalb keine Unruhe erregt, finde ich zum erstenmal ausgesprochen bei Landgraf Philipp von Hessen, der im Juni 1545 in diesem Sinne an den bayerischen Herzog Wilhelm schrieb. Vgl. *Lenz* (Anm. 34), Bd. III, 358.

gemeiner autoritet verpflichte und zugelassene toleranz beider religionen". Freilich wollte Schwendi diese Lösung auf die katholische und die Augsburgische Konfession begrenzt sehen, aber die Angehörigen dieser Bekenntnisse sollten — wo immer sie wohnten — Gewissensfreiheit genießen, „da er (der Untertan — WS) sonsten in gehorsam lebt[65]." Seit 1563 schon hatte sich Schwendi — so belegt sein Briefwechsel mit Herzog Heinrich d. J. von Braunschweig-Wolfenbüttel — den Gedanken der Toleranz geöffnet, zweifellos angeregt durch die französische Entwicklung. So war aus dem Kriegsmann, der im Auftrag des Kaisers an der Belagerung Magdeburgs teilgenommen hatte, dem Manne, der die „Lutherey" mit Rebellion identifiziert hatte, ein Politiker geworden, der um des inneren Friedens und um der staatlichen Existenz willen die Gewissensfreiheit propagierte[66].

Einen anderen Vertreter dieser politisch argumentierenden Toleranzideen müssen wir in Zacharias Geizkofler sehen, dem Reichspfennigmeister der Jahre 1589 - 1604. Dieser hohe Reichsbeamte, dem in den genannten Jahren die Einbringung, Verwaltung und teilweise auch die Vorfinanzierung der Reichshilfen auf dem Kapitalmarkt oblag[67], war zwar immer im Einflußbereich des Hauses Habsburg tätig gewesen, doch seine engen Beziehungen zum Patriziat der Reichsstadt Augsburg und zu vielen Reichsständen, auch der Augsburgischen Konfession, hatten seinen Horizont beträchtlich erweitert. Ein intensiver Briefwechsel mit politisch verantwortlichen Persönlichkeiten ließ ihn ein klareres Bild von den Problemen seiner Zeit gewinnen, als dies vielen seiner Zeitgenossen möglich war. Hinzu kommt, daß er — zumindest seit 1603 — als protestantisches Mitglied der Reichsritterschaft selbst die Vorteile

[65] So Schwendi, zitiert nach *v. Frauenholz* (Anm. 62), 27. Diese Position ist von Schwendi auch in seinem sehr viel kürzeren Gutachten von 1576 vertreten worden. Dieses Gutachten verwendet freilich nicht den Begriff der Toleranz, sondern untersucht Vor- und Nachteile einer „zulassung oder verweigerung der freiheit der gewissen" in der Vorbereitung des Reichstags von 1576. Das Gutachten von 1576 ist gedruckt bei *Adolf Eiermann,* Lazarus von Schwendi, Freiherr von Hohenlandsberg. Ein deutscher Feldoberst und Staatsmann des 16. Jahrhunderts, Freiburg 1904, 145 - 151.

[66] Die vorwiegend ältere Literatur über Schwendi ist zusammengestellt bei *Wolf-Dieter Mohrmann,* Bemerkungen zur Staatsauffassung Lazarus' von Schwendi, in: Helmut Maurer / Hans Patze (Hrsg.), Festschrift für Berent Schwineköper, Sigmaringen 1982, 501 - 521, der vor allem den aufschlußreichen Briefwechsel Schwendis mit Herzog Heinrich von Braunschweig-Wolfenbüttel herangezogen hat.

[67] Zu Geizkofler vgl. *Friedrich Blendinger,* Zacharias Geizkofler, in: Lebensbilder aus dem bayerischen Schwaben, Bd. 8, München 1961, 163 - 197, sowie die grundlegende Arbeit von *Johannes Müller,* Zacharias Geizkofler 1560 - 1617. Des Heiligen Römischen Reiches Pfennigmeister und oberster Proviantmeister im Königreich Ungarn, Baden bei Wien 1938. Zu Geizkoflers Tätigkeit als Reichspfennigmeister zwischen 1589 und 1604 vgl. auch *Schulze,* Reich und Türkengefahr (Anm. 38), 310 ff.

des Augsburger Religionsfriedens in Anspruch nehmen konnte und von daher für eine eigenständige Position prädestiniert war. Auch nach seinem Ausscheiden aus dem Reichspfennigmeisteramt im Jahre 1604 blieb er der praktischen Politik insofern verbunden, als er vom Kaiserhof immer wieder mit Sonderaufgaben betraut wurde, die einmal seinen vertrauten Amtsbereich der Finanzverwaltung betrafen, zum anderen aber auch in steigendem Maße die politisch diffizilen Fragen der Beziehungen der konfessionellen Parteien zueinander. Geizkofler wurde mehrfach als kaiserlicher Gesandter zu protestantischen Unionstagen geschickt, so etwa zum Rothenburger Unionstag des Jahres 1613[68]. So wundert es eigentlich nicht, wenn Geizkofler neben dieser praktischen politischen Arbeit auch noch ein vielgefragter Ratgeber in reichspolitischen Grundsatzfragen war, vor allem nach seinem Ausscheiden aus dem Amt des Reichspfennigmeisters. In diesen Gutachten hatte Geizkofler mehrfach darauf hingewiesen, daß die leidvolle Erfahrung anderer europäischer Länder für Deutschland ein warnendes Beispiel sein müsse.

Sein Gutachten über die politischen und finanziellen Voraussetzungen des Türkenkrieges von 1604 ist vielleicht der deutlichste Beleg für sein Toleranzdenken. Anders als bei Schwendi speist sich diese Toleranz nicht nur aus dem Kalkül der Notlösung, sondern aus der Einsicht darin, daß das Gewissen des Menschen nicht durch Zwang beeinflußt werden kann: „das der menschen gewissen ein zartes ding, so keinen zwang leiden wollen.“ Er befinde „in allen historien, je man mit gewalt ein religion außrotten wollen, je mehr sie sich gemehret und seind entweder translationes oder eversiones und ruinae dominorum daraus erfolgt“[69]. Geizkofler vergaß hier auch nicht, auf das polnische Beispiel der religiösen Toleranz zu verweisen, das ihm auch aus persönlicher Anschauung durchaus vertraut war. Er hatte im Sommer des Jahres 1587 als Gesandter des Erzherzogs Ferdinand von Tirol in Polen fungiert und dabei versucht, die Kandidatur des Erzherzogs Maximilian um die polnische Königskrone zu unterstützen. Seine Berichte über die komplizierte innenpolitische Lage in Polen nach dem Tode Stephan Bathorys lassen gar keinen Zweifel daran, daß ihm die konfessionspolitische Lage des Landes bestens vertraut war[70]. Hier wird auch sichtbar, daß Geizkofler schon eine kritische Position den Jesuiten gegenüber einnahm, die in Polen eine eigene Politik betrieben, um die Gegenreformation des Landes zu fördern.

---

68 Dazu die Berichte in: Staatsarchiv Ludwigsburg, B 90 - 92 (Geizkoflersches Familienarchiv), Büschel 36.

69 Das Gutachten ebd., Büschel 391.

70 Vgl. zu dieser Gesandtschaft *Eduard Winter,* Die polnischen Königswahlen 1575 und 1587 in der Sicht der Habsburger, in: Innsbrucker Historische Studien 1 (1978), 61 - 76. Winter hat für diese Arbeit die in Innsbruck liegenden Berichte Geizkoflers aus Polen herangezogen.

Geizkofler ist nicht nur als Verfasser von politischen und finanzpolitischen Gutachten für den Kaiserhof hervorgetreten. Gerade in der kritischen Phase der Reichspolitik um den Reichstag von 1613 herum ist er als Berater für Kaiser Matthias und seinen Direktor des Geheimen Rates Klesl tätig. Dabei wurde deutlich, daß für Geizkofler der konfessionelle Dissens keinesfalls die Möglichkeit politischer Kooperation und gegenseitigen Vertrauens ausschloß. Mit Fürst Christian von Anhalt — einem der Führer des protestantischen Lagers — komme er gerne zusammen, „dann so weit wir in religione discrepiren, also nahe sind unsere herzen und intentiones conjungiret, ob dahin mittel gefunden werden möchten, das mißtrauen aufzuheben.“ Diese praktische und politisch zu nutzende Toleranz beruhte bei ihm auf einer klar formulierten Anweisung zu einer neuen politischen Klugheit (prudentia), die geradezu aufgeklärt anmutet. Drei „gradus“ seien hierbei zu unterscheiden. Man müsse sich bei allem Tun *historisch belehren lassen, aus eigenem Schaden lernen* (wobei er natürlich auf die Schwächung des Reiches während der ersten Hälfte des Jahrhunderts verwies), und schließlich habe man *„ex dictamine rationis sapere“*, nach der Richtschnur des Verstandes also, zu denken und zu handeln[71]. Hier wurde ein Verständnis des konfessionellen Konflikts erreicht, das sowohl die persönliche Gewissensfrage wie auch die politischen Gesichtspunkte berücksichtigte. Duldung anderer Bekenntnisse wird hier nicht mehr nur als eine Notlösung betrachtet (wie noch bei Lazarus von Schwendi), sondern als alleinige Voraussetzung eines neuen Friedens im Reich, der für Geizkofler nur mehr auf der Grundlage einer vollen Paritätisierung erreichbar schien. Seine brieflichen Vorschläge zur Überwindung der nach dem Reichstag von 1613 entstandenen Lage, die er Klesl unterbreitete, lassen an einer solchen Bewertung keinen Zweifel.

Aus dem bislang Gesagten sollte deutlich geworden sein, daß in der Epoche nach 1555 der Religionsfrieden, die politische Rationalität und das Gewissen die stärksten Anregungen für Toleranzideen darstellten. Dabei stellte der Religionsfrieden selbst mit seiner prinzipiellen Sanktionierung des Dissenses die wichtigste Neuorientierung dar. Im Folgenden soll eine Gruppe politischer Denker herangezogen werden, die bislang im Hinblick auf Toleranzideen kaum untersucht worden sind. Es sind dies die calvinistischen Politikwissenschaftler, die einen bemerkenswerten, meist aber vernachlässigten Zweig des politischen Denkens an der Wende vom 16. zum 17. Jahrhundert ausmachen[72]. Ihre Arbeiten

---

[71] Vgl. dazu: Staatsarchiv Ludwigsburg (Anm. 68), Büschel 45 a, und *Müller*, Die Vermittlungspolitik Klesls (Anm. 55), 679 f.

[72] Ich verweise hier nur auf das klassische Werk von *Kurt Wolzendorff*, Staatsrecht und Naturrecht in der Lehre vom Widerstandsrecht des Volkes gegen rechtswidrige Ausübung der Staatsgewalt, Breslau 1916. Vgl. auch *Schulze*, Zwingli (Anm. 5).

sind am ehesten im Kontext des monarchomachischen Denkens zur Kenntnis genommen worden, und in dieser Hinsicht fielen sie ihren zeitgenössischen Gegnern vor allem dadurch auf, daß sie den *inferiores magistratus* das Recht des Widerstandes gegen ihren Oberherrn einräumten[73]. Erst in neueren Arbeiten ist dem Bildungs- und Politikverständnis des sich an der Hohen Schule zu Herborn orientierenden Calvinismus neue Beachtung gewidmet worden[74]. Es wäre nun zu vermuten, daß diese Schriftsteller angesichts der bedrohten Lage der reformierten Territorien und der zweifellos bestehenden Missionsabsichten im Hinblick auf unsere Fragestellung Auffassungen vertreten, die Toleranz der politischen Opportunität unterordnen. Eine genauere Untersuchung ergibt jedoch ein davon abweichendes Bild. Es zeigt sich vielmehr, daß die dort entwickelten Begründungen für das Verbot eines Gewissenszwangs nicht jenem politischen Kalkül folgten, das noch den Religionsfrieden prägte, sondern daß es individualistisch begründet wird. Der Herborner Professor Philipp-Heinrich Hoen schrieb 1608 in seiner Antwort auf die Frage „Quid si subditi a vera religione aberrantes eam suscipere nolint?“, daß die Obrigkeit in einem solchen Fall nicht mit Gewalt gegen sie vorgehen und sie nicht aus dem Lande vertreiben dürfe: „nec vindicare sibi imperium in conscientias, sed cogitabit, potius fidem suaderi, non cogi potest.“ Die in einer Fülle von Zitaten versuchte Begründung eines solchen Verzichts auf jeden Gewissenszwang läßt keinen Zweifel an ihrer individualistischen Struktur:

— „quia magistratui non est concessum dominium in animos subditorum
— quia religio vera est cultus Dei spontaneus et voluntarius
— quia verae religionis studium non nisi in docendo, monendo et persuadendo implantari potest
— quia magistratus non potest ulla externa vi regenerare hominem, eumque christianum efficere
— quia Deus ... neminem cogit ad veram religionem amplectandam, sed eam libero hominis arbitrio subicit. Ergo neque magistratus, qui vicarius est Dei, hoc facere debet.

[73] Vgl. hierzu die vorzügliche Dissertation von *Roy Richard Benert*, Inferior Magistrates in Sixteenth Century Political and Legal Thought, Ph. D. University of Minnesota 1967.

[74] Zu nennen sind hier die verschiedenen Arbeiten von *Gerhard Menk*, der sich in den letzten Jahren intensiv mit Herborn und seinem geistigen Umfeld beschäftigt hat. Vgl. seine Dissertation: Die Hohe Schule Herborn in ihrer Frühzeit (1584 - 1660). Ein Beitrag zum Hochschulwesen des deutschen Kalvinismus im Zeitalter der Gegenreformation, Wiesbaden 1981, 257 ff., und *ders.*, Die politische Kultur in den Wetterauer Grafschaften am Ende des 16. und zu Anfang des 17. Jahrhunderts. Ein Beitrag zur Wirkung monarchomachischer Theorie auf den deutschen Territorialstaat, in: Hessisches Jahrbuch für Landesgeschichte 34 (1984), 67 - 100.

— quia quidquid homo coacte facit, id Deo non est gratum

— quia apostoli sine opera magistratus Evangelium praedicarunt .....

— quia magistratus potestatem habet puniendi tantum delicta moralia externa, non autem peccata moralia interna[75]."

Auch die Tatsache, daß Hoen in diesem Zusammenhang auf das erinnerungswürdige Beispiel des polnischen Königs Stephan Bathory hinwies, der 1573 das Edikt „Nolle se conscientiis dominari ..." erlassen habe[76], beweist, daß seine Begründung einer notwendigen religiösen Toleranz außerhalb der bislang behandelten Argumentationen lag. Für ihn ging es nicht vorrangig um die Stabilität des politischen Gemeinwesens, sondern um die Wahrung der Unversehrtheit des Gewissens. Zwar wurde durchaus noch am Konzept der wahren Religion festgehalten, aber diese Theorie mußte schon vor der Gewissensfreiheit zurücktreten. Gerade weil diese Darlegungen nicht mit der Praxis reformierter Territorien übereinstimmen, wo auch gewaltsame Religionsveränderungen vorgenommen wurden, muß die Frage nach dem Hintergrund dieser Positionen gestellt werden, die — wie von Hoen — so auch von anderen calvinistischen Schriftstellern wie Timpler, Danaeus und Mindanus vertreten wurden. Mir scheint dabei von besonderer Bedeutung der häufige Rekurs auf den Begriff des „internum" zu sein. Hier deutet sich eine Veränderung konfessionspolitischen Argumentierens insofern an, als die Instanz des Gewissens eine neue Bedeutung erhält. Zwar war auch schon im Vorfeld des Augsburger Friedens die Freistellung aller Untertanen mit dem Hinweis auf das Gewissen gefordert worden, doch hatte sich diese Forderung auf dem Reichstag nicht durchsetzen lassen. Auch die nach 1555 von protestantischer Seite aus versuchte Revision der Bestimmung des *jus emigrandi,* das zu einem „beneficium" zugunsten der Untertanen gemacht werden sollte[77], das

[75] *Philipp-Heinrich Hoen,* Disputationum politicarum liber unus, in quo ... explicantur, 3. Aufl. Herborn 1615, 32 ff. Zu Hoen vgl. *Hugo Grün,* Politische Diskussionen an der Hohen Schule Herborn während ihrer Blütezeit, in: Jahrbuch der Hessischen Kirchengeschichtlichen Vereinigung 14 (1963), 261 - 277, und *Rudolf Schinzer,* Philipp Heinrich Hoenonius und die Politik in Herborn, in: ebd. 23 (1972), 65 - 79. Eine in der Sache ähnliche Position vertrat Johann Gerhard, wenn er unter politischen Gesichtspunkten eine beschränkte Toleranz für möglich hielt. Damit wird unter dem Eindruck der spanischen Inquisition ein Mittelweg zwischen der wünschenswerten Anerkennung der einen, wahren Konfession und der Unmöglichkeit ihrer zwangsweisen politischen Durchsetzung gegangen. Vgl. *Martin Honecker,* Cura religionis magistratus christiani. Studien zum Kirchenrecht im Luthertum des 17. Jahrhunderts, insbesondere bei Johann Gerhard, München 1968, 121 - 124.

[76] *Hoen* (Anm. 75), 36 und 243. Vgl. dazu *Gottfried Schramm,* Ein Meilenstein der Glaubensfreiheit. Der Stand der Forschung über Ursprung und Schicksal der Warschauer Konföderation von 1573, in: Zeitschrift für Ostforschung 24 (1975), 711 - 736.

sie nach ihrem Belieben nutzen sollten, hatte mit dem Gewissen argumentiert. Dies waren wichtige Ansätze, um die Gewissensentscheidung des einzelnen Untertanen mit Konsequenzen auch für die politische Wirklichkeit der Territorien auszustatten.

Hinzu kamen schließlich die Erfahrungen, die protestantische Minoritäten in katholischen Städten gemacht hatten[78], auf die schon weiter oben hingewiesen wurde. In diesem Zusammenhang ist es auch von besonderem Interesse, daß Hoen bei der Erörterung der Frage, ob in einem Gemeinwesen mehrere Religionen geduldet werden könnten, nicht zur traditionellen Regel der konfessionellen Einheitlichkeit griff. Vielmehr verwies er auf eine Äußerung des Ludwig Camerarius, der in der Duldung mehrerer Bekenntnisse noch keinen Grund für Unruhen sehen wollte („per se minimum adferunt motiones"). Erst der hartnäckige Schutz der alten Religion und die gewalttätige Vertreibung des anderen Bekenntnisses verursache Aufruhr. Folglich müsse es den Untertanen freistehen, auszuwandern oder am Ort zu bleiben. Auch müsse es ihnen freistehen, an Sonntagen andere Orte zu besuchen und dort das wahre Evangelium zu hören[79].

Toleranzideen — so können wir resümieren — haben ihren Ursprung in einer komplizierten Gemengelage verschiedener Argumente. Sie können — wie der Blick auf das europäische 16. Jahrhundert zeigt — durchaus auf der Basis einer humanistischen Grundüberzeugung von der Würde und der Gottähnlichkeit des Menschen entwickelt werden. Dies scheint jedoch die Ausnahme zu sein, so bemerkenswert solche Auffassungen auch sind. Im viel bedeutsameren Kontext der konkreten konfessionspolitischen Auseinandersetzungen, in denen ja erst die Duldung der anderen Konfession durchgesetzt werden mußte, scheint Toleranz erst denkmöglich zu werden nach der Legitimierung und Akzeptierung der konfessionellen Discordia, dem Verzicht auf die alte

---

77 Über diese Versuche die kritischen Ausführungen von *Erstenberger* (Anm. 64), 192 b, und die ebd., 194, abgedruckte protestantische Schrift, die den Beweis zu führen versuchte, daß „der Ab- und Zuzug stehet in der underthanen wilkhur und nit in der Regenten Gebott und Zwang." (199 b). Die Interpretation des jus emigrandi wurde weiterentwickelt von *Heinrich Andreas Cranius*, De pace religionis in romano imperio servanda dissertatio juridico-politica in tres partes distincta, Helmstedt 1619, und *Peter Friderus Mindanus*, De processibus, mandatis et monitoriis liber I, Frankfurt/M. 1597, 127. Ähnlich auch *Johann-Christian Liebenthal*, Collegium politicum in quo de societatibus ... tractatur, Gießen 1619, 150. Vgl. auch *Heckel*, Staat und Kirche (Anm. 13), 168 ff., über den Zusammenhang von Jus emigrandi-Diskussion und Toleranz.

78 Vgl. *Paul Warmbrunn*, Zwei Konfessionen in einer Stadt. Das Zusammenleben von Katholiken und Protestanten in den paritätischen Reichsstädten Augsburg, Biberach, Ravensburg und Dinkelsbühl von 1548 bis 1648, Wiesbaden 1983.

79 *Hoen* (Anm. 75), 245.

Concordia. Erst auf dieser Grundlage konnten dann Auffassungen entwickelt werden, die aus politischen und wirtschaftlichen Motiven heraus verschiedene Bekenntnisse in einem Gemeinwesen akzeptierten. Die letzte Stufe dieser Entwicklung ist dann die explizite Internalisierung der Religion, die Entstehung eines privaten Innenraums, der sich von der Kontrolle des Staates befreien kann. Auch diese Entwicklung läßt sich in der Epoche nach 1555 vorzüglich belegen.

Gerade der Umbruch vom 16. zum 17. Jahrhundert mit der drohenden Türkengefahr und seiner Verschärfung der konfessionellen Gegensätze, der Ausbildung von Union und Liga als zwei bewaffneten Bündnissen im Reich, dem Scheitern des Reichstags in seiner Ausgleichsfunktion zwischen den Gruppierungen provozierte eine intensive literarische Auseinandersetzung mit der „lieben concordia". So wie es in der politischen Formelsprache auf den Reichstagen und im offiziellen brieflichen Verkehr zwischen den Reichsständen und dem Kaiser keine häufiger gebrauchte Vokabel zur Kennzeichnung eines erstrebenswerten Zustands des Reiches gab als den Begriff der „ainigkeit", der „concordia", so versuchten Schriftsteller und Publizisten immer wieder, die besondere Bedeutung der Concordia für ein Gemeinwesen herauszustellen: „Denn wer wiß noch nicht und wem ist unbewußt, daß alle gesell- und gemeinschaften, hohes und niedriges, geistliches und weltlichen standts vornehmlich durch einigkeit wachsen, zunehmen und erhalten werden und daß kein ding, es habe namen wie es wölle, häuslich oder gemein, klein oder groß, bestehen und in wesentlichen unterhalt bleiben mag ohn dieselbe hochberühmte concordia[80]." Es war dies die gleiche Überzeugung, die 1620 der Rothenburger Kantor Erasmus Widmann zu Papier brachte, als er reimte[81]:

---

80 So *Christopher Cruceius*, Christliche Erinnerung, wie ein edler, thewrer Schatz die concordia und einigkeit sey, o. O. 1561, A ii. *Michael Schrott*, Kurtze Beschreibung Wie mächtig / Weit und breit sich das Hl. Röm. Reich erstrecket hat ..., Frankfurt/M. 1595, faßte die häufig wiederholte Meinung der einschlägigen Literatur zusammen, wenn er schrieb: „Dann bürgerlichen Krieg und Zwytracht haben niemals keinen Nutzen noch Frommen geschaffet / um einig gewesen / da sind alle Feinde bald gedämpfet / und niedergelegt worden ... Concordia parvae res crescunt, discordia etiam maximae dilabuntur." Im „Dritten Discurs von beschwerlichen Zustand deß H. Römischen Reichs, in: *Londorp* (Anm. 51), 284, heißt es: „Also wird schließlichen kein ander Mittel können seyn oder erfunden werden / dadurch den besorgeten Türckischen Stadischen Practicken zu begegnen / und das Heilige Röm. Reich bei seiner Verfassung / Hoheit / Staat / Freiheit / und Religion zu erhalten und zu befestigen / als die liebe außerwelte / hochnötige *Concordia.*" „Die liebe Concordia" ist der Titel einer Magisterarbeit an der Fakultät für Geschichtswissenschaften der Ruhr-Universität Bochum von *Sabine Joksch*, die eine Fülle einschlägiger Belege zusammengetragen hat.

81 *Erasmus Widman*, Ein schöner newer Ritterlicher Anfang vom Kampff und Streit zwischen Concordia und Discordia ..., Rothenburg auff d. Tauber 1620.

„Concordia auf dieser Welt
all ding bewahret und erhält,
ohn sie mag nichts bestehen.
Wann die Concordia nicht wer,
so fiel dahin all lob und ehr,
ja alles müßt vergehen[82]."

Unser Blick auf die deutsche Politik des 16. und 17. Jahrhunderts unter der Perspektive der verlorenen Eintracht kann mit dieser Vorahnung des Dreißigjährigen Krieges zu Ende gehen. Der Weg in die moderne Welt — so läßt sich resümieren — war auch der Zwang zur Anpassung an den Dissens im politischen Gemeinwesen, ein höchst unterschiedlich verlaufender Weg in den verschiedenen europäischen Staaten. Mir scheint, daß Deutschland in diesem von Heinrich von Treitschke als „schimpflichste Epoche unserer Vergangenheit" bezeichneten Abschnitt der deutschen Geschichte mehr vollbringt, als auf „jeden Anteil an der europäischen Politik" zu verzichten und das „holde Stilleben der Kleinstaaten" zu beginnen[83]. Die Perspektive unserer Zeit darf hier andere Leistungen erkennen.

Was hier geschah, war nicht weniger als die leidvolle Konfrontation mit einer Zwietracht, die zwar unendliches Leid bescherte, die aber auch ein elementarer Teil der Zukunft war. Dieses Grundproblem reflektiert und die notwendigen Lösungen vorgedacht zu haben, scheint mir die Leistung dieses Zeitalters zu sein, das als „konfessionelles Zeitalter" zwar historisch korrekt bezeichnet wird, nicht aber in seinen Wirkungen für die weitere Entwicklung von Staat und Gesellschaft. Es suchte verzweifelt nach der einfachen Concordia und fand die schwierige Discordia. Daß die schon gefundenen Lösungen noch nicht direkt verwirklicht werden konnten, spricht eher für ihr weites Vorgreifen in die Zukunft als für ihre Schwäche.

---

[82] Ich will noch darauf hinweisen, daß ich hier keineswegs alle Varianten des Concordiabegriffs herangezogen habe. Natürlich war Concordia auch Ziel der Politik für die Beziehungen zwischen den verschiedenen gesellschaftlichen Gruppen, vgl. etwa *Paul Negelein*, Regentenbuch, Von Bestellung und Erhaltung deß Regiments ..., Frankfurt/M. 1615, 50 ff. („Von bürgerlicher Einigkeit").

[83] *Heinrich von Treitschke*, Deutsche Geschichte im 19. Jahrhundert, Erster Teil, Leipzig 1927. 4

Reichskirche und Reformation

Zu Glaubensspaltung und Konfessionalisierung in den geistlichen Fürstentümern des Reiches*

Von Anton Schindling, Eichstätt

Die tausendjährige Geschichte des Heiligen Römischen Reiches war nie nur Kaisergeschichte, sondern stets auch Fürstengeschichte, Territorialgeschichte, und sie war Geschichte der Reichskirche — dies galt von den Gründerkaisern Karl dem Großen und Otto dem Großen an, von Bischofspersönlichkeiten wie Brun von Köln, Ulrich von Augsburg und Willigis von Mainz, bis hin zu dem „gekrönten Reformator", Kaiser Joseph II., und zu dem letzten Reichserzkanzler Karl Theodor von Dalberg. Die karolingischen und die ottonischen Bistumsgründungen, die Reichsbischöfe des Frühen und Hohen Mittelalters haben Grundlagen deutscher Geschichte geschaffen. Auch in den Umbrüchen und verfassungsgeschichtlichen Verdichtungen des späteren Mittelalters blieb die zentrale Stellung der Reichskirche, der Erzbischöfe und Bischöfe, in dem politischen System des deutschen Reiches gewahrt, und sie wurde durch Grundgesetze wie die Goldene Bulle von 1356 und das Wiener Reichskonkordat von 1448 befestigt. Im Zeitalter des Konziliarismus und der Vorreformation gab es im Rahmen der Reichskirche in Deutschland nationalkirchliche Regungen, die ihren Ausdruck etwa in den „Gravamina der deutschen Nation gegen den Stuhl von Rom" fanden[1].

Die Reformation Martin Luthers brachte in der langen Geschichte der deutschen Reichskirche von Bonifatius bis Napoleon die schwerste, existenzbedrohende Krise. Die reformatorische Ablehnung des sakramental geweihten Priestertums, des hierarchischen Kirchenbegriffs und des

* Es handelt sich um den nur geringfügig erweiterten Text meiner Antrittsvorlesung an der Katholischen Universität Eichstätt vom 24. Februar 1986. — Für Gespräche und Hinweise danke ich den Herren Harald Dickerhof (Eichstätt), Alwin Hanschmidt (Vechta), Heinz Noflatscher (Bozen), Wolfgang Seegrün (Osnabrück), Heribert Smolinsky (Bochum) und Walter Ziegler (Würzburg). — Ich widme diesen Beitrag Herrn Professor Dr. *Otto Meyer* (Würzburg) zu seinem 80. Geburtstag am 21. September 1986.

1 *Bruno Gebhardt*, Die gravamina der deutschen Nation gegen den römischen Hof. Ein Beitrag zur Vorgeschichte der Reformation, 2. Aufl. Breslau 1895. *Erich Meuthen*, Das 15. Jahrhundert (= Oldenbourg Grundriß der Geschichte, 9), München 1980, 74 - 89, hier 85 - 86.

kanonischen Rechts entzog nicht nur dem römischen Papsttum, sondern auch der Reichskirche in Deutschland die theologische Legitimation. Wenn das Weihesakrament und das darauf gegründete Bischofsamt als unschriftgemäß zurückgewiesen wurden, so wurde natürlich auch der Verbindung von bischöflicher Jurisdiktion und weltlicher Fürstenherrschaft der Boden entzogen, und die geistlichen Fürstentümer des Reiches standen zur Disposition[2].

Der Reformator Martin Luther ist nur einigen wenigen hohen Repräsentanten der deutschen Reichskirche je in persönlichem Gespräch begegnet. Zunächst der Standesunterschied zwischen dem Bettelmönch und den adeligen Fürsterzbischöfen und Fürstbischöfen, nach Luthers Bruch mit Rom dann Kirchenbann und Reichsacht trennten die beiderseitigen Lebenskreise. Im April 1518 empfing der Würzburger Fürstbischof Lorenz von Bibra den durch den Ablaßstreit bekannt gewordenen Augustinereremiten, der auf der Durchreise in der mainfränkischen Bischofsstadt Station machte[3]. Auf dem Wormser Reichstag 1521 kam es nach dem spektakulären Verhör Luthers am 17. und 18. April vor Karl V. noch zu Verhandlungen einer reichsständischen Kommission mit dem Reformator. Dieser reichsständischen Kommission gehörten als geistliche Fürsten der Trierer Erzbischof Richard von Greiffenklau, der Augsburger Bischof Christoph von Stadion, der Bischof von Brandenburg Hieronymus Schulze und der Deutschmeister Dietrich von Cleen an. Bei den Verhandlungen der Kommission mit Luther am 24. und 25. April 1521 wurde der Versuch eines echten Gespräches unternommen, vor allem durch Richard von Greiffenklau. Der Trierer Erzbischof forderte am Ende eines unter vier Augen geführten Ge-

---

[2] Grundlegend zur Geschichte der Reformation in Deutschland: *Leopold von Ranke*, Deutsche Geschichte im Zeitalter der Reformation, hrsg. von Paul Joachimsen, 6 Bde., München 1925/26. *Johannes Janssen*, Geschichte des deutschen Volkes seit dem Ausgang des Mittelalters, 8 Bde., Freiburg 1878/1894. *Justus Hashagen*, Staat und Kirche vor der Reformation. Eine Untersuchung der vorreformatorischen Bedeutung des Laieneinflusses in der Kirche, Essen 1931. *Joseph Lortz*, Die Reformation in Deutschland, hrsg. von Peter Manns, 6. Aufl. Freiburg 1982. *Stephan Skalweit*, Reich und Reformation, Berlin 1967. *Bernd Moeller*, Deutschland im Zeitalter der Reformation (= Deutsche Geschichte, 4), 2. Aufl. Göttingen 1981. *Heinrich Lutz*, Reformation und Gegenreformation (= Oldenbourg Grundriß der Geschichte, 10), 2. Aufl. München 1982. *Heinz Angermeier*, Reichsreform und Reformation (= Schriften des Historischen Kollegs, Vorträge, 5), München 1983; zugleich in: HZ 235 (1982), 529 - 604. Martin Luther und die Reformation in Deutschland. Ausstellung zum 500. Geburtstag Martin Luthers, veranstaltet vom Germanischen Nationalmuseum Nürnberg in Zusammenarbeit mit dem Verein für Reformationsgeschichte, Frankfurt 1983. *Erwin Iserloh*, Geschichte und Theologie der Reformation im Grundriß, 3. Aufl. Paderborn 1985. *Ernst Walter Zeeden*, Konfessionsbildung. Studien zur Reformation, Gegenreformation und katholischen Reform (= Spätmittelalter und Frühe Neuzeit, 15), Stuttgart 1985.

[3] *Martin Brecht*, Martin Luther. Sein Weg zur Reformation 1483 - 1521, 2. Aufl. Stuttgart 1983, 209.

spräches Luther auf, eigene Vermittlungsvorschläge zu formulieren. Luther wußte ihm aber nur den Rat Gamaliels in der Apostelgeschichte zu nennen, nämlich daß die Zukunft entscheiden sollte, ob seine Sache aus Gott sei[4].

An den Wormser Reichstag und das Wormser Edikt, mit dem Karl V. die Reichsacht über Luther verhängte, schlossen sich die sogenannten Sturmjahre der Reformation an. Die evangelische Bewegung breitete sich lawinenartig durch Predigt, Flugschrift und Buch in weiten Teilen Deutschlands aus, gefolgt von politisch-sozialen Unruhen bei Reichsrittern und beim „gemeinen Mann", gefolgt auch von ersten kirchenverändernden, „reformatorischen" Maßnahmen weltlicher Obrigkeiten.

Die deutsche Reichskirche war in der Folgezeit von der Ausbreitung der Reformation in fast allen ihren Erzbistümern und Bistümern und in den dazu gehörenden Hochstiften betroffen. Nur an der romanischsprachigen Peripherie des Reiches gab es einige wenige Diözesen, in deren geistlichem Sprengel es im Laufe des 16. Jahrhunderts kaum zu evangelischen Regungen kam: So in den Diözesen Verdun, Toul und Trient[5].

---

4 Apg. 5, 38/9. *Aloys Schmidt,* Der Trierer Kurfürst Erzbischof Richard von Greiffenklau und die Auswirkung des Wormser Edikts in Kurtrier, in: Fritz Reuter (Hrsg.), Der Reichstag zu Worms von 1521. Reichspolitik und Luthersache, Worms 1971, 271 - 296, hier 290. *Brecht,* Luther (Anm. 3), 446.

5 *Jean Schneider,* Histoire de la Lorraine (= Que sais-je, 450), Paris 1967. *Michel Parisse* (Hrsg.), Histoire de la Lorraine (= Univers de la France et des pays francophones), Toulouse 1978. — Während es in den beiden Diözesen Verdun und Toul kaum zu evangelischen Regungen kam, setzte sich in der dritten lothringischen Diözese, der von Metz, der Protestantismus in den deutschsprachigen Territorien Pfalz-Zweibrücken und Nassau-Saarbrücken durch, und es kam in der Bischofsstadt Metz im Schutz der französischen Toleranzedikte zu einer evangelischen Gemeindebildung: *Henri Tribout de Morembert* (Hrsg.), Le Diocèse de Metz (= Histoire des Diocèses de France), Paris 1970. — Ebenfalls an der Westgrenze des Reiches lagen die Erzdiözese Besançon und die Diözese Cambrai. Im Sprengel von Besançon wurde die württembergische Grafschaft Mömpelgart protestantisch, und Cambrai wurde zeitweise von der Ausbreitung des Calvinismus in den spanischen Niederlanden erfaßt: *Maurice Rey* (Hrsg.), Les Diocèses de Besançon et de Saint-Claude (= Histoire des Diocèses de France, 6), Paris 1977. *Pierre Pierrard* (Hrsg.), Les Diocèses de Cambrai et de Lille (= Histoire des Diocèses de France, 8), Paris 1978. *Georg Loesche,* Archivalische Beiträge zur Geschichte des Täufertums und des Protestantismus in Tirol und Vorarlberg, in: Jahrbuch der Gesellschaft für die Geschichte des Protestantismus im ehemaligen und neuen Österreich 47 (1926), I - XII und 1 - 156. *Anselm Sparber,* Kirchengeschichte Tirols, Innsbruck 1957. *Jürgen Bücking,* Frühabsolutismus und Kirchenreform in Tirol 1565 - 1665. Ein Beitrag zum Ringen zwischen ‚Staat' und ‚Kirche' in der Frühen Neuzeit (= Veröffentlichungen des Instituts für Europäische Geschichte Mainz, 66), Wiesbaden 1972. *Vigilio Zanolini,* Appunti e Documenti per una Storia dell' Eresia luterana nella Diocesi di Trento, in: VIII Annuario del Ginnasio Pareggiato Principesco Vescovile di Trento, Trento 1909, 3 - 116.

Auch nur von wenigen geistlichen Fürstentümern, den weltlichen Territorialherrschaften der Erzbischöfe und Bischöfe, läßt sich sagen, daß die Reformation dort keinen Eingang fand. Neben den bereits genannten Bistümern an der Westgrenze und der Südgrenze des Reiches sind hier, jeweils mit bestimmten Einschränkungen, das Erzstift Trier und die Hochstifte Lüttich, Eichstätt, Brixen, Freising, Regensburg und Passau zu nennen[6].

Die übrigen geistlichen Fürstentümer des Reiches — und das war die große Mehrzahl — wurden alle zumindest teilweise und für einige Zeit von der evangelischen Bewegung erfaßt. Es gab dort im Laufe des 16. Jahrhunderts mehr oder weniger starke protestantische Kreise bei den Untertanen, beim Adel, an Schulen, in der Geistlichkeit, ja sogar in den Domkapiteln und an den fürstbischöflichen Höfen. Dabei waren allerdings die regionalen Unterschiede markant. Die geistlichen Fürstentümer im Süden, im Westen und im Nordwesten des Heiligen Römischen Reiches stellten alles in allem eine Barriere dar gegen die Ausbreitung der Reformation. In der „Pfaffengasse", den weltlichen Herrschaftsgebieten der Erzbischöfe und Bischöfe am Rhein, am Main und in Westfalen, fand die reformatorische Bewegung nur begrenzt Resonanz. Definitiv durchsetzen konnte sie sich in den westdeutschen und süddeutschen Hochstiften nirgends[7].

---

[6] *Benedikt Caspar*, Das Erzbistum Trier im Zeitalter der Glaubensspaltung bis zur Verkündigung des Tridentinums in Trier im Jahre 1569 (= RST, 90), Münster 1966. *Hansgeorg Molitor*, Kirchliche Reformversuche der Kurfürsten und Erzbischöfe von Trier im Zeitalter der Gegenreformation (= Veröffentlichungen des Instituts für Europäische Geschichte Mainz, 43), Wiesbaden 1967. *Léon-E. Halkin*, Réforme Protestante et Réforme Catholique au Diocèse de Liège. Le Cardinal de la Marck, Prince-Evêque de Liège 1505 - 1538 (= Bibliothèque de la Faculté de Philosophie et Lettres de l'Université de Liège, 43), Paris 1930. *Paul Harsin*, De l'édit de Worms à la paix d'Augsbourg 1521 - 1555. Étude critique de la législation liégeoise en matière d'hérésie, in: Bulletin de la Commission Royale des anciennes lois et ordonnances de Belgique 20 (1959/60), 19 - 70. *Henri Pirenne*, Histoire de Belgique des origines à nos jours, Bd. 3, Brüssel 1973, 111 - 132. *Karl Ried*, Moritz von Hutten, Fürstbischof von Eichstätt (1539 - 1552) und die Glaubensspaltung (= RST, 43/44), Münster 1925. *Johann Baptist Götz*, Die Primizianten des Bistums Eichstätt aus den Jahren 1493 - 1577. Ein Beitrag zur Geschichte des deutschen Klerus in der Reformationszeit (= RST, 63), Münster 1934. *J. Chrysostomos Giner*, Die religiöse Lage im Bistum Brixen unter Fürstbischof und Kardinal Christoph von Madruzzo 1542 - 1578, Brixen 1962. *Hans Rößler*, Geschichte und Strukturen der evangelischen Bewegung im Bistum Freising 1520 - 1571 (= Einzelarbeiten aus der Kirchengeschichte Bayerns, 42), Nürnberg 1966. *Georg Schwaiger*, Kontinuität im Umbruch der Zeit. Beobachtungen zu kritischen Punkten der bayerischen Kirchengeschichte, in: Beiträge zur Geschichte des Bistums Regensburg 18 (1984), 367 - 378.

[7] *Hans-Christoph Rublack*, Gescheiterte Reformation. Frühreformatorische und protestantische Bewegungen in süd- und westdeutschen geistlichen Residenzen (= Spätmittelalter und Frühe Neuzeit, 4), Stuttgart 1978. *Peter Moraw* und *Volker Press*, Geistliche Fürstentümer, in: TRE 11, 711 - 719. — Ein Beispiel für die schwierige Selbstbehauptung eines in hohem Maße gefährdeten

Völlig anders war es in den meisten weltlichen Territorien des Reiches; abgesehen von Bayern und abgesehen von den habsburgisch-burgundischen Ländern. Völlig anders war es auch in den geistlichen Fürstentümern Norddeutschlands und Mitteldeutschlands: Bremen und Magdeburg, Lübeck, Verden, Minden, Halberstadt, Merseburg, Naumburg, Meißen und Kammin, die brandenburgischen und die mecklenburgischen Bistümer wurden protestantisch. Der Katholizismus verschwand in diesen ehemaligen Erzstiften und Stiften entweder vollständig oder bis auf ganz geringe Reste[8].

Demgegenüber bildeten die geistlichen Fürstentümer Münster und Osnabrück, Hildesheim und Paderborn, Kurmainz mit seinen niedersächsischen und thüringischen Gebietsteilen, Fulda, Würzburg und Bamberg auf Dauer Grenzmarkierungen zwischen dem protestantischen Norden sowie dem mehrheitlich katholischen Süden und Westen des Heiligen Römischen Reiches[9]. Am Rhein und an der Donau, am Main und an der Ems blieben die geistlichen Staaten mit ihren Bischofsstädten Zentren altkirchlich-katholischen Lebens. Diese territorialen und konfessionellen Markierungen haben bekanntlich tiefe Spuren in der deutschen Geschichte hinterlassen und wirken auf vielfältige Weise bis heute nach.

Das Reformationsgeschehen, das von Wittenberg seinen Ausgang nahm, ließ die Reichskirche des Heiligen Römischen Reiches in ihren Fundamenten schwanken. Große Teile der Reichskirche, ganze Erzbistümer und Bistümer und die dazu gehörenden geistlichen Fürsten-

---

Fürstbistums: *Karl Hahn,* Die katholische Kirche in Straßburg unter dem Bischof Erasmus von Limburg 1541 - 1568 (= Schriften des Wissenschaftlichen Instituts der Elsaß-Lothringer im Reich, NF 24), Frankfurt 1940.

8 *Franz Schrader,* Die ehemalige Zisterzienserinnenabtei Marienstuhl vor Egeln. Ein Beitrag zur Geschichte der Zisterzienserinnen und der nachreformatorischen Restbestände des Katholizismus im ehemaligen Herzogtum Magdeburg (= Erfurter Theologische Studien, 16), Leipzig 1965. *Ders.,* Reformation und katholische Klöster. Beiträge zur Reformation und zur Geschichte der klösterlichen Restbestände in den ehemaligen Bistümern Magdeburg und Halberstadt (= Studien zur katholischen Bistums- und Klostergeschichte, 13), Leipzig 1973. *Ders.,* Ringen, Untergang und Überleben der katholischen Klöster in den Hochstiften Magdeburg und Halberstadt von der Reformation bis zum Westfälischen Frieden (= KLK, 37), Münster 1977. *Everhard Illigens,* Geschichte der Lübeckischen Kirche von 1530 bis 1896, das ist Geschichte des ehemaligen katholischen Bistums und der nunmehrigen katholischen Gemeinde, sowie der katholischen Bischöfe, Domherren und Seelsorger zu Lübeck von 1530 bis 1896, Paderborn 1896.

9 In den genannten geistlichen Fürstentümern hatte sich der Protestantismus im Laufe des 16. Jahrhunderts zunächst relativ weit ausgebreitet, seit dem späteren 16. Jahrhundert setzten sich Gegenreformation und katholische Reform durch. Osnabrück, Hildesheim und das kurmainzische Erfurt blieben jedoch auf Dauer bikonfessionell. Einige bereits weitgehend protestantische Gebiete, so das Niederstift Münster und das kurmainzische Eichsfeld, wurden vollständig rekatholisiert.

tümer, wurden gelähmt und überrollt, schließlich dann säkularisiert. Andere Teile des geistlichen Deutschland konnten sich jedoch behaupten, ja sie bewiesen sogar — gemessen an der Stärke der gegen sie gerichteten reformatorischen Kräfte — eine erstaunliche Überlebenskraft.

Es soll hier nach den Faktoren gefragt werden, welche die Ausbreitung der Reformation im geistlichen Deutschland, vor allem in den geistlichen Fürstentümern des Westens und Südens, verlangsamten und hemmten und die einen reformatorischen Erfolg verhinderten. Im folgenden geht es um die Kräfte des Beharrens und der Resistenz, die der Reichskirche im Reformationsgeschehen zu Gute kamen und die die Dynamik der protestantischen Bewegung an den Hochstiftsgrenzen bremsten und vielfach brachen. Die Reichskirche verfügte über Kraftreserven, die durch die Herausforderung der Reformation aktiviert wurden. In den Hochstiften zwischen Münster und Salzburg gab es nur „gescheiterte Reformationen", wobei dieser Begriff für die mancherorts eher schwachen evangelischen Strömungen fast schon zu hoch gegriffen ist[10]. Aber welches waren die endogenen und exogenen Abwehrkräfte, die hier wirkten, die es andererseits nördlich und östlich von Hildesheim offenkundig nicht gab? Die höchst unterschiedlichen Konsequenzen der Reformation etwa für Minden[11] und für Eichstätt[12] haben komplexe Ursachen, die allerdings weniger in der inneren Geschichte des einzelnen Bistums, als vielmehr in seiner Stellung im Gefüge des Reiches und der Reichskirche begründet waren.

Die Reformation bedeutete für die geistlichen Fürstentümer Deutschlands die Drohung und Verlockung der Säkularisation, das heißt die Möglichkeit einer Aufhebung der Wahlfürstentümer von Erzbischöfen, Bischöfen, Äbten, Äbtissinen und Pröpsten. Aus Wittenberg kam der reformatorische Rat an die geistlichen Fürsten, zu heiraten und ihre

---

[10] *Rublack*, Gescheiterte Reformation (Anm. 7). — Ein entscheidendes Kriterium wäre, ob die Ausbreitung protestantischer Überzeugungen sich bis zu Ansätzen einer eigenständigen evangelischen Kirchenorganisation verdichtete, sei es aus landesherrlichem Willen oder aus städtisch-bürgerlicher Wurzel. In einigen geistlichen Fürstentümern, die letztlich ganz oder teilweise katholisch blieben, lassen sich solche Verdichtungsphänomene des Protestantismus im Laufe des 16. Jahrhunderts beobachten, so in Kurköln, Münster, Paderborn, Osnabrück und Hildesheim, auf dem kurmainzischen Eichsfeld und in Erfurt sowie unter französischem Schutz in Metz.

[11] *Hans Nordsiek*, Zur Eingliederung des Fürstbistums Minden in den brandenburgisch-preußischen Staat, in: Peter Baumgart (Hrsg.), Expansion und Integration. Zur Eingliederung neugewonnener Gebiete in den preußischen Staat (= Neue Forschungen zur brandenburg-preußischen Geschichte, 5), Köln 1984, 45 - 79.

[12] *Harald Dickerhof*, Vom Collegium Willibaldinum zur katholischen Universität 1564 - 1980. Bildungswesen im Spannungsfeld von Staat und Kirche, in: Der Eichstätter Raum in Geschichte und Gegenwart, 2. Aufl. Eichstätt 1984, 88 - 102.

Landesherrschaft als weltliches Fürstentum weiterzuführen. Das neue Glaubensverständnis Luthers fand begeisterte Aufnahme nicht nur in Laienkreisen, sondern auch bei Klerikern[13]. Aber es war nicht nur die reformatorische Theologie mit der Lehre vom allgemeinen Priestertum der Laien, welche das kanonische Recht, die kirchliche Hierarchie und die von kirchlichen Amtsträgern ausgeübte weltliche Herrschaft prinzipiell in Frage stellte.

Die Verbindung von Krummstab und Schwert wurde bereits in den Sturmjahren der Reformation, in den 1520er Jahren, gleich von zwei Seiten politisch angefochten. Der Angriff des Reichsritters Franz von Sickingen auf das Erzstift Trier und der im Bauernkrieg vielfach auflodernde „Pfaffenhaß" des gemeinen Mannes stellten die radikale und revolutionäre Variante der Säkularisationsforderung dar[14]. Noch größere Gefahr drohte von der anderen Seite: 1525 wurde gleichzeitig zum Bauernkrieg der Staat des Deutschen Ordens in Preußen von dem Hochmeister Albrecht von Brandenburg in ein weltliches Erbfürstentum verwandelt, und so wurde ein Beispiel gegeben für die quasilegale Säkularisation eines geistlichen Staates zum Vorteil einer großen weltlichen Dynastie[15]. Das, was dem Ansbacher Hohenzoller im fernen Preußenland außerhalb des Reiches geglückt war, konnte die weltlichen Dynastien im Reich zur Nachahmung verlocken.

In Preußen war die Einführung der Reformation der Anlaß für die Säkularisation des geistlichen Fürstentums. Aber derselbe Effekt konnte auch unter altkirchlichem Vorzeichen erzielt werden, wie der Erwählte Römische Kaiser Karl V. in seinen burgundischen Niederlanden demonstrierte. Karl V. hat 1528/1529 die weltliche Herrschaft des Bischofs von Utrecht aufgehoben und hat das Bischofsterritorium südlich und östlich der Zuidersee seinem burgundisch-niederländischen Staat angegliedert[16].

[13] *Franz Xaver Thurnhofer*, Bernhard Adelmann von Adelmannsfelden. Humanist und Luthers Freund 1457 - 1523. Ein Lebensbild aus der Zeit der beginnenden Kirchenspaltung in Deutschland (= Erläuterungen und Ergänzungen zu Janssens Geschichte des deutschen Volkes, II 1), Freiburg 1900. *Fritz Herrmann*, Die evangelische Bewegung zu Mainz im Reformationszeitalter, Mainz 1907.

[14] *Volker Press*, Ein Ritter zwischen Rebellion und Reformation. Franz von Sickingen 1481 - 1523, in: Blätter für pfälzische Kirchengeschichte und religiöse Volkskunde 50 (1983), 151 - 177. *Anton Schindling*, Kirchenfeindschaft, Reformation und Bauernkrieg. Eine neue Straßburger Untersuchung, in: ZHF 4 (1977), 429 - 437. *Horst Buszello, Peter Blickle* und *Rudolf Endres* (Hrsg.), Der deutsche Bauernkrieg (= UTB, 1275), Paderborn 1984.

[15] Luther und die Reformation im Herzogtum Preussen. Ausstellung des Geheimen Staatsarchives Preußischer Kulturbesitz. Katalog, bearb. von Walther Hubatsch und Iselin Gundermann, Berlin 1983. *Marian Tumler* und *Udo Arnold*, Der Deutsche Orden. Von seinem Ursprung bis zur Gegenwart, Bonn 1974.

Die radikalen, revolutionären Säkularisationsversuche Franz von Sickingens und der Bauern scheiterten. Aber die in geregelten Formen vollzogenen Säkularisationen in Preußen und in Utrecht boten Muster an, wie der stets vorhandene Appetit weltlicher Fürsten auf den territorialen Besitz der Kirche befriedigt werden konnte.

Die deutsche Reichskirche besaß seit der ottonischen und salischen Zeit eine Vielzahl von weltlichen Herrschaftsrechten, aus denen im Laufe des Spätmittelalters die zahlreichen größeren oder kleineren geistlichen Territorialstaaten von Erzbischöfen, Bischöfen, Äbten, Äbtissinen und Pröpsten entstanden waren. Zwar gab es auch vereinzelt Kritik an der weltlichen Herrschaft von Geistlichen[17]. Aber kurz bevor die Reformationszeit eine existenzbedrohende prinzipielle Infragestellung der Reichskirchen-Fürstentümer brachte, wurde die reichsrechtliche Gewährleistung der geistlichen Fürstentümer noch verstärkt in Folge der Reichsreform in der Ära Kaiser Maximilians I.[18].

---

16 *A. M. C. Asch van Wijck*, Hendrik van Beijeren, bisschop van Utrecht 1524 - 1528, in: Archief voor kerkelijke en wereldlijke geschiedenis van Nederland 3 (1853), 116 - 273. *Gisbert Brom*, De Houding van den H. Stoel bij de Secularisatie van het Sticht 1528 - 1532, in: Bijdragen voor vaderlandsche geschiedenis en oudheidkunde IV/8 (1909), 319 - 337. *Henri Pirenne*, Histoire de Belgique des origines à nos jours, Bd. 2, Brüssel 1973, 144 - 147.

17 So in der „Reformatio Sigismundi": *Heinrich Koller* (Hrsg.), Reformation Kaiser Siegmunds (= MGH, Staatsschriften des späteren Mittelalters, 6), Stuttgart 1964, hier 230 - 233. — Zur Frage der weltlichen Herrschaftsrechte der Kirche und zur Säkularisationsproblematik vgl.: *Kurt Körber*, Kirchengüterfrage und schmalkaldischer Bund. Ein Beitrag zur deutschen Reformationsgeschichte (= SVRG, 111/112), Halle 1912. *Johann Baptist Sägmüller*, Die Idee von der Säkularisation des Kirchenguts im ausgehenden Mittelalter. Auch eine der Ursachen der Reformation, in: Theologische Quartalschrift 29 (1917/1918), 253 - 310. *Justus Hashagen*, Laieneinfluß auf das Kirchengut vor der Reformation. Ein Beitrag zu ihrer Vorgeschichte, in: HZ 126 (1922), 377 - 409. *Paul Mikat*, Bemerkungen zum Verhältnis von Kirchengut und Staatsgewalt am Vorabend der Reformation, in: ZRG KA 67 (1981), 264 - 309.

18 Zur Reichsreform grundlegend: *Friedrich Hermann Schubert*, Die deutschen Reichstage in der Staatslehre der frühen Neuzeit (= Schriften der Historischen Kommission bei der Bayerischen Akademie der Wissenschaften, 7), Göttingen 1966. *Heinz Angermeier*, Die Reichsreform 1410 - 1555. Die Staatsproblematik in Deutschland zwischen Mittelalter und Gegenwart, München 1984. — Zum Reich allgemein: *Peter Moraw* und *Volker Press*, Probleme der Sozial- und Verfassungsgeschichte des Heiligen Römischen Reiches im späten Mittelalter und in der frühen Neuzeit (13. - 18. Jahrhundert). Zu einem Forschungsschwerpunkt, in: ZHF 2 (1975), 95 - 107. *Volker Press*, Das römisch-deutsche Reich. Ein politisches System in verfassungs- und sozialgeschichtlicher Fragestellung, in: Wiener Beiträge zur Geschichte der Neuzeit 8 (1981), 221 - 242. *Heinrich Lutz* (Hrsg.), Das römisch-deutsche Reich im politischen System Karls V. (= Schriften des Historischen Kollegs, Kolloquien, 1), München 1982. *Heinz Angermeier* (Hrsg.), Säkulare Aspekte der Reformationszeit (= Schriften des Historischen Kollegs, Kolloquien, 5), München 1983. *Heinrich Lutz* und *Alfred Kohler* (Hrsg.), Aus der Arbeit an den Reichstagen unter Kaiser Karl V. Sieben Beiträge zu Fragen der Forschung und Edition (= Schriftenreihe der Historischen Kommission bei der Bayerischen Akademie der Wissenschaften, 26), Göttingen 1986.

Die drei rheinischen Erzbischöfe von Mainz, Trier und Köln zählten als Kurfürsten ohnehin seit der Goldenen Bulle zu den Säulen des Reiches. Durch die Entstehung des Reichstags und die Ausbildung der kurmainzischen Reichskanzlei in der Ära Maximilians I. wurden die geistlichen Fürsten als Reichsstände fest in die Reichsverfassung eingebunden[19]. Das kurmainzische Reichstags-Direktorium und die geistliche Fürstenbank auf dem Reichstag garantierten auch die verfassungsmäßige Stellung der geistlichen Fürstentümer im Reich, und sie werteten den geistlichen Fürstenstand als ganzes innerhalb der korporativen politischen Ordnung des Reiches auf.

Damit hatten die Reichsreformbestrebungen des Mainzer Erzbischofs Berthold von Henneberg und des Habsburger-Kaisers Maximilian zum Resultat, daß die Interdependenz von Reichskirche und Reichsrecht noch fester gefügt wurde, als es schon von der hoch- und spätmittelalterlichen Tradition vorgezeichnet war. Die säkulare Tendenz der Verrechtlichung des Reichsverbandes wurde zu einem maßgebenden Rückhalt der Reichskirche im Sturm der Reformation[20].

Die Verdichtung und Institutionalisierung des Reiches um 1500 sicherten die geistlichen Fürstentümer politisch und rechtlich ab. Jedoch waren die gleichzeitigen Repräsentanten des geistlichen Fürstenstandes als kirchliche Persönlichkeiten nicht immer überzeugend. Die vorreformatorische Reichskirche stellte sich vielmehr als verweltlicht dar. Die meisten Erzbischöfe und Bischöfe ebenso wie die sie wählenden Domkapitel erschienen mehr als Träger bzw. Teilhaber weltlicher Landesherrschaft, als politische Stände, denn als kirchliche Amtsträger mit einem theologischen Amtsverständnis. Obwohl die Führungspersönlichkeiten der Reichskirche teilhatten an den Formen spätmittelalterlicher Frömmigkeit, wird man von einer besonderen Nähe der Mehrzahl der Erzbischöfe, Bischöfe und Domherren zu Theologie und Spiritualität

---

19 *Karl Siegfried Bader*, Kaiserliche und ständische Reformgedanken in der Reichsreform des endenden 15. Jahrhunderts, in: HJb 73 (1954), 74 - 94. *Peter Moraw*, Versuch über die Entstehung des Reichstags, in: Hermann Weber (Hrsg.), Politische Ordnungen und soziale Kräfte im Alten Reich (= Veröffentlichungen des Instituts für Europäische Geschichte Mainz, Beiheft 8), Wiesbaden 1980, 1 - 36. *Lothar Gross*, Die Geschichte der deutschen Reichshofkanzlei von 1559 bis 1806 (= Inventare des Wiener Haus-, Hof- und Staatsarchivs, 5), Wien 1933.

20 *Heinz Angermeier*, Reichsreform und Reformation in der deutschen Geschichte, in: Ders. (Hrsg.), Säkulare Aspekte der Reformationszeit (Anm. 18), 1 - 26 (mit Diskussion). *Ders.*, Reichsreform (Anm. 18). *Ders.*, Reichsreform und Reformation (Anm. 2). *Helmut Neuhaus*, Der Augsburger Reichstag des Jahres 1530. Ein Forschungsbericht, in: ZHF 9 (1982), 167 - 211. *Alfred Kohler*, Der Augsburger Reichstag 1530. Von der Bilanz des Jubiläumsjahres 1980 zum Programm einer Edition der Reichstagsakten, in: Lutz und Kohler (Hrsg.), Arbeit an den Reichstagen unter Karl V. (Anm. 18), 158 - 193.

kaum sprechen können. Ihre Lebensweise war die adeliger Herren, was die Liebe zur Jagd ebenso wie reiche kirchliche Stiftungen einschloß.

Ausnahmen bestätigten die Regel. Der Eichstätter Fürstbischof Gabriel von Eyb, ein um sein geistliches Amt bemühter Regent, seufzte einmal gegenüber dem Prior des Augustiner-Chorherrenstifts Rebdorf Kilian Leib: „Ich habe Sorg, das Luthertum sei eine Plage von Gott, daß wir Bischöfe als gar nichts tun. Ich habe mit den und den Bischöfen davon Rede gehabt, aber es haftet nichts, es geht nichts zu Herzen“[21].

Allerdings gab es unter den „verweltlichten“ geistlichen Fürsten wohlmeinende und besorgte Landesväter, wie etwa den Trierer Erzbischof und Kurfürsten Richard von Greiffenklau und den Kölner Hermann von Wied[22]. Und es gab weltläufige Mäzene der Renaissance-Kunst und des Humanismus, wie Kardinal Albrecht von Brandenburg in Mainz, Magdeburg und Halberstadt und Kardinal Matthäus Lang von Wellenburg in Salzburg[23]. Diese Landesväter und Humanisten hatten Gespür auch für Anliegen der Kirchenreform, oder sie entwickelten zumindest partiell ein solches[24]. Jedenfalls sollte man den deutschen Episkopat im Zeitalter der Vorreformation und der Reformation nicht nur pauschal kritisieren. Ein nachtridentinisches oder gar

[21] *Joseph Georg Suttner*, Beiträge zur Geschichte des Protestantismus im Bistum Eichstätt, in: Pastoral-Blatt des Bisthums Eichstätt 1869 und 1870 (in Fortsetzungen), hier: 16. Jahrgang 1869, 177.

[22] *Schmidt*, Richard von Greiffenklau (Anm. 4). *August Franzen*, Hermann von Wied (1477 - 1552), in: Rheinische Lebensbilder, Bd. 3, Düsseldorf 1968, 57 - 77. *Ders.*, Hermann von Wied, Kurfürst und Erzbischof von Köln, in: Reuter (Hrsg.), Reichstag 1521 (Anm. 4), 297 - 315.

[23] *Jakob May*, Der Kurfürst, Cardinal und Erzbischof Albrecht II. von Mainz und Magdeburg, 2 Bde., München 1865/1875. *Anton Philipp Brück*, Kardinal Albrecht von Brandenburg, Kurfürst und Erzbischof von Mainz, in: Reuter (Hrsg.), Reichstag 1521 (Anm. 4), 257 - 270. *Franz Schrader*, Kardinal Albrecht von Brandenburg, Erzbischof von Magdeburg, im Spannungsfeld zwischen alter und neuer Kirche, in: *Ders.*, Reformation und katholische Klöster (Anm. 8), 11 - 34. *Manfred von Roesgen*, Kardinal Albrecht von Brandenburg. Ein Renaissancefürst auf dem Mainzer Bischofsthron, Moers 1980. *Heinz Scheible*, Fürsten auf dem Reichstag, in: Reuter (Hrsg.), Reichstag 1521 (Anm. 4), 369 - 398; zu Matthäus Lang: 383 - 389. *Hans Wagner*, Kardinal Matthäus Lang, in: Lebensbilder aus dem Bayerischen Schwaben, Bd. 5, München 1956, 45 - 69.

[24] Zahlreiche Belege hierfür bei: *Georg Pfeilschifter* (Hrsg.), Acta Reformationis Catholicae Ecclesiam Germaniae concernantia saeculi XVI. Die Reformverhandlungen des deutschen Episkopats von 1520 bis 1570, 6 Bde., Regensburg 1959/1974. — Eine Materialsammlung mit einseitiger Wertung: *Georg May*, Die deutschen Bischöfe angesichts der Glaubensspaltung des 16. Jahrhunderts, Wien 1983. — Ein wichtiges Beispiel: *August Franzen*, Bischof und Reformation. Erzbischof Hermann von Wied in Köln vor der Entscheidung zwischen Reform und Reformation (= KLK, 31), 2. Aufl. Münster 1972. Die Kardinäle Albrecht von Brandenburg und Matthäus Lang von Wellenburg förderten in Mainz und in Salzburg reformerisch engagierte Theologen wie Michael Helding, Julius Pflug und Berthold Pürstinger.

modern-„nachkonziliares" geistliches Idealbild des seelsorgerlichen Bischofs ist ein ungeeignetes Raster, und auch die Frage nach der Popularität und der geistlichen Autorität von Bischöfen im Reformationszeitalter muß differenziert gestellt werden[25].

Trotz vielfacher Verweltlichung und Reformunwilligkeit der Fürstbischöfe überlebten die geistlichen Fürstentümer im Reich zunächst einmal die Sturmjahre der Reformation. Jedoch waren die drei Jahrzehnte zwischen dem Bauernkrieg und dem Augsburger Religionsfrieden eine Phase extremer Schwäche der Reichskirche. Die Fortschritte der reformatorischen Bewegung drohten das hochstiftische Deutschland zu überrollen. Der Säkularisationsappetit altkirchlicher und neugläubiger Landesherren war zu spüren. Gerade von Karl V., dem Schützer der alten Kirche, nahm man an, daß er nach dem Muster von Utrecht nur zu gern auch nach dem westfälischen Münster gegriffen hätte, wo das chiliastische Reich der Wiedertäufer noch einmal einen radikalen Angriff auf einen geistlichen Fürstenstaat inszenierte[26].

Gegen die Bauern und gegen die Volksbewegung der Reformation, gegen die Täufer wie gegen den Kaiser, gegen alt- wie neugläubige Fürstenhäuser und gegen die evangelische Theologie blieben allerdings die Gewährleistungen des Reichsrechts wirksam. Und im Augsburger Religionsfrieden von 1555 wurde dann die Existenz der geistlichen Staaten der Reichskirche rechtlich festgeschrieben durch den geistlichen Vorbehalt. Der geistliche Vorbehalt verpflichtete die geistlichen Wahlfürsten im Falle ihres persönlichen Übertritts zum Protestantismus zur Niederlegung ihrer Würde[27].

Kurz vor dem Religionsfrieden war die Integrität geistlicher Fürstentümer noch einmal bedroht worden durch die Raubzüge des fränkischen Hohenzollern Markgraf Albrecht Alkibiades[28]. Aber im Gegenzug

---

25 *Moeller*, Zeitalter der Reformation (Anm. 2), 40 und 111. Aus höchst unterschiedlicher Perspektive geben *Moeller*, ebd., und *May*, Bischöfe (Anm. 24), 611 - 696, ein negatives Urteil über die Persönlichkeiten der deutschen Bischöfe im Reformationszeitalter ab. — Zum Versuch einer Differenzierung vgl. *Schwaiger*, Kritische Punkte (Anm. 6), 369 - 373.

26 *Alois Schröer*, Die Reformation in Westfalen. Der Glaubenskampf einer Landschaft, Bd. 2, Münster 1983, 317 - 474. *Helmut Neuhaus*, Das Reich und die Wiedertäufer von Münster, in: Westfälische Zeitschrift 133 (1983), 9 - 36.

27 *Martin Heckel*, Augsburger Religionsfriede 1555, in: *Ders.*, Staat und Kirche (= Jus Ecclesiasticum, 6), München 1968, 209 - 216. *Ders.*, Autonomia und Pacis Compositio. Der Augsburger Religionsfriede in der Deutung der Gegenreformation, in: ZRG KA 45 (1959), 141 - 248. *Ders.*, Parität, in: ZRG KA (1963), 261 - 420. *Gerhard Pfeiffer*, Der Augsburger Religionsfrieden und die Reichsstädte, in: Zeitschrift des Historischen Vereins für Schwaben 61 (1955), 213 - 321. *Hermann Tüchle*, Der Augsburger Religionsfriede. Neue Ordnung oder Kampfpause, in: ebd., 323 - 340. *Gerhard Pfeiffer*, Augsburger Religionsfriede, in: TRE 4 (1979), 639 - 645.

organisierten sich jetzt definitiv die Reichskreise als regionale Reichsorgane zur Landfriedenswahrung, und in die Organisation der Reichskreise waren die geistlichen Fürsten fest eingebunden. Das Kreis-Ausschreib-Amt kam in fast allen Reichskreisen hälftig einem geistlichen und einem weltlichen Fürsten zu, so zum Beispiel in Franken einerseits Bamberg und andererseits Ansbach bzw. Kulmbach-Bayreuth, in Schwaben Konstanz und Württemberg, im Oberrheinischen Reichskreis Worms und Hessen und im Niederrheinisch-Westfälischen Reichskreis Münster und Kleve-Jülich-Berg[29].

Die 1550er Jahre brachten mit dem Augsburger Religionsfrieden, mit dem geistlichen Vorbehalt, mit der Reichsexekutionsordnung und der Reichskreisorganisation den Abschluß des Zeitalters der Reichsreform und eine weitere reichsrechtliche Einbindung und Absicherung der geistlichen Fürstentümer im Reich[30].

Die Verrechtlichung des Reichsverbandes im Zeichen der Reichsreform als eine epochale Tendenz wirkte so der gleichzeitigen Herausforderung der Reichskirche durch die Reformation entgegen und bremste diese entscheidend. Pointiert gesprochen: Das säkulare Prinzip des Reichsrechts stand dialektisch gegen das theologische Prinzip der Reformation, der Kurerzkanzler und geistliche Reichspolitiker Berthold von Henneberg gegen den Reformator Martin Luther.

Der geistliche Vorbehalt wurde nach 1555 mit zunehmender Heftigkeit von den evangelischen Reichsständen bekämpft — dies ein Indikator für die Labilität der Religionsfriedensregelung von Augsburg. Mit dem Stichwort der „Freistellung" wurde evangelischerseits versucht, die Aufhebung des geistlichen Vorbehalts zu erreichen und die Religionsfreiheit für die Untertanen in den geistlichen Staaten durchzusetzen[31]. Wenn der geistliche Vorbehalt auch in den mitteldeutschen

---

[28] *Bernhard Sicken*, Albrecht Alcibiades von Brandenburg-Kulmbach, in: Fränkische Lebensbilder, Bd. 6, Würzburg 1975, 130 - 160.

[29] *Fritz Hartung*, Die Geschichte des Fränkischen Kreises von 1521 - 1559 (= Veröffentlichungen der Gesellschaft für fränkische Geschichte, 2. Reihe, 1), Leipzig 1910. *Adolf Laufs*, Der Schwäbische Kreis. Studien über Einungswesen und Reichsverfassung im deutschen Südwesten zu Beginn der Neuzeit (= Untersuchungen zur deutschen Staats- und Rechtsgeschichte, NF 16), Aalen 1971.

[30] *Rolf Decot*, Religionsfrieden und Kirchenreform. Der Mainzer Kurfürst und Erzbischof Sebastian von Heusenstamm 1545 - 1555 (= Veröffentlichungen des Instituts für Europäische Geschichte Mainz, 100). Wiesbaden 1980. *Albrecht Pius Luttenberger*, Glaubenseinheit und Reichsfriede. Konzeptionen und Wege konfessionsneutraler Reichspolitik 1530 - 1552. Kurpfalz, Jülich, Kurbrandenburg (= Schriftenreihe der Historischen Kommission bei der bayerischen Akademie der Wissenschaften, 20). Göttingen 1982. *Helmut Neuhaus*, Reichsständische Repräsentationsformen im 16. Jahrhundert. Reichstag, Reichskreistag, Reichsdeputationstag (= Schriften zur Verfassungsgeschichte, 33), Berlin 1982.

und den meisten norddeutschen Stiften nicht durchgesetzt werden konnte, so gewann er doch für den größeren Rest der Reichskirche seine Gültigkeit, und er stellte eine reichsrechtliche Norm auf zur Stützung des altkirchlichen Bekenntnisstandes in den geistlichen Fürstentümern im Nordwesten, Westen und Süden des Reiches.

In Mitteldeutschland und Norddeutschland kam es in Unterlaufung des geistlichen Vorbehalts zu einer teilweise verdeckten Protestantisierung fast aller geistlichen Staaten. Im Süden und im Westen dagegen setzten im Schutze des Augsburger Religionsfriedens in den Hochstiften Gegenreformation und katholische Reform ein, die nun mit einer Phasenverschiebung von mehreren Jahrzehnten altkirchlicherseits vieles von dem nachholten, was die Reformation in den neugläubigen Territorien an Modernisierungen gebracht hatte. Es sei hier auf die seit den 1550er Jahren in den geistlichen Staaten Süddeutschlands und Westdeutschlands einsetzenden Bildungsreformen hingewiesen, die einen der werbewirksamsten Programmpunkte der Reformation aufgriffen und den altkirchlichen Zwecken anverwandelten. Ein Modell bot das Fürstbistum Augsburg mit der von Kardinal Otto Truchsess von Waldburg seit 1549 aufgebauten Hochstiftsuniversität in Dillingen an der Donau[32]. In diesen Kontext gehörte auch die Gründung des Collegium Willibaldinum in Eichstätt im Jahre 1564 durch Fürstbischof Martin von Schaumberg, der erste Versuch einer tridentinischen Seminargründung zur Priesterausbildung in Deutschland[33].

In Augsburg und Eichstätt war die engagierte Parteinahme der Fürstbischöfe für die alte Kirche und für die altkirchliche katholische Reform nie zweifelhaft. Es gab jedoch anderswo vor und nach dem Religionsfrieden, auch in katholisch bleibenden Stiften, Fürstbischöfe mit einer schwankenden persönlichen Bekenntnishaltung. Ja, es gab sogar echte Reformationsversuche in geistlichen Staaten, Reformationsversuche, die von geistlichen Fürsten ausgingen.

---

31 *Martin Heckel*, Autonomia und Pacis Compositio (Anm. 27). *Ders.*, Deutschland im konfessionellen Zeitalter (= Deutsche Geschichte, 5), Göttingen 1983.

32 *Friedrich Zoepfl*, Kardinal Otto Truchsess von Waldburg, in: Lebensbilder aus dem Bayerischen Schwaben, Bd. 4. München 1955, 204 - 248. *Ders.*, Das Bistum Augsburg und seine Bischöfe im Reformationsjahrhundert (= Geschichte des Bistums Augsburg und seiner Bischöfe, 2). Augsburg 1969. *Anton Schindling*, Die katholische Bildungsreform zwischen Humanismus und Barock. Dillingen, Dole, Freiburg, Molsheim und Salzburg. Die Vorlande und die benachbarten Universitäten, in: Hans Maier und Volker Press (Hrsg.), Vorderösterreich in der frühen Neuzeit, Sigmaringen 1986 (erscheint demnächst).

33 *Andreas Bauch*, Das Collegium Willibaldinum im Wandel der Jahrhunderte, in: 400 Jahre Collegium Willibaldinum in Eichstätt, Eichstätt 1964, 22 - 117. *Ernst Reiter*, Martin von Schaumberg, Fürstbischof von Eichstätt (1560 - 1590) und die Trienter Reform (= RST, 91/92), Münster 1965.

In Köln haben zwei Mal Erzbischöfe versucht, die Reformation in dem Erzstift einzuführen: 1543 Erzbischof Hermann von Wied und 1583 Erzbischof Gebhard Truchsess von Waldburg. Parallel zu dem ersten Kölner Reformationsversuch erließ in Osnabrück der Fürstbischof Franz von Waldeck 1543 eine evangelische Kirchenordnung für seine Diözese, deren Sprengel nicht nur das Osnabrücker Hochstift, sondern auch das Niederstift Münster umfaßte[34].

Der Kölner und der Osnabrücker Reformationsversuch von 1543 scheiterten an dem politisch-militärischen Druck, den Kaiser Karl V. von den Niederlanden her ausübte, und an seinem Sieg im Schmalkaldischen Krieg. Der zweite Kölner Reformationsversuch wurde im Truchsessischen Krieg 1583/84 durch eine konzertierte Aktion der katholischen Schutzmächte Bayern und Habsburg verhindert. Die Entscheidung über das konfessionelle Schicksal Kölns und des geistlichen Westfalen war für die gesamte Reichskirche von eminenter Bedeutung. In den konfessionell umkämpften nordwestdeutschen Stiften kam es zu Weichenstellungen, die für das konfessionelle Kräfteverhältnis im gesamten Heiligen Römischen Reich relevant waren.

Für die Behauptung der alten Kirche im krisengeschüttelten Nordwesten war in den 1540er Jahren und in den 1580er Jahren entscheidend die Nähe der habsburgischen Niederlande. Karl V. ebenso wie Philipp II. wollten die Ausbreitung der Reformation in den geistlichen Anrainerstaaten ihrer Niederlande nicht dulden, und sie sicherten Köln sowie die westfälischen Stifte für den Katholizismus. Hier stand das habsburgische Machtzentrum Brüssel als das stärkste Bollwerk gegen reformatorische Veränderungstendenzen. Köln, Münster und Osnabrück waren gewissermaßen binnenländische Außenwerke der von Karl V. und Philipp II. projektierten burgundisch-niederländischen Festung der alten Kirche[35]. Allerdings gab es zumindest in Stadt und Stift Köln

---

[34] *Mechtild Köhn*, Martin Bucers Entwurf einer Reformation des Erzstiftes Köln. Untersuchung der Entstehungsgeschichte und der Theologie des „Einfaltigen Bedenckens“ von 1543 (= Untersuchungen zur Kirchengeschichte, 2), Witten 1966. *Franzen*, Hermann von Wied (Anm. 22). *Ders.*, Bischof und Reformation (Anm. 24). *Alois Schröer*, Die Reformation in Westfalen. Der Glaubenskampf einer Landschaft, 2 Bde., Münster 1979/1983. *Franz Petri* und *Georg Droege* (Hrsg.), Rheinische Geschichte, Bd. 2, Düsseldorf 1976; hier: *Franz Petri*, Im Zeitalter der Glaubenskämpfe (1500 - 1648), 1 - 217. *Wilhelm Kohl* (Hrsg.), Westfälische Geschichte Bd. 1, Düsseldorf 1983; hier: *Wilhelm Kohl*, Das Zeitalter der Glaubenskämpfe (1517 - 1618), 469 - 535. *Walter Ziegler*, Bayern, das Erzstift Köln und die großen Mächte im Jahr 1583, in: Godesberger Heimatblätter 21 (1983), 93 - 104.

[35] Das konfessionelle Schicksal der Hochstifte Münster und Osnabrück blieb freilich lange ungewiß und schwankend. Erst der Kölnische Krieg 1583/1584 und die bayerisch-kurkölnische Politik der Stabilisierung des Katholizismus und der Gegenreformation brachten die definitive Wende. — *R. Pochia Hsia*, Society and Religion in Münster 1535 - 1618 (= Yale historical

auch endogene Abwehrkräfte gegen die neugläubige Kirchenveränderung, und von der Metropole Köln gingen Einwirkungen auf die westfälischen Stifte aus.

Was die burgundisch-habsburgischen Niederlande im Nordwesten und Westen waren, das waren im Süden das Herzogtum Bayern und die österreichischen Länder, unter diesen vor allem Tirol und Vorderösterreich sowie Innerösterreich. Von Bayern und den österreichischen Ländern aus wurden die Bistümer der Salzburger Kirchenprovinz, also Salzburg selbst, Freising, Regensburg, das die österreichischen Donauländer umfassende Passau und das tirolische Brixen, kirchenpolitisch beeinflußt, ferner das zu Aquileja gehörende welschtirolische Trient und die zur mainzischen Kirchenprovinz gehörenden Bistümer Eichstätt, Augsburg und Konstanz[36]. Dazu kamen im Südwesten als stabil altkirchliche weltliche Territorien Vorderösterreich, das habsburgische Burgund — die Franche-Comté — sowie das Herzogtum Lothringen mit Einwirkungen auf die Erzbistümer und Bistümer Besançon, Basel, Straßburg und Trier sowie auf die zur Trierer Kirchenprovinz gehörenden Bistümer Metz, Toul und Verdun[37].

Man kann sagen, daß der Katholizismus in den geistlichen Staaten Süddeutschlands und Westdeutschlands seine Rückhalte in Brüssel und München, in Innsbruck, Graz und Nancy hatte. Der habsburgische Hof in Wien bzw. in Prag war nach dem Tod Ferdinands I. 1564 bekanntlich konfessionspolitisch von schwankender Haltung, bzw. er blieb inaktiv, während die Regenten von Innerösterreich und von Tirol und Vorderösterreich aktive katholische Politik betrieben. Ohne die Politik

---

publications, Miscellany 131), New Haven 1984. *Anton Schindling,* Westfälischer Frieden und Altes Reich. Zur reichspolitischen Stellung Osnabrücks in der Frühen Neuzeit, in: Osnabrücker Mitteilungen 90 (1985), 97 - 120. *Alois Schröer,* Die Kirche in Westfalen im Zeichen der Erneuerung 1555 - 1648, Bd. 1, Münster 1986.

36 *Joseph Hirn,* Erzherzog Ferdinand II. von Tirol. Geschichte seiner Regierung und seiner Länder, 2 Bde., Innsbruck 1885/1888. *Rudolf Reinhardt,* Die Beziehungen von Hochstift und Diözese Konstanz zu Habsburg-Österreich in der Neuzeit. Zugleich ein Beitrag zur archivalischen Erforschung des Problems „Kirche und Staat" (= Beiträge zur Geschichte der Reichskirche in der Neuzeit, 2), Wiesbaden 1966. *Konstantin Maier,* Residenz, Koadjutorie oder Resignation. Der Kampf Erzherzog Ferdinands von Österreich um das Bistum Konstanz, in: ZKiG 96 (1985), 344 - 376. *Schwaiger,* Kritische Punkte (Anm. 6).

37 *L. Vautrey,* Histoire des évêques de Bâle, Bd. 2, Einsiedeln 1886. *Wilhelm Brotschi,* Der Kampf Jakob Christoph Blarers von Wartensee um die religiöse Einheit im Fürstbistum Basel 1575 - 1608. Ein Beitrag zur Geschichte der katholischen Reform (= Studia Friburgensia, NF 13), Freiburg/Schweiz 1956. *Josef Schmidlin,* Die katholische Restauration im Elsaß am Vorabend des Dreissigjährigen Krieges, Freiburg 1934. *Francis Rapp* (Hrsg.), Le Diocèse de Strasbourg (= Histoire des Diocèses de France, 14), Paris 1982. *Leo Just,* Das Erzbistum Trier und die Luxemburger Kirchenpolitik von Philipp II. bis Joseph II., Leipzig 1931. Vgl. auch Anm. 5.

der katholischen Dynastien hätte wohl die alte Kirche im stiftischen Deutschland nirgendwo überlebt.

Die Politik der Habsburger, der bayerischen Wittelsbacher und der Lothringer konnte freilich altkirchliche Kräfte abstützen, die in mehreren Zentren des stiftischen Deutschland sich zäh und selbstbewußt behaupteten. Solche Zentren eines bodenständigen altkirchlichen Behauptungswillens waren vor allem Köln, Trier, Mainz, Würzburg und Augsburg. Es war kein Zufall, daß in diesen Stiften von den 1550er Jahren an sich die dynamischen Kräfte der katholischen Reform auch zuerst durchsetzten und in der Folge von hier regional weiter ausstrahlten — vor allem auf benachbarte, konfessionell labile geistliche Staaten. So kam es von Köln aus zu einer stabilisierenden altkirchlichen Einwirkung auf Münster und Paderborn, dann auch auf Osnabrück und Hildesheim, aber auch auf Straßburg. Von Mainz und Trier aus gab es Einwirkungen auf Worms und Speyer und von Würzburg aus auf Fulda und Bamberg[38].

Wenn man die Entwicklung der deutschen Reichskirche von den Sturmjahren der Reformation bis zu den Konfessionskämpfen des Dreißigjährigen Krieges und bis zum Westfälischen Frieden überblickt, so gab es eine Mehrzahl von typischen Faktoren, welche die Glaubensentscheidung von Fürstbischöfen und Hochstiften bestimmten. Die Alternative für die meisten geistlichen Fürstentümer fast das ganze 16. Jahrhundert hindurch hieß dabei nicht Katholizismus oder Protestantismus, sondern vielmehr entweder altkirchliche katholische Reform oder aber traditionalistisches und indifferentes Treibenlassen. Entweder engagierte sich der geistliche Fürst für den Reformkatholizismus und für eine demgemäße Kirchenreform und Konfessionalisierung in seinem Hochstift, oder er verharrte bei einer unentschiedenen und desinteressierten Haltung, wobei im zweiten Falle die aufgeschobene Kirchenreform und das Ausweichen vor Konfessionsbildung effek-

---

38 *Schröer*, Reformation in Westfalen (Anm. 34). *Ders.*, Kirche in Westfalen (Anm. 35). *Adolf Bertram*, Geschichte des Bistums Hildesheim, Bde. 2 und 3, Hildesheim 1916/1925. *Hahn*, Johann von Manderscheid (Anm. 50). *Volker Press*, Das Hochstift Speyer im Reich des späten Mittelalters und der frühen Neuzeit. Portrait eines geistlichen Staates, in: Volker Press, Eugen Reinhard und Hansmartin Schwarzmaier (Hrsg.), Barock am Oberrhein (= Oberrheinische Studien, 6), Karlsruhe 1985, 251 - 290. *Hans Ammerich*, Formen und Wege der katholischen Reform in den Diözesen Speyer und Straßburg. Klerusreform und Seelsorgereform, in: ebd., 291 - 327. *Alfred Wendehorst*, Das Bistum Würzburg, Teil 3: Die Bischofsreihe von 1455 bis 1617 (= Germania Sacra, NF 13), Berlin 1978. *Berthold Jäger*, Das geistliche Fürstentum Fulda in der Frühen Neuzeit. Landesherrschaft, Landstände und fürstliche Verwaltung. Ein Beitrag zur Verfassungs- und Verwaltungsgeschichte kleiner Territorien des Alten Reiches (= Schriften des hessischen Landesamtes für geschichtliche Landeskunde, 39), Marburg/Lahn 1986. Zu Bamberg vgl. Anm. 41.

tiv der Ausbreitung des Protestantismus zu Gute kamen, zumindest aber zur Ausbildung von protestantisierenden Mischformen beitrugen[39].

Katholische Reformbischöfe, wie Kardinal Otto Truchsess von Waldburg in Augsburg, Martin von Schaumberg in Eichstätt, Julius Echter von Mespelbrunn in Würzburg, Daniel Brendel von Homburg in Mainz und Jakob III. von Eltz in Trier[40], standen seit der Mitte des 16. Jahrhunderts reformdesinteressierten Bischöfen gegenüber, wie etwa Johann Philipp von Gebsattel in Bamberg[41], sowie kaum kaschierten Protestanten, wie etwa Heinrich von Sachsen-Lauenburg, dem Erzbischof von Bremen und Fürstbischof von Osnabrück und Paderborn, oder Heinrich Julius von Braunschweig-Wolfenbüttel, dem Fürstbischof von Halberstadt, und dem Magdeburger Erzbischof Joachim Friedrich von Brandenburg[42]. In Norddeutschland schien der Weg zu evangelischen Reichskirchen-Fürstentümern offen.

---

39 Für religiös-kultische Mischformen zwischen alter Kirche und neuem Glauben bot das Fürstbistum Osnabrück eindrucksvolle Beispiele: *Franz Flaskamp*, Reformation und Gegenreformation im Hochstift Osnabrück. Tatsachen und Bedingtheiten, in: Westfälische Forschungen 11 (1958), 68 - 74. *Theodor Penners*, Zur Konfessionsbildung im Fürstbistum Osnabrück. Die ländliche Bevölkerung im Wechsel der Reformationen des 17. Jahrhunderts, in: Jahrbuch der Gesellschaft für niedersächsische Kirchengeschichte 72 (1974), 25 - 50.

40 *Zoepfl*, Otto Truchsess von Waldburg (Anm. 32). *Reiter*, Martin von Schaumberg (Anm. 33). *Wendehorst*, Bistum Würzburg, Teil 3 (Anm. 38), 162 - 238. *Mathilde Krause*, Die Politik des Mainzer Kurfürsten Daniel Brendel von Homburg 1555 - 1582, Darmstadt 1931. *Victor Conzemius*, Jakob III. von Eltz, Erzbischof von Trier 1567 - 1581. Ein Kurfürst im Zeitalter der Gegenreformation (= Veröffentlichungen des Instituts für Europäische Geschichte Mainz, 12), Wiesbaden 1956.

41 *Götz Freiherr von Pölnitz*, Der Bamberger Fürstbischof Johann Philipp von Gebsattel und die deutsche Gegenreformation 1599 - 1609, in: HJb 50 (1930), 47 - 69. Allgemein zu Bamberg im 16. Jahrhundert: *Johannes Kist*, Fürst- und Erzbistum Bamberg. Leitfaden durch ihre Geschichte von 1007 bis 1943, 2. Aufl. Bamberg 1958. *Werner Zeißner*, Altkirchliche Kräfte in Bamberg unter Bischof Weigand von Redwitz 1522 - 1556 (= Historischer Verein Bamberg, Beiheft 6), Bamberg 1975.

42 *Johannes Meier*, Heinrich von Lauenburg als Fürstbischof von Osnabrück und Paderborn zwischen Reformation und katholischer Reform, in: Paderbornensis Ecclesia. Beiträge zur Geschichte des Erzbistums Paderborn, Paderborn 1972, 245 - 266. *Franz Schrader*, Der Katholizismus im Bistum Halberstadt von der Reformation bis zum Westfälischen Frieden, in: ebd., 267 - 301. *Ders.*, Die Visitationen der katholischen Klöster im Erzbistum Magdeburg durch die evangelischen Landesherren 1561 - 1651 (= RST, 99), Münster 1969. *Max Lossen*, Der Magdeburger Sessionsstreit auf dem Augsburger Reichstag 1582, München 1893. — „Die in der Literatur herrschende Ansicht, daß die protestantischen Bischöfe allgemein den Titel ‚Administrator' geführt hätten, findet in den Urkunden keinen Rückhalt. Der Titel, den der (vom Domkapitel) Gewählte führte, war regelmäßig der bischöfliche"; so *Heckel*, Evangelische Dom- und Kollegiatstifter Preussens (Anm. 44), 51. — Zu dem frühen Experiment eines lutherischen Fürstbischofs vgl. *Peter Brunner*, Nikolaus von Amsdorf als Bischof von Naumburg (= SVRG, 179), Gütersloh 1961. *Irmgard Höß*, Episcopus Evangelicus. Versuche mit dem Bischofs-

Wenn ich nun zu einer *Typologie* der Faktoren komme, welche die leichte Protestantisierung der geistlichen Staaten erschwerten und hemmten, so sind an *erster* Stelle zweifelsohne die Einbindung der Erzstifte und Stifte als Stände in die Reichsverfassung zu nennen und, damit korrelierend, die Verrechtlichung des Reichsverbandes durch die Reichsreform. Solange das Reichsoberhaupt katholisch war und solange der Reichstag als das zentrale Ständegremium in der Form funktionierte, wie es sich in der maximilianeischen Ära herausgebildet hatte, solange konnten die geistlichen Fürsten der Reichskirche politisch und rechtlich nur schwer zum Protestantismus überwechseln. Freilich das Verharren bei formaler Altkirchlichkeit bedeutete, wie gerade schon gesagt, noch lange kein Engagement für die katholische Reform und für eine entsprechende Konfessionalisierungspolitik.

Die besonders sicher zur alten Kirche haltenden geistlichen Fürstentümer waren bezeichnenderweise die in den traditionellen Kerngebieten des Reiches am Rhein, in Schwaben, in Franken und in Bayern, also in den Landschaften, die schon seit langem besonders königsnah waren bzw. deren Geschick mit dem zentralen Geschehen im Reich immer besonders eng verflochten war. Die geistlichen Fürstentümer in den reichsfernen Zonen Norddeutschlands und Mitteldeutschlands gingen demgegenüber im Laufe des 16. Jahrhunderts zum Protestantismus über — es waren dies die Bistümer der Kirchenprovinzen von Magdeburg und Bremen.

Neben der Reichsbindung von Erzbistümern, Bistümern und regionalen Bistumsgruppen steht als ein *zweiter* grundlegend wichtiger Faktor die Einbindung von Reichskirchen-Fürstentümern in regionale politische Konstellationen. Die oft mindermächtigen geistlichen Fürstentümer gehörten vielfach zu Klientel- und Satellitensystemen im Umfeld von größeren weltlichen Territorialmächten[43]. Die Anbindung der Bistümer der Salzburger Kirchenprovinz an Bayern bzw. an Österreich hatte im Norden Entsprechungen in der Magdeburger und in der Bremer Kirchenprovinz. In Sachsen, Brandenburg, Mecklenburg und Pommern waren die Bistümer Meißen, Naumburg und Merseburg, Brandenburg, Havelberg und Lebus, Schwerin, Ratzeburg und Kammin schon am Vorabend der Reformation von den Landesherren auf eine quasi-mediate Stellung herabgedrückt worden. Sie waren faktisch Landesbistümer. Die frühzeitige Protestantisierung und Säkularisation

---

amt im deutschen Luthertum des 16. Jahrhunderts, in: Erwin Iserloh (Hrsg.), Confessio Augustana und Confutatio. Der Augsburger Reichstag 1530 und die Einheit der Kirche (= RST, 118), Münster 1980, 499 - 523 (mit Diskussion).

[43] *Richard Lossen*, Staat und Kirche in der Pfalz im Ausgang des Mittelalters (= Vorreformationsgeschichtliche Forschungen, 3), Münster 1907. *Paul Kirn*, Friedrich der Weise und die Kirche, Leipzig 1926.

dieser Bistümer in eklatantem Widerspruch zum Augsburger Religionsfrieden ergab sich angesichts der Machtkonstellation nach dem Übertritt der weltlichen Landesherren zur Reformation und nach einer reichspolitisch notwendigen Schamfrist beinahe von selbst. In der Übergangsphase wurden die ehemaligen geistlichen Hochstifte manchmal als Sekundogenituren der regierenden landesfürstlichen Dynastie geführt, so Naumburg-Zeitz und Kammin. Ihre territoriale Selbständigkeit schwand jedoch schnell, Sitz und Stimme auf dem Reichstag wurden meistens nicht mehr wahrgenommen[44]. Allerdings überlebten die Domkapitel mehrfach als evangelische Korporationen die Aufhebung des Hochstifts-Status der ehemaligen geistlichen Fürstentümer — beispielsweise in Meißen, Naumburg, Merseburg, Brandenburg, Magdeburg, Halberstadt und Kammin — da die Kapitel im Versorgungsinteresse des landsässigen Adels wünschenswert waren[45].

Als Hochstift in der Verfassungsform eines geistlichen Staates blieb östlich der Elbe dauerhaft nur das Fürstbistum Lübeck, es bestand als ein evangelisches geistliches Fürstentum mit Sitz und Stimme auf dem Reichstag bis zum Ende des Alten Reiches.

Westlich von Elbe und Saale war die territoriale und politische Selbständigkeit geistlicher Fürstentümer deutlich stärker ausgebildet. Aber auch hier konnten sich die Erzstifte Magdeburg und Bremen sowie die Stifte Halberstadt, Verden und Minden nicht dem reformatorischen Druck entziehen, der von der Politik weltlicher protestantischer Dynastien ausging, von den Hohenzollern, den Welfen und dem dänischen Königshaus[46].

---

[44] *Johannes Heckel*, Die evangelischen Dom- und Kollegiatstifter Preussens insbesondere Brandenburg, Merseburg, Naumburg, Zeitz. Eine rechtsgeschichtliche Untersuchung (= Kirchenrechtliche Abhandlungen, 100/101), Stuttgart 1924; hier: 2. Kapitel. Die Besetzung der Bistümer mit Protestanten, 16 - 81. — Von den Reichstagsstimmen der Bischöfe aus Sachsen, Brandenburg, Mecklenburg und Pommern wurden nur Sitz und Stimme für Kammin weitergeführt und nach der reichsrechtlichen Säkularisation des Hochstifts Kammin im Westfälischen Frieden von dem neuen Landesherrn, dem Kurfürsten von Brandenburg, wahrgenommen. Dasselbe galt für die Reichstagsstimmen der säkularisierten Stifte Magdeburg, Halberstadt und Minden: IPO Art. XI.

[45] *Heckel*, Evangelische Dom- und Kollegiatstifter Preussens (Anm. 44). *Dietrich Pietschmann*, Die Säkularisation des Domkapitels in Magdeburg und seiner Nebenstifter. Stiftische Herrschaften im späten Feudalismus, in: Franz Schrader (Hrsg.), Beiträge zur Geschichte des Erzbistums Magdeburg (= Studien zur katholischen Bistums- und Klostergeschichte, 11), Leipzig 1968, 123 - 154. *Wolfgang Neugebauer*, Die Stände in Magdeburg, Halberstadt und Minden im 17. und 18. Jahrhundert, in: Peter Baumgart (Hrsg.), Ständetum und Staatsbildung in Brandenburg-Preußen. Ergebnisse einer internationalen Fachtagung (= Veröffentlichungen der Historischen Kommission zu Berlin, 55), Berlin 1983, 170 - 207.

[46] *Theodor Wolters*, Erzbischof Christophs Kampf um das geistliche Fürstentum in den Stiftern Bremen und Verden, Hamburg 1939. *Karl H. Schleif*,

Die Einbindung der geistlichen Fürstentümer in regionale politische Konstellationen, in Klientel- und Satellitensysteme, hängt eng zusammen mit einem *dritten* hier zu nennenden reformationshemmenden Faktor, nämlich mit den dynastischen und sozialen Verflechtungen der fürstbischöflichen Stühle und der Domkapitel.

Die deutsche Reichskirche war auf der Ebene der Domkapitel und der Erzbischofs- und Bischofsstühle eine Adelskirche — abgesehen von ganz wenigen Ausnahmen wie etwa dem Salzburger Erzbischof Matthäus Lang, dem vertrauten Rat und Schützling Kaiser Maximilians I., der aus dem bürgerlichen Patriziat der freien Reichsstadt Augsburg stammte[47]. Die meisten Domkapitel waren fest in der Hand von bestimmten, zumeist regionalen Adelsgruppen. Die adeligen Domherren wählten die Erzbischöfe und Bischöfe entweder aus ihrer eigenen Adelsschicht oder aus dem Reichsfürstenstand. Die großen Dynastien, die Wittelsbacher, die Wettiner, die Hohenzollern und die Welfen, betrieben zielstrebig Bistumspolitik, in der Absicht, auf diesem Weg geistliche Sekundogenituren auszubilden. Am erfolgreichsten waren mit solcher Bistumspolitik schließlich im Zeichen der Gegenreformation die bayerischen Wittelsbacher in Kurköln, in Lüttich und in Westfalen — daneben in den im unmittelbaren bayerischen Einwirkungsbereich gelegenen Bistümern Freising und Regensburg[48]. Bekanntlich war das Erzbistum Köln von 1583 bis 1761 eine geistliche Sekundogenitur der bayerischen Wittelsbacher.

Für die Glaubensentscheidung geistlicher Fürstentümer im 16. Jahrhundert war es wichtig, ob das Stift in der traditionellen Einflußzone einer starken weltlichen Dynastie lag. So war das Erzstift Magdeburg

---

Regierung und Verwaltung des Erzstifts Bremen am Beginn der Neuzeit 1500 - 1645. Eine Studie zum Wesen der modernen Staatlichkeit (= Schriftenreihe des Landschaftsverbandes Stade, 1), Hamburg 1972. *Gottfried Lorenz*, Das Erzstift Bremen und der Administrator Friedrich während des Westfälischen Friedenskongresses. Ein Beitrag zur Geschichte des schwedisch-dänischen Machtkampfes im 17. Jahrhundert (= Schriftenreihe der Vereinigung zur Erforschung der neueren Geschichte, 4), Münster 1969.

[47] Zu Matthäus Lang vgl. Anm. 23. — Zu der Beziehung von Adel und Kirche: *Volker Press*, Führungsgruppen in der deutschen Gesellschaft im Übergang zur Neuzeit um 1500, in: Hans Hubert Hofmann und Günther Franz (Hrsg.), Deutsche Führungsschichten in der Neuzeit. Eine Zwischenbilanz (= Deutsche Führungsschichten in der Neuzeit, 12), Boppard 1980, 29 - 77. *Ders.*, Adel, Reich und Reformation, in: Wolfgang J. Mommsen (Hrsg.), Stadtbürgertum und Adel in der Reformation. Studien zur Sozialgeschichte der Reformation in England und Deutschland (= Veröffentlichungen des Deutschen Historischen Instituts London, 5), Stuttgart 1979, 330 - 383.

[48] *Günther von Lojewski*, Bayerns Weg nach Köln. Geschichte der bayerischen Bistumspolitik in der zweiten Hälfte des 16. Jahrhunderts (= Bonner Historische Forschungen, 21), Bonn 1962. *Petri* und *Droege* (Hrsg.), Rheinische Geschichte (Anm. 34). *Kohl* (Hrsg.), Westfälische Geschichte (Amn. 34). *Ziegler*, Bayern (Anm. 34).

traditionell offen für die sächsischen Wettiner und für die brandenburgischen Hohenzollern, die beide zur Reformation übertraten. Ähnliches galt für Minden hinsichtlich der Welfen. Die protestantische Entwicklung in den geistlichen Staaten östlich der Weser war eine Folge der Glaubensentscheidung in den führenden weltlichen Territorien dieses Raumes. Nur Hildesheim war ein Sonderfall, der durch die enge Anlehnung dieses schwachen Stifts an die Metropolitankirche von Mainz, dann auch an Kurköln, zu erklären ist[49].

Das Kölner Metropolitankapitel und das Straßburger Domkapitel waren exklusiv Söhnen des Reichsgrafenstandes vorbehalten. Man sprach deshalb von den Kölner Domgrafen, sie waren gewissermaßen der „kölsche Klüngel" in dem geistlichen Deutschland. Die enge Verbindung der westfälischen Bistümer zu der Metropolitankirche Köln zeigte sich darin, daß die ritterschaftlichen Domkapitel in Westfalen vorzugsweise Kölner Domgrafen zu Fürstbischöfen wählten. Auch Paderborn gehörte zu diesem Kölner Einwirkungsbereich, obwohl es Suffragan von Mainz war. Ähnliches galt für Straßburg[50]. Anders als die Erzbischöfe hat das Kölner Domkapitel stets mehrheitlich für die alte Kirche Partei ergriffen. Damit hat diese in Nordwestdeutschland führende geistliche Korporation wesentlich dazu beigetragen, die Position der geistlichen Fürstentümer zwischen Rhein und Weser zu stabilisieren. Den beiden erzbischöflichen Reformationsversuchen in Köln 1543 und 1583 hat die Domkapitelsmehrheit einen entschiedenen Widerstand entgegengesetzt.

Die Stifte am Mittelrhein, in Franken und in Schwaben waren nicht durch die Bistumspolitik einer der großen Dynastien dominiert. Hier war kennzeichnend, daß alle Domkapitel, außer dem Straßburger, mit Söhnen der reichsunmittelbaren Ritterschaft besetzt waren und daß aus deren Familien auch meist die geistlichen Wahlfürsten kamen.

Es bestand eine politische und soziale Symbiose der Erzstifte Mainz und Trier, der Stifte Würzburg, Bamberg, Eichstätt, Augsburg, Konstanz, Speyer und Worms sowie der Fürstabteien Fulda und Kempten und der Fürstpropstei Ellwangen mit der reichsritterschaftlichen Korpora-

---

49 *Bertram,* Bistum Hildesheim (Anm. 38).

50 *Hans Jürgen Brandt* und *Karl Hengst,* Die Bischöfe und Erzbischöfe von Paderborn, Paderborn 1984. *Karl Hahn,* Die kirchlichen Reformbestrebungen des Straßburger Bischofs Johann von Manderscheid 1569 - 1592 (= Quellen und Forschungen zur Kirchen- und Kulturgeschichte von Elsass und Lothringen, 3), Straßburg 1913. *Max Lossen,* Der Anfang des Straßburger Kapitelstreits, in: Abhandlungen der historischen Classe der königl. Bayer. Akademie der Wissenschaften 18 (1889), 743 - 806. *Aloys Meister,* Der Straßburger Kapitelstreit 1583 - 1592. Ein Beitrag zur Geschichte der Gegenreformation, Straßburg 1899.

tion[51]. Die reichsunmittelbare Ritterschaft konnte bei ihrer engen politischen Anbindung an den Kaiser gar nicht anders, als den altkirchlichen Konfessionsstand der Stifte zu wahren, wenn es auch vielleicht vereinzelt Träumereien von einer säkularisierten Reichskirche als protestantischer Adelskorporation gab[52]. Immerhin kam es mehrfach zu der Ambivalenz, daß die Ritter in ihren eigenen reichsunmittelbaren Herrschaften den evangelischen Glauben förderten, daß die gleichen Familien mit anderen Mitgliedern aber wegen der Stiftspfründen am katholischen Bekenntnis festhielten[53].

Nur im Zeichen der alten Kirche konnte die reichsunmittelbare Ritterschaft ihre soziale und politische Position in den Domkapiteln zwischen Mainz, Trier, Bamberg und Konstanz behaupten. Immerhin eröffnete diese Verflechtung den Familien der reichsunmittelbaren Ritterschaft die einzigartige Chance, daß einer der ihren zu der ersten Kur-

---

[51] *Günter Rauch*, Das Mainzer Domkapitel in der Neuzeit. Zu Verfassung und Selbstverständnis einer adeligen geistlichen Gemeinschaft, in: ZRG KA 92 (1975), 161 - 227, 93 (1976), 194 - 278, und 94 (1977), 132 - 179. *Volker Press*, Die Reichsritterschaft im Reich der frühen Neuzeit, in: Nassauische Annalen 87 (1976), 101 - 122. *Ders.*, Ellwangen, Fürststift im Reich des späten Mittelalters und der frühen Neuzeit, in: Ellwanger Jahrbuch 30 (1983/84), 7 - 30.

[52] *Press*, Adel, Reich und Reformation (Anm. 47), 366. *Ders.*, Soziale Folgen der Reformation in Deutschland, in: Marian Biskup und Klaus Zernack (Hrsg.), Schichtung und Entwicklung der Gesellschaft in Polen und Deutschland im 16. und 17. Jahrhundert (= VSWG, Beiheft 74), Wiesbaden 1983, 196 - 243; hier 207 - 209. — Zu bikonfessionellen geistlichen Adelskorporationen entwickelten sich die beiden Ritterorden im Reich, der Deutsche Orden und der Johanniterorden. Für den Deutschen Orden bürgerte sich in besonderem Maße die Bezeichnung „Spital des deutschen Adels" ein. *Hans Hubert Hofmann*, Der Staat des Deutschmeisters. Studien zu einer Geschichte des Deutschen Ordens im Heiligen Römischen Reich Deutscher Nation (= Studien zur Bayerischen Verfassungsgeschichte, 3), München 1964. *Axel Herrmann*, Der Deutsche Orden unter Walter von Cronberg 1525 - 1543. Zur Politik und Struktur des ‚Teutschen Adels Spitale' im Reformationszeitalter (= Quellen und Studien zur Geschichte des Deutschen Ordens 35), Bonn 1974. *Tumler* und *Arnold*, Der Deutsche Orden (Anm. 15). *Bernhard Demel*, Der Deutsche Orden zwischen Bauernkrieg (1525) und Napoleon (1809). Ein Beitrag zur neuzeitlichen Ordensgeschichte, in: Udo Arnold (Hrsg.), Von Akkon bis Wien. Studien zur Deutschordensgeschichte vom 13. bis zum 20. Jahrhundert (= Quellen und Studien zur Geschichte des Deutschen Ordens, 20), Marburg/Lahn 1978, 177 - 207. *Ernst Opgenoorth*, Die Ballei Brandenburg des Johanniterordens im Zeitalter der Reformation und Gegenreformation (= Beiheft zum Jahrbuch der Albertus-Universität Königsberg, 24), Würzburg 1963. *Walter Gerd Rödel*, Das Großpriorat Deutschland des Johanniter-Ordens im Übergang vom Mittelalter zur Reformation anhand der Generalvisitationsberichte von 1494/95 und 1540/41, 2. Aufl. Köln 1972.

[53] *Press*, Adel, Reich und Reformation (Anm. 47). *Helmut Neumaier*, Reformation und Gegenreformation im Bauland unter besonderer Berücksichtigung der Ritterschaft (= Forschungen aus Württembergisch Franken, 13), Schwäbisch Hall 1978. *Christoph Bauer*, Die Einführung der Reformation, die Ausgestaltung des evangelischen Kirchenwesens und die Auswirkungen der Gegenreformation im Gebiet der Herren von Thüngen (= Einzelarbeiten aus der Kirchengeschichte Bayerns, 60), Neustadt/Aisch 1985.

fürstenwürde des Reiches, nämlich der des Mainzer Erzbischofs und Erzkanzlers, aufsteigen konnte. Für die vom Reichsadel geprägte Reichskirchenlandschaft zwischen Rhön und Bodensee waren der Mainzer Martinsdom und die kurfürstliche Martinsburg gewissermaßen ideelles und politisches Zentrum[54].

Die dynastischen und sozialen Verflechtungen der fürstbischöflichen Stühle und der Domkapitel wirkten also regional ganz unterschiedlich: In Norddeutschland und Mitteldeutschland zugunsten der Reformation, im Süden und Westen zugunsten der alten Kirche.

Bislang war vom Reichsrecht, von dynastischer Bistumspolitik und adeliger Standespolitik die Rede. Es erhebt sich nunmehr die Frage, ob es nicht auch geistige und genuin religiöse Einflüsse auf Bischöfe und Domkapitel gab, die die Glaubensentscheidung in den Hochstiften für oder gegen die Reformation mitbestimmten.

In meiner Typologie der reformationshemmenden Faktoren komme ich damit zu dem *vierten* und letzten Punkt, nämlich zu der altkirchlichen Bildung und Frömmigkeit in den geistlichen Fürstentümern.

Zunächst einmal gilt es festzustellen, daß keines der Hochstifte in einem besonderen Maße ein geistiges Ausbreitungszentrum der reformatorischen Bewegung wurde. Allenfalls von Magdeburg und Bremen ließe sich das sagen, aber hier kam der Faktor der autonomen Bürgerstadt zum Tragen, die sich weitgehend von der erzbischöflichen Stadtherrschaft gelöst hatte. Die autonomen Städte Magdeburg und Bremen sind hinsichtlich der Rezeption der Reformation zu vergleichen mit süddeutschen freien Reichsstädten wie Augsburg und Straßburg, die ja politisch und herrschaftlich längst keine Bischofsstädte mehr waren[55].

Die Gleichsetzung von „Reichsstadt und Reformation", die abgesehen von einigen Ausnahmen Geltung hat[56], fand im Norden ihre Entspre-

54 *Franz Anton Werner*, Der Dom von Mainz und seine Denkmäler, Bd. 2, Mainz 1836. *Andreas Ludwig Veit*, Kirche und Kirchenreformation in der Erzdiözese Mainz im Zeitalter der Glaubensspaltung und der beginnenden tridentinischen Reformation 1517 - 1618 (= Erläuterungen und Ergänzungen zu Janssens Geschichte des deutschen Volkes, X 3), Freiburg 1920. *Anton Philipp Brück*, Geschichte der Stadt Mainz, Bd. 5: Mainz vom Verlust der Stadtfreiheit bis zum Ende des Dreißigjährigen Krieges 1462 - 1648, Düsseldorf 1972. *Rauch*, Mainzer Domkapitel (Anm. 51). *Decot*, Religionsfrieden und Kirchenreform (Anm. 30).

55 *F. W. Hoffmann*, Geschichte der Stadt Magdeburg, bearb. von G. Hertel und F. Hülße, Bd. 1, Magdeburg 1885. *Schrader*, Albrecht von Brandenburg (Anm. 23). *Bernd Moeller*, Die Reformation in Bremen, in: Jahrbuch der Wittheit zu Bremen 17 (1973), 51 - 73. *Herbert Schwarzwälder*, Geschichte der Freien Hansestadt Bremen, Bd. 1, Bremen 1975.

56 Hierzu die für den Gang der Forschungsdiskussion in den letzten zwei Jahrzehnten sehr wichtige Studie: *Bernd Moeller*, Reichsstadt und Reforma-

chung im religiösen Verhalten vieler autonomer Städte. Eine Antithese zu der Formel „Reichsstadt und Reformation“ etwa mit der Gleichsetzung von „Reichskirche und Gegenreformation“ bzw. „Reichskirche und katholische Reform“ wäre allerdings nur partiell richtig. Immerhin verdient die Frage noch weiteres Nachdenken, ob die Reichskirche als Korporation um 1500/1520 im ganzen reformierbar war, etwa im Horizont der „Gravamina Nationis Germanicae“[57]. Das Reformationsgeschehen begrub diese Möglichkeit, die vielleicht doch einen historischen Augenblick lang gegeben war. Die Antithese zu „Reichsstadt und Reformation“ hieß vor allem „Territorium und Gegenreformation“, wobei die weltlichen Territorien Bayern, Österreich, Niederlande-Burgund einen Vorsprung vor den meisten geistlichen Fürstentümern hatten. Dieser Vorsprung galt hinsichtlich der religionspolitischen Durchsetzungsfähigkeit im Territorium und teilweise auch hinsichtlich der Mobilisierung von geistigen Kräften im Glaubenskampf, so daß man auch die Formel „Territorium und katholische Reform“ verwenden könnte[58].

Die geistigen und religiösen Resistenzkräfte gegen die Ausbreitung der Reformation im hochstiftischen Deutschland waren in ihrer Wirksamkeit meistens zwar schwächer als die bereits genannten rechtlichen, politischen, dynastischen und sozialen Hemmfaktoren. Aber die Reichs-

---

tion (= SVRG, 180), Gütersloh 1962. Die wichtigste Ausnahme war die freie Reichsstadt Köln.

[57] Hierzu sehr anregende Überlegungen bei *Angermeier*, Reichsreform und Reformation (Anm. 2), und *Ders.*, Reichsreform und Reformation in der deutschen Geschichte (Anm. 20).

[58] So sehr die großen Städte wichtig waren als Ausbreitungszentren der evangelischen Bewegung bzw. im Falle von Köln als ein Abwehrzentrum der alten Kirche, ausschlaggebend für die Einführung der Reformation in weiten Teilen des Reiches waren weltliche Territorien, wie Kursachsen, Hessen und Württemberg, und ebenso stellten die weltlichen Territorien Niederlande-Burgund, Österreich, Bayern und Lothringen auf Dauer die entscheidende Abwehrfront der alten Kirche dar. — Kaiser Karl V. in den Niederlanden, König Ferdinand I. in den österreichischen Erblanden und die bayerischen Herzöge bemühten sich auch um die Mobilisierung von geistigen Abwehrkräften. Dabei spielten die Landesuniversitäten in Löwen, Wien und Ingolstadt eine Rolle ebenso wie Bischofsstühle im habsburgischen Machtbereich, auf deren Besetzung der Landesherr einen Einfluß hatte. In Wien setzte Ferdinand I. nacheinander die katholischen Reformtheologen Johannes Fabri und Friedrich Nausea als Bischöfe ein. — Während der 1520er und 1530er Jahre gehörte zu den weltlichen Territorien, die die Abwehr der reformatorischen Bewegung betrieben, auch das Herzogtum Sachsen unter Georg dem Bärtigen. Von der Residenzstadt Dresden und der Universitätsstadt Leipzig aus wurde dabei auch die geistige Auseinandersetzung geführt. — *Heribert Smolinsky*, Augustin von Alveldt und Hieronymus Emser. Eine Untersuchung zur Kontroverstheologie der frühen Reformationszeit im Herzogtum Sachsen (= RST, 122), Münster 1984. — Ein Beispiel für die hier skizzierte Problematik von „Territorium und katholische Reform“: *Arno Seifert*, Weltlicher Staat und Kirchenreform. Die Seminarpolitik Bayerns im 16. Jahrhundert (= RST, 115), Münster 1978.

kirche verfügte über theologische, geistliche und moralische Reserven in den geistlichen Fürstentümern, die durch die reformatorische Herausforderung aktiviert wurden und die einer schnellen Ausbreitung der Reformation gerade hier entgegenstanden.

Es war kein Zufall, daß die reformatorische Bewegung in den meisten Bischofsstädten keine solche Resonanz fand, ja finden konnte, wie in sehr vielen Reichsstädten. Das religiöse Glaubwürdigkeitsdefizit der alten Kirche war hier offenbar geringer, ja mancherorts vielleicht kaum vorhanden[59]. Wo eine anspruchsvolle scholastische Theologie, spätmittelalterliche Frömmigkeitsbewegungen wie die Devotio Moderna, eine erneuerte Spiritualität in aktiven geistlichen Gemeinschaften, ein seelsorgerlich orientiertes Priesterideal im Welt- und vor allem im Ordensklerus oder der christliche Humanismus festen Fuß gefaßt hatten, dort hatte es die reformatorische Botschaft schwerer, ihrerseits eine breite und aktive Basis bei Klerikern oder Laien zu gewinnen. Diese geistes-, bildungs- und frömmigkeitsgeschichtlichen Momente verstärkten die politische Barriere gegen die Reformation.

Vor allem die drei rheinischen Erzbischofsstädte Mainz, Trier und Köln sind hier zu nennen, die alle drei vorreformatorische Universitäten in ihren Mauern hatten. Diese Universitäten waren strikt gegen Luther und die Reformation eingestellt. Eine beinahe ähnliche Konstellation war in Eichstätt gegeben mit der engen Bindung an die bayerische Landesuniversität in Ingolstadt, wo Doktor Johannes Eck als profilierter Luthergegner wirkte. In Mainz und in Eichstätt gab es einen starken Einfluß des christlichen Humanismus[60].

Die scholastische Theologie, der christliche Humanismus, eine verinnerlichte devote Frömmigkeit und ein seelsorgerlich orientiertes Priesterideal wirkten vielleicht weniger auf Fürstbischöfe und Domherren, als vor allem auf die sekundären Führungsgruppen in den geistlichen Fürstentümern, nämlich auf die Weihbischöfe, die bürgerlichen Weltkleriker in den Nebenstiften der Domkirchen und in der Diözesanverwaltung, auf die weltlichen Räte in der Hochstiftsverwal-

---

59 Politische Spannungen zwischen Bischof und Bischofsstadt konnten sich mit reformatorischen Bestrebungen in der Stadt verbinden, aber das war keineswegs überall der Fall. Anwälte städtischer Autonomie gab es vielerorts auch in altgläubigen bürgerlichen Kreisen. — *Rublack*, Gescheiterte Reformation (Anm. 7). *Heinz Schilling*, Die politische Elite nordwestdeutscher Städte in den religiösen Auseinandersetzungen des 16. Jahrhunderts, in: Mommsen (Hrsg.), Stadtbürgertum und Adel (Anm. 47), 235 - 308.

60 *Brück*, Mainz 1462 - 1648 (Anm. 54). *Heribert Smolinsky*, Michael Helding, in: Erwin Iserloh (Hrsg.), Katholische Theologen der Reformationszeit, Bd. 2 (= KLK, 45), Münster 1985, 124 - 136. *Monika Fink-Lang*, Untersuchungen zum Eichstätter Geistesleben im Zeitalter des Humanismus (= Eichstätter Beiträge, 14), Regensburg 1985.

tung und auf einzelne aktive Klostergemeinschaften. Köln bietet hier wiederum ein instruktives Beispiel mit dem Wirken Johannes Groppers und der geistlich so lebendigen Kartause. Hier gab es eine ununterbrochene Kontinuität von der vorreformatorischen Devotio Moderna über den Abwehrkampf gegen die Reformation bis zu der katholischen Reform unter Führung der Jesuiten in der zweiten Hälfte des 16. Jahrhunderts[61]. Auch der Mainzer Weihbischof Michael Helding und der Salzburger Weihbischof und Bischof von Chiemsee Berthold Pürstinger sind als führende Persönlichkeiten geistlicher Staaten in der Auseinandersetzung mit der Reformation zu nennen[62].

Diese sekundären Führungsgruppen, über die wir insgesamt noch wenig wissen, haben wohl nicht unmaßgeblich zu der Glaubensentscheidung in den geistlichen Fürstentümern beigetragen. Es wäre noch eine Aufgabe künftiger Forschung, diese Personengruppen, ihre geistigen Orientierungen und ihre Wirkung besser zu untersuchen und danach zu fragen, ob es vergleichbare Einflüsse in den norddeutschen und mitteldeutschen Stiften etwa nicht gab[63]. Ebenfalls wenig bekannt sind die

---

61 *Josef Kuckhoff,* Der Sieg des Humanismus in den katholischen Gelehrtenschulen des Niederrheins 1525 - 1557 (= KLK, 3), Münster 1929. *Ders.*, Johannes Rethius. Der Organisator des katholischen Schulwesens in Deutschland im 16. Jahrhundert (= Katholische Pädagogen, 2), Düsseldorf 1929. *Ders.*, Die Geschichte des Gymnasiums Tricoronatum. Ein Querschnitt durch die Geschichte der Jugenderziehung in Köln vom 15. bis zum 18. Jahrhundert (= Veröffentlichungen des Rheinischen Museums in Köln, 1), Köln 1931. *Joseph Greven,* Die Kölner Kartause und die Anfänge der katholischen Reform in Deutschland (= KLK, 6), Münster 1935. *Walter Lipgens,* Kardinal Johannes Gropper 1503 - 1559 und die Anfänge der katholischen Reform in Deutschland (= RST, 75), Münster 1951. *Franzen,* Bischof und Reformation (Anm. 24). *Johannes Meier,* Der priesterliche Dienst nach Johannes Gropper 1503 - 1559. Der Beitrag eines deutschen Theologen zur Erneuerung des Priesterbildes im Rahmen eines vortridentinischen Reformkonzeptes für die kirchliche Praxis (= RST, 113), Münster 1977. *Gérald Chaix,* Réforme et contreréforme catholiques. Recherches sur la Chartreuse de Cologne au XVIe siècle (= Analecta Cartusiana, 80), 3 Bde., Salzburg 1981. *Reinhard Braunisch,* Johannes Gropper 1503 - 1559, in: Erwin Iserloh (Hrsg.), Katholische Theologen der Reformationszeit, Bd. 1 (= KLK, 44), Münster 1984, 116 - 124.

62 *Nikolaus Paulus,* Johann Wild. Ein Mainzer Domprediger des 16. Jahrhunderts, Köln 1893. *Anton Philipp Brück,* Die Mainzer Dompfarrer des 16. Jahrhunderts, in: Archiv für mittelrheinische Kirchengeschichte 12 (1960), 148 - 174. *Smolinsky,* Helding (Anm. 60). *Josef Schmuck,* Die Prophetie „Onus Ecclesiae" des Bischofs Berthold Pürstinger. Religiöse Kritik der Zustände in Kirche und Welt aus den ersten Jahren der Reformationszeit, Wien 1973.

63 Das Wirken Michael Heldings als Bischof in Merseburg (1550 - 1561) und das Julius Pflugs als Bischof in Naumburg-Zeitz (1541 - 1564) kamen offenkundig zu spät, um noch dauernde Erfolge zu erzielen. *Smolinsky,* Helding (Anm. 60). *Otfried Müller,* Bischof Julius Pflug von Naumburg-Zeitz in seinem Bemühen um die Einheit der Kirche, in: Schrader (Hrsg.), Beiträge (Anm. 45), 155 - 178. *Jacques V. Pollet,* Johann Gropper und Julius Pflug nach ihrer Korrespondenz, in: Paderbornensis Ecclesia (Anm. 42), 223 - 244. — Erstaunlich ist, daß die beiden Erzbistümer Bremen und Magdeburg in der geistigen Auseinandersetzung um die Reformation weitgehend ausfielen. Man

Medien der geistlichen Führung, der Seelsorge und der konfessionellen Bewußtseinsbildung in den katholischen Zentren des hochstiftischen Deutschland, beispielsweise wären genauere Kenntnisse über den katholischen Buchdruck, Buchhandel und Buchbesitz wünschenswert. Schließlich muß die vergleichende Ordensgeschichte viel stärker in die allgemeine Kirchen- und Konfessionsgeschichte einbezogen werden, und zwar im Kontext von Spiritualitäts- und Seelsorgsgeschichte. Es gab im Deutschland des Reformationszeitalters nicht nur die werbewirksame und zündende Verkündigung der Reformation, sondern auch eine, zumindest lokal und regional ähnlich erfolgreiche, Verkündigung der altkirchlichen Abwehr und katholischen Reform. Diese wurde mit einer Phasenverschiebung seit der Mitte des 16. Jahrhunderts wirksam. Religiös-kirchliche Identität und Loyalität bildeten sich auf beiden Seiten der entstehenden Konfessionsgrenze nicht nur durch obrigkeitliche Zwangsmaßnahmen, sondern auch durch eine das Empfinden und Verstehen der Menschen ansprechende Überzeugungsarbeit[64].

Es sei noch ein Blick auf das Volk der geistlichen Fürstentümer geworfen. Die Reformation war in ihrer Frühphase eine echte Volksbewegung, der die alte Kirche zunächst wenig entgegenzusetzen hatte. In mehreren geistlichen Staaten blieb das Volk in seiner großen Mehrheit jedoch fest verwurzelt im überlieferten Glauben und unbeirrt bei den überlieferten Formen der Frömmigkeit, so im Erzstift Trier, in den rheinischen Teilen der Erzstifte Köln und Mainz, im Mainzer Oberstift, in den Hochstiften Eichstätt, Augsburg, Freising, Regensburg und Passau.

Ein Sonderfall im geistlichen Deutschland war die freie Reichsstadt Köln, die als Domstadt der Erzdiözese noch immer das Zentrum für deren kirchlich-kultisches Leben war[65]. Hier gab es einen städtischen Volkskatholizismus, der der reformatorischen Kirchenerneuerung nahezu monolithisch im Wege stand. In Köln war nicht nur die strikt altkirchliche Universität — bekanntlich die Wirkungsstätte der „viri obscuri" der Dunkelmännerbriefe — hier gab es auch besonders zahlreiche Stifte und Klöster. Darunter waren einige geistlich und seel-

---

hat den Eindruck, daß die altkirchlichen Kräfte hier nicht nur politisch, sondern auch durch Sprachlosigkeit gelähmt waren, sehr im Unterschied zu den drei rheinischen Erzbistümern und zu Salzburg.

64 Zur Geschichte der Spiritualität vgl. beispielsweise: *Greven*, Kölner Kartause (Anm. 61); *Meier*, Priesterlicher Dienst nach Gropper (Anm. 61). Ein Beispiel zur Geschichte des katholischen Buchdrucks: *Otto Bucher*, Bibliographie der deutschen Drucke des XVI. Jahrhunderts, Bd. 1, Dillingen, Bad Bocklet 1960. Grundlegend: *Zeeden*, Konfessionsbildung (Anm. 2).

65 Vgl. die in Anm. 61 genannte Literatur. Ferner: *R. W. Scribner*, Why was there no Reformation in Cologne?, in: Bulletin of the Institute of Historical Research 49 (1976), 217 - 241.

sorgerlich sehr aktive Ordensgemeinschaften, vor allem die von der Devotio Moderna geprägte Kartause. Köln war auch ein Zentrum des katholischen Schulwesens und Buchdrucks[66].

Ein weiteres kam hinzu: Köln war durch seine Heiligengräber, vor allem durch die Gebeine der Heiligen Drei Könige sowie die der Heiligen Ursula und ihrer Gefährtinnen, ein Zentrum der Verehrung und Frömmigkeit[67]. Die Heiligen spielten für das kommunale Selbstbewußtsein der freien Reichsstadt Köln eine Rolle, und hier lag wohl auch eine mentale Barriere der Kölner gegen die Reformation. Das heilige Köln, das deutsche Rom, konnte nicht protestantisch werden, ohne daß es ein Stück seiner städtischen Identität verloren hätte. Traditionelle Pietät und zeitgemäße Frömmigkeit der Devotio Moderna wirkten in Köln zusammen. Anderswo im geistlichen Deutschland hat es vielleicht ansatzweise ähnliche Phänomene gegeben, aber sie erreichten nicht eine solche Intensität wie in Köln.

Die Momente von altkirchlicher Bildung, Seelsorge, Frömmigkeit und Mentalität als Hemmkräfte gegen die Ausbreitung der reformatorischen Bewegung verdienen noch eine differenziertere Betrachtung. Es war dies ein im hochstiftischen Deutschland bodenständiger Faktor, der zwar eher subsidiär und leise wirkte, der aber in Einstellungen von langer Dauer zum Ausdruck kam und der das konfessionelle Schicksal der geistlichen Fürstentümer letztlich doch mitentschied.

Damit komme ich zum *Ergebnis* meiner Überlegungen. Die Reichskirche im Süden und Westen des Heiligen Römischen Reiches wurde im 16. Jahrhundert als eine katholische Reichskirche stabilisiert durch die politischen Rückhalte, die die Erzstifte und Stifte an den katholischen Fürstenhöfen in Brüssel und München, in Wien, Graz, Innsbruck und Nancy fanden. Dazu kam als ein sehr wichtiger Faktor das Reichsrecht, die Einbindung der geistlichen Fürstentümer als Stände in die Reichsverfassung, in den Reichstag und in die Reichskreise. Die Verrechtlichung des Reichsverbandes als Folge der Reichsreform stützte die geistlichen Staaten der Reichskirche. Verstärkend zu den politischen und rechtlichen Hemmkräften kamen soziale Interessen des Adels in

---

[66] Vgl. Anm. 61. *Alois Postina,* Der Karmelit Eberhard Billick. Ein Lebensbild aus dem 16. Jahrhundert (= Erläuterungen und Ergänzungen zu Janssens Geschichte des deutschen Volkes, II 2/3), Freiburg 1901. — Zur Kölner Kartause vgl. auch: *Dieter Breuer,* Zur Druckgeschichte und Rezeption der Schriften Heinrich Seuses, in: *Ders.,* Frömmigkeit in der Frühen Neuzeit (= Chloe, 2), Amsterdam 1984, 29 - 49, hier 39 - 43. Die Kartäuser und die Reformation, Bd. 1 (= Analecta Cartusiana, 108), Salzburg 1984.

[67] *Hans Hofmann,* Die Heiligen Drei Könige. Zur Heiligenverehrung im kirchlichen, gesellschaftlichen und politischen Leben des Mittelalters (= Rheinisches Archiv, 94), Bonn 1975, z. B. 165, 296 - 301. *Frank Günter Zehnder,* Sankt Ursula. Legende, Verehrung, Bilderwelt, Köln 1985.

den Domkapiteln sowie geistes- und mentalitätsgeschichtliche Momente. Die altkirchlichen Universitäten in Mainz, Trier, Köln und Ingolstadt sind hier besonders zu nennen[68].

Politik und Reichsrecht haben zunächst den größeren Teil der geistlichen Fürstentümer Deutschlands gegen den Ansturm der reformatorischen Bewegung gesichert. Die mancherorts vorhandenen geistig-geistlichen altkirchlichen Reserven, etwa das Wirken der Devotio Moderna, kamen einer Selbstbehauptung zu Gute. Sie boten Anknüpfungspunkte für die Bewegung der katholischen Reform, die in den geistlichen Fürstentümern seit der Mitte des 16. Jahrhunderts Fuß faßte.

Die Neuorientierung der Reichskirche, ihre innere Kräftigung im Sinne der katholischen Reform waren allerdings nur möglich durch einen kräftigen Schuß römischen Einflusses.

Das Konzil von Trient und das römische Reformpapsttum der zweiten Hälfte des 16. Jahrhunderts haben den geistlichen Fürstentümern in Deutschland die für eine Reform notwendigen Impulse gegeben[69]. Als Anwälte der Reform — der Bildungsreform, der Klerusreform, der Seelsorgereform — traten dabei überall im Westen und Süden Deutschlands die Jesuiten auf. Paradigmatisch für die neue Kräftekonstellation in den geistlichen Staaten können Leben und Werk des Augsburger Fürstbischofs Kardinal Otto Truchsess von Waldburg stehen, der in seiner hochstiftischen Residenz Dillingen an der Donau die Augsburger Hochstiftsuniversität als die erste Jesuitenuniversität Deutschlands gründete[70]. Der Erfolg der Dillinger Universität seit der Berufung der Jesuiten 1563 war ein wesentliches Stück der Erfolgsgeschichte der katholischen Reform in Süddeutschland.

Neben Kardinal Waldburg und Dillingen stand als ein kleineres Beispiel der Eichstätter Fürstbischof Martin von Schaumberg mit seinem Willibaldskolleg, dem ersten tridentinischen Priesterseminar Deutsch-

---

[68] Ingolstadt wird hier genannt mit Blick auf Eichstätt. Daneben waren in altgläubigen weltlichen Territorien natürlich die Universitäten Leipzig, Löwen und Wien wichtig. Vgl. Anm. 58.

[69] *Georg Schreiber* (Hrsg.), Das Weltkonzil von Trient. Sein Werden und Wirken, 2 Bde., Freiburg 1951. *Josef Krasenbrink,* Die Congregatio Germanica und die katholische Reform in Deutschland nach dem Tridentinum (= RST, 105), Münster 1972. *Christian Grebner,* Kaspar Gropper (1514 bis 1594) und Nikolaus Elgard (ca. 1538 bis 1587). Biographie und Reformtätigkeit. Ein Beitrag zur Kirchenreform in Franken und im Rheinland in den Jahren 1573 bis 1576 (= RST, 121), Münster 1982. *Peter Schmidt,* Das Collegium Germanicum in Rom und die Germaniker. Zur Funktion eines römischen Ausländerseminars 1552 - 1914 (= Bibliothek des Deutschen Historischen Instituts in Rom, 56), Tübingen 1984.

[70] Vgl. Anm. 32.

lands[71]. Gleichzeitig oder wenig später haben die Jesuiten in Mainz, in Köln, in Trier und in Würzburg die katholische Bildungsreform eingeleitet[72]. Die unter jesuitischer Führung in der Folge in den altkirchlich gebliebenen geistlichen Staaten modernisierte Bildung, Seelsorgepraxis und Frömmigkeit haben der Reichskirche das Selbstbewußtsein und die Glaubwürdigkeit zurückgegeben, die ihr am Vorabend der Reformation abhanden gekommen waren. Dabei vermittelten die Jesuiten vor allem dem Nachwuchs des Welt- und Ordensklerus ein neues, seelsorgerlich orientiertes Priesterideal, eine auf Aktivität zielende Spiritualität, zugleich aber auch eine solide humanistische Ausbildung[73].

Die politisch, religiös und kulturell so lebendige katholische Reichskirche des 17. und 18. Jahrhunderts war nur auf dieser Grundlage möglich. So haben also Habsburger, bayerische Wittelsbacher und Lothringer, einzelne Reformbischöfe und ihre Helfer, die Reichsreform, das Reichsrecht und die Jesuiten dazu beigetragen, daß die Todesglocke der alten Reichskirche nicht schon im 16. Jahrhundert von Wittenberg aus, sondern erst 1803 von Napoleon geläutet wurde.

Die katholische Reichskirche im Reich des 17. und 18. Jahrhunderts mit ihrem vielfältigen Beitrag zum politischen, geistigen und religiösen Leben Deutschlands war freilich auch nur möglich als ein Resultat der reformatorischen Glaubenskämpfe. Die Dialektik von Abwehr des Pro-

---

[71] Vgl. Anm. 12 und Anm. 33.

[72] Die ersten Kollegien der Jesuiten waren Köln (1544), Wien (1552) und Ingolstadt (1556). In der Rheinischen Ordensprovinz folgten im Gebiet von geistlichen Fürstentümern die Kollegien in Trier (1560), Mainz (1561), Würzburg (1567), Fulda (1571), Heiligenstadt/Eichsfeld (1575), Koblenz (1580), Molsheim/Unterelsaß (1580), Paderborn (1580), Münster (1588) und Hildesheim (1595). Von den Jesuitenkollegien der Oberdeutschen Ordensprovinz seien genannt: München (1559), Dillingen (1563), Augsburg (1582), Regensburg (1589) und Pruntrut/Jura (1591). — *Bernhard Duhr,* Geschichte der Jesuiten in den Ländern deutscher Zunge, Bd. I (16. Jahrhundert), Freiburg 1907; Bd. II 1/2 (1. Hälfte des 17. Jahrhunderts), Freiburg 1913. *Peter Baumgart,* Die Julius-Universität zu Würzburg als Typus einer Hochschulgründung im konfessionellen Zeitalter, in: Ders. (Hrsg.), Vierhundert Jahre Universität Würzburg. Eine Festschrift (= Quellen und Beiträge zur Geschichte der Universität Würzburg, 6), Neustadt/Aisch 1982, 3 - 29. *Ders.*, Humanistische Bildungsreform an deutschen Universitäten des 16. Jahrhunderts, in: Wolfgang Reinhard (Hrsg.), Humanismus im Bildungswesen des 15. und 16. Jahrhunderts (= DFG/Mitteilung XII der Kommission für Humanismusforschung), Weinheim 1984, 171 - 197. *Schindling,* Katholische Bildungsreform (Anm. 32).

[73] Zu Dillingen: *Rudolf Reinhardt,* Restauration, Visitation, Inspiration. Die Reformbestrebungen in der Benediktinerabtei Weingarten von 1567 bis 1627 (= Veröffentlichungen der Kommission für geschichtliche Landeskunde in Baden-Württemberg, B 11), Stuttgart 1960. *Peter Rummel,* P. Julius Priscianensis S. J. 1542 - 1607. Ein Beitrag zur Geschichte der katholischen Restauration der Klöster im Einflußbereich der ehemaligen Universität Dillingen (= Veröffentlichungen der Schwäbischen Forschungsgemeinschaft, 1, 13), Augsburg 1968.

testantismus und gleichzeitiger politischer und rechtlicher Verklammerung mit den „Augsburger Konfessionsverwandten“ in dem paritätischen Reich prägte die deutsche Reichskirche zutiefst. Vor allem nach dem Westfälischen Frieden von 1648 wurde der Religionsfrieden geradezu zum Eckstein für das Gebäude der Reichskirche. Das verrechtlichte Reich und die fortbestehende Reichskirche gehörten jetzt definitiv zusammen[74]. Durch die Auseinandersetzung mit dem evangelischen Reichsteil, durch Religionsfrieden und katholische Reform, durch die Anbindung an die Habsburger in Wien, Innsbruck und Brüssel, durch ihre Stellung auf dem Reichstag und in den Reichskreisen wurde die Reichskirche immer „reichischer“, eine zentrale Säule des deutschen Reichs-Systems. Damit korrelierend lebten in der katholischen Reichskirche des späteren 17. und des 18. Jahrhunderts auch national-kirchliche Züge auf, die in manchem an die „Gravamina Nationis Germanicae“ vor der Reformation anknüpften[75]. Die alte Reichskirche blieb auch im Zeichen der Aufklärung noch eine prägende Institution für die politische Kultur in Deutschland[76].

Es sei hier kurz darauf hingewiesen, daß der Westfälische Frieden zwar die meisten evangelisch gewordenen geistlichen Fürstentümer in Norddeutschland und Mitteldeutschland säkularisierte. Aber das fortbestehende evangelische Fürstbistum Lübeck und das paritätische Fürstbistum Osnabrück mit seiner alternativen Sukzession erinnerten bis zum Ende des Alten Reiches an die zeitweise gegebene Möglichkeit einer Entwicklung von evangelischen Reichskirchen-Fürstentümern[77]. Diese Möglichkeit kam nicht zum Zuge, obwohl sie in dem Rechtsgebäude des paritätischen Reiches durchaus denkbar gewesen wäre.

---

[74] *Anton Schindling,* Der Westfälische Frieden und der Reichstag, in: Weber (Hrsg.), Politische Ordnungen (Anm. 19), 113 - 153.

[75] *Friedhelm Jürgensmeier,* Johann Philipp von Schönborn 1605 - 1673 und die Römische Kurie. Ein Beitrag zur Kirchengeschichte des 17. Jahrhunderts (= Quellen und Abhandlungen zur mittelrheinischen Kirchengeschichte, 28), Mainz 1977. *Heribert Raab,* Die Concordata Nationis Germanicae in der kanonistischen Diskussion des 17. bis 19. Jahrhunderts. Ein Beitrag zur Geschichte der episkopalistischen Theorie in Deutschland (= Beiträge zur Geschichte der Reichskirche in der Neuzeit, 1), Wiesbaden 1956.

[76] *Max Braubach,* Die kirchliche Aufklärung im katholischen Deutschland im Spiegel des „Journal von und für Deutschland“ (1784 - 1792), in: *Ders.,* Diplomatie und geistiges Leben im 17. und 18. Jahrhundert. Gesammelte Abhandlungen (= Bonner Historische Forschungen, 33), Bonn 1969, 563 - 659. *Antje Freyh,* Karl Theodor von Dalberg. Ein Beitrag zum Verhältnis von politischer Theorie und Regierungspraxis in der Endphase des Aufgeklärten Absolutismus (= Europäische Hochschulschriften, III 95), Frankfurt 1978.

[77] *Illigens,* Lübeckische Kirche (Anm. 8). *Hans Erich Feine,* Das protestantische Fürstbistum Lübeck, in: ZRG KA 11 (1921), 439 - 442. *Schindling,* Westfälischer Frieden und Altes Reich (Anm. 35).

Mit dem Reichs-System, mit dem reichischen Deutschland, dem sie angehörte, ist die alte Reichskirche dann im Umbruch zur modernen Zeit untergegangen — jetzt nicht mehr als Folge reformatorischer Theologie, sondern in Anwendung des Säkularisationsprinzips der Französischen Revolution.

Wandlungen der Reichstagsorganisation in der ersten Hälfte des 16. Jahrhunderts*

Von Helmut Neuhaus, Köln

Als der Ende 1550 an die Regierung gekommene Herzog Christoph von Württemberg (1515 - 1568) im Mai 1554 in Erwägung zog, erstmals persönlich an einem Reichstag teilzunehmen, da forderte er von seinem Landhofmeister, seinem Kanzler und von zweien seiner Räte nicht nur gutachterliche Stellungnahmen zu den einzelnen anstehenden Beratungsgegenständen, sondern wollte als Unerfahrener auch „wissen“ — „dieweil sich gewonglich auf allen reichstagen der session halber speen und irungen einfallen“ —, „wie ich mich derwegen gegen ainen oder dem andern stand zu verhalten habe“. Dabei interessierte ihn besonders der im Laufe der ersten Hälfte des 16. Jahrhunderts immer häufiger eingetretene Fall, „wa aines oder anders fursten botschaften nur daweren“, denn er wollte wissen, „wolchi mir geburn wurde, ob mir sizn zu lassn“[1]. Der herzogliche Rat Kaspar Ber legte daraufhin — appro-

* Geringfügig erweiterter und um Anmerkungen ergänzter Vortrag, den ich während der 35. Konferenz der „International Commission for the History of Representative and Parliamentary Institutions“ am 30. August 1985 anläßlich des 16. Internationalen Kongresses der Geschichtswissenschaften in Stuttgart in der Sektion „The Reichstag of the Holy Roman Empire“ gehalten habe. — Verwendete Abkürzungen zur Kennzeichnung archivalischer Quellen: HHStA = Haus-, Hof- und Staatsarchiv; MEA = Mainzer Erzkanzler-Archiv; RK = Reichskanzlei; RTA = Reichstagsakten; StadtA = Stadtarchiv. — Nicht mehr berücksichtigt werden konnte für diese Studie: Aus der Arbeit an den Reichstagen unter Kaiser Karl V. Sieben Beiträge zu Fragen der Forschung und Edition, hrsg. von Heinrich Lutz und Alfred Kohler (= Schriftenreihe der Historischen Kommission bei der Bayerischen Akademie der Wissenschaften, Bd. 26), Göttingen 1986; siehe darin insbesondere für den folgenden Zusammenhang *Albrecht P. Luttenberger*, Reichspolitik und Reichstag unter Karl V.: Formen zentralen politischen Handelns (18 - 68), und *Alfred Kohler*, Der Augsburger Reichstag 1530. Von der Bilanz des Jubiläumsjahres 1980 zum Programm einer Edition der Reichstagsakten (158 - 193).

1 Vgl. den Memorialzettel Herzog Christophs vom 16. Mai 1554 in: Briefwechsel des Herzogs Christoph von Wirtemberg, hrsg. von Viktor Ernst, Bd. 3: 1555, Stuttgart 1902, Nr. 1, 1 - 4, hier 3. — Der Reichstag hat dann tatsächlich erst vom 5. Februar bis 25. September 1555 stattgefunden; zu seiner Vorgeschichte vgl. *Heinrich Lutz*, Christianitas afflicta. Europa, das Reich und die päpstliche Politik im Niedergang der Hegemonie Kaiser Karls V. (1552 - 1556), Göttingen 1964, 190 ff., 217 ff., 230 ff., 243 ff. u. ö.; *Helmut Neuhaus*, Reichsständische Repräsentationsformen im 16. Jahrhundert. Reichstag — Reichskreistag — Reichsdeputationstag (= Schriften zur Verfassungsgeschichte, Bd. 33), Berlin 1982, 303 ff., 309 ff.

biert von Balthasar von Gültlingen, Johann Fessler und Hans Knoder — seinem Landesherrn am 25. Mai 1554 zusammen mit allen Reichstagsakten der letzten drei Jahrzehnte samt Inhaltsverzeichnis und Register ein umfangreiches Gutachten vor, in dem er hauptsächlich zu den angesprochenen „materialia" des bevorstehenden Reichstages Stellung nahm, aber auch — und vorangestellt — zu den „formalia", „so in reichstagen gehalten würde[n]"[2]. Darin beließ er es nicht nur dabei, Herzog Christoph seinen rangmäßigen Platz auf der weltlichen Bank im Reichsfürstenrat zu benennen, sondern er skizzierte ihm auch die Arbeitsweise eines Reichstages von der Verlesung der kaiserlichen Proposition im Reichsrat über die Konsensfindung zwischen Kurfürsten- und Fürstenrat mit anschließender Kenntnisnahme der Meinung des Reichsstädterates bis zur Übergabe der reichsständischen Antwort auf die Proposition, wie sie sich seit dem Ende des 15. Jahrhunderts allmählich herausgebildet hatte[3].

Ganz auf den Blickwinkel eines — immer seltener — persönlich am Reichstag teilnehmenden Reichsfürsten ausgerichtet, beschränkte sich der herzogliche Ratgeber im übrigen offensichtlich auf die notwendigsten Informationen: Er erwähnte die abgesonderten Räte der Kurfürsten und der übrigen Reichsfürsten einschließlich der Reichsprälaten und der Reichsgrafen — vom Reichsstädterat ist allerdings nicht die Rede; er sprach die Aufteilung der geistlichen und weltlichen Mitglieder des Reichsfürstenrates auf verschiedene Bänke an und wies Herzog Christoph auf der weltlichen Bank bei persönlicher Anwesenkeit der vor ihm sitzenden Standeskollegen — andernfalls durfte er

---

[2] Das Gutachten in: Briefwechsel des Herzogs Christoph von Wirtemberg (Anm. 1), Nr. 3, 4 - 32, hier 5; in zwei Überlieferungen trägt es die Überschrift „reichstags formalia et materialia". — Aulinger irrt, wenn sie dieses Gutachten als eine Instruktion Herzog Christophs von Württemberg für seine Vertreter auf dem geplanten Reichstag von 1554 auffaßt: *Rosemarie Aulinger*, Das Bild des Reichstages im 16. Jahrhundert. Beiträge zu einer typologischen Analyse schriftlicher und bildlicher Quellen (= Schriftenreihe der Historischen Kommission bei der Bayerischen Akademie der Wissenschaften, Schrift 18), Göttingen 1980, 50 mit Anm. 25.

[3] Zum Reichstag am Ende des 15. Jahrhunderts siehe jetzt vor allem: *Peter Moraw*, Versuch über die Entstehung des Reichstags, in: Politische Ordnungen und soziale Kräfte im Alten Reich, hrsg. von Hermann Weber (= Veröffentlichungen des Instituts für Europäische Geschichte Mainz, Abteilung Universalgeschichte, Beiheft 8; = Beiträge zur Sozial- und Verfassungsgeschichte des Alten Reiches, Nr. 2), Wiesbaden 1980, 1 - 36; *ders.*, Die Kurfürsten, der Hoftag, der Reichstag und die Anfänge der Reichsverwaltung, in: Deutsche Verwaltungsgeschichte, Bd. 1: Vom Spätmittelalter bis zum Ende des Reiches, Stuttgart 1983, 53 - 58; ferner: *Ernst Schubert*, König und Reich. Studien zur spätmittelalterlichen deutschen Verfassungsgeschichte (= Veröffentlichungen des Max-Planck-Instituts für Geschichte, Bd. 63), Göttingen 1979, 323 - 349; *Heinz Angermeier*, Die Reichsreform 1410 - 1555. Die Staatsproblematik in Deutschland zwischen Mittelalter und Gegenwart, München 1984, etwa 154 ff., 164 ff. u. ö.

vor den Räten vor ihm rangierender Reichsfürsten Platz nehmen — den 10. bzw. 11. Sitz von 14 Plätzen im täglichen Wechsel mit den Herzögen von Pommern zu, da der zwischen Württemberg und Pommern bestehende Sessionsstreit noch nicht entschieden sei; er erläuterte ihm, daß er bei Umfragen durch den Erzherzog von Österreich — die tägliche Alternation mit dem Erzbischof von Salzburg als zweitem Direktor des Reichsfürstenrates kam nicht zur Sprache —, unabhängig davon, ob die Reichsfürsten persönlich anwesend oder durch Räte vertreten wären, etwa an 40. Stelle um sein Votum gebeten werde, da die Umfragen im Wechsel zwischen geistlicher und weltlicher Bank durchgeführt würden; darüber hinaus machte Ber auf verschiedene Aufgabenbereiche der den Herzog zum Reichstag begleitenden Räte, Schreiber und Registratoren aufmerksam — u. a. die Begleitung bzw. Vertretung durch die Räte im Fürstenrat, die „private" Protokollführung, die besondere Bevollmächtigung zur Abschriftnahme der kaiserlichen Proposition — und betonte, daß es besonders wichtig sei, außerhalb der Reichstagsgremien informellen Kontakt zu anderen Fürsten zu halten[4].

Damit liegt aus der Mitte des 16. Jahrhunderts eine jener zusammenfassenden Handreichungen über den Ablauf des Reichstages für den internen Gebrauch vor, die im kurmainzischen „Ausführliche[n] Bericht, wie es uff Reichstägen pflegt gehalten zu werden" — wohl aus dem Jahre 1569 —, ihre umfassendste Ausgestaltung gefunden haben, ohne je normativen Charakter im Sinne einer Geschäftsordnung zu erhalten[5]. Sie dokumentiert eine Formalisierung der Konsensfindung

---

4 Vgl. das Gutachten vom 25. Mai 1554 (Anm. 2), 5 - 8; zu den Sessionsstreitigkeiten, die oft den Ablauf eines Reichstages erheblich verzögerten, vgl. *Aulinger,* Das Bild des Reichstages im 16. Jahrhundert (Anm. 2), 227 ff., 233 ff.

5 Abgedruckt in: Traktat über den Reichstag im 16. Jahrhundert. Eine offiziöse Darstellung aus der Kurmainzischen Kanzlei, hrsg. und erl. von Karl Rauch (= Quellen und Studien zur Verfassungsgeschichte des Deutschen Reiches in Mittelalter und Neuzeit, Bd. I, Heft 1), Weimar 1905, 43 - 96; vgl. dazu die Kontroverse zwischen Hartung und Rauch: *Fritz Hartung,* Zum Traktat über den Reichstag im 16. Jahrhundert, in: MIÖG 29 (1908), 326 - 338; *Karl Rauch,* Zum Traktat über den Reichstag im 16. Jahrhundert, in: MIÖG 30 (1909), 510 - 524. Eine moderne Textausgabe fehlt; siehe aber zu diesem für die Reichstagsorganisation wichtigen Text: *Friedrich Hermann Schubert,* Die deutschen Reichstage in der Staatslehre der frühen Neuzeit (= Schriftenreihe der Historischen Kommission bei der Bayerischen Akademie der Wissenschaften, Schrift 7), Göttingen 1966, 243 - 262; *Aulinger,* Das Bild des Reichstages im 16. Jahrhundert (Anm. 2), 44 - 50. — In diesen Zusammenhang gehören vom Ende des 16. Jahrhunderts auch die „Notabilia" für die österreichischen Gesandten auf dem Regensburger Reichstag von 1597/98, zuerst abgedruckt in: Vom Reichstag 1608 bis zur Gründung der Liga, bearb. von Felix Stieve (= Briefe und Acten zur Geschichte des Dreissigjährigen Krieges in den Zeiten des vorwaltenden Einflusses der Wittelsbacher, Bd. 6), München 1895, 23 - 29; siehe ferner *Hartung,* Zum Traktat über den Reichstag im 16. Jahrhundert (wie oben), 335 - 338; *Winfried Schulze,* Das Haus Österreich auf den Reichstagen des späten 16. Jahrhunderts, in: Österreich

zwischen den Reichsständen und zwischen diesen und dem Kaiser und konkretisiert den Reichstag als „institutionalisierten Dualismus" „Kaiser — Reichsstände", wie ihn jüngst Peter Moraw definiert hat[6], wobei „Dualismus" nicht nur prinzipielles Gegeneinander, sondern auch pragmatisches Neben- und Miteinander meinen muß[7]. Der Reichstag in der Mitte des 16. Jahrhunderts war das Ergebnis einer Entwicklung, in der sich ein reichsgrundgesetzlich schwaches und folglich reichsverfassungspolitisch scheiterndes Kaisertum dem reichsständischen Partizipationsdrang als nicht gewachsen erwies und in der der zur Teilnahme am Reichstag von Geburt her oder von Amts wegen berechtigte Personenkreis Organisations- und Arbeitsformen entwickelte, derer der spätmittelalterliche Hoftag und der Kurfürstentag als die beiden Wurzeln des Reichstages nicht bedurften.

So sehr das württembergische Gutachten vom 25. Mai 1554 in erster Linie ganz auf die Bedürfnisse Herzog Christophs als Reichstagsteilnehmer zugeschnitten war, so macht es doch zugleich auch deutlich, daß ein Großteil der Beratungen und Verhandlungen in den Händen der Räte lag. Daraus erklärt sich, daß neben der Ebene „Reichsrat" und neben der Ebene „Kurfürstenrat — Reichsfürstenrat — Reichsstädterat" nur nebenbei darauf hingewiesen wurde, daß im „furstenrat gemeinlich zu der consultation ain ausschuss erküest" wird[8]. Auf diese Ausschußebene mußten Christophs Ratgeber nicht näher eingehen, weil Reichsfürsten dort erfahrungsgemäß nicht oft persönlich vertreten waren. Im übrigen — und darin spiegelt sich auch ein Stück Geschichte des Herzogtums Württemberg — begegnen auch sonst in der ersten Hälfte des 16. Jahrhunderts württembergische Räte in Vertretung ihres Herzogs höchst selten als Teilnehmer an Reichstagsausschüssen.

Behält man den Reichstag als Ganzes im Blick und konzentriert sich zugleich auf diese Ebene der Beratungen, dann treten die Wandlungen seiner Organisation im Zeitalter Maximilians I. und Karls V. am deutlichsten hervor. Angesichts der sich erst in den beiden letzten Jahrzehnten des 15. Jahrhunderts allmählich durchsetzenden Teilhabe der nichtkurfürstlichen Reichsfürsten und der Reichsstädte am politischen

---

in Geschichte und Literatur 16 (1972), 121 - 131; *ders.*, Reich und Türkengefahr im späten 16. Jahrhundert. Studien zu den politischen und gesellschaftlichen Auswirkungen einer äußeren Bedrohung, München 1978, 130 f.

6 *Peter Moraw*, Von offener Verfassung zu gestalteter Verdichtung. Das Reich im späten Mittelalter 1250 bis 1490 (= Propyläen Geschichte Deutschlands, Bd. 3), Berlin, Frankfurt/M. 1985, 416, 419.

7 Zur Kritik am Dualismus-Modell als Erklärungsmodell für den Ständestaat vgl. zuletzt *Ulrich Lange*, Der ständestaatliche Dualismus — Bemerkungen zu einem Problem der deutschen Verfassungsgeschichte, in: Blätter für deutsche Landesgeschichte 117 (1981), 311 - 334.

8 Vgl. das Gutachten vom 25. Mai 1554 (Anm. 2), 7 (Punkt 6).

Entscheidungsprozeß des Reiches und der Institutionalisierung ihrer „Anlagerung [...] an den kurfürstlichen Kern“[9] in Reichsfürstenrat und Reichsstädterat entwickelte die erst von dieser Zeit an „Reichstag“ genannte Ständeversammlung des Reiches[10] auf ihrer Ausschußebene einen bemerkenswerten Formenreichtum. Es ist das Verdienst Gerhard Oestreichs, über diese Ebene der Reichstagsarbeit für die Zeit Karls V. erstmals eine genauere Untersuchung präsentiert zu haben, wenn auch seine generalisierende Schlußfolgerung, in den Ausschußberatungen „modernere parlamentarische Arbeitsformen“ zu sehen und von der „parlamentarischen Arbeitsweise der deutschen Reichstage“ zu sprechen, nicht aufrechtzuerhalten ist[11], denn der frühneuzeitliche Reichstag war eine Ständeversammlung, eine Eigenvertretung der Reichsstände — „bei aller äußeren Parallele der geschäftsordnungsmäßigen Formen und Figuren kein Parlament“, wie Klaus Schlaich formuliert hat[12].

Sowohl innerhalb der drei Reichstagskurien als auch zwischen ihnen kam es zu Ausschußbildungen mit vielfältigen Aufgabenstellungen, wobei sie alle nur eine beratende, Entscheidungen mittels kurieninterner Umfrage oder Entscheidungsgänge mittels Re- und Correlation

---

[9] *Moraw*, Die Kurfürsten, der Hoftag, der Reichstag und die Anfänge der Reichsverwaltung (Anm. 3), 56.

[10] Das Aufkommen des Terminus „Reichstag“ wird im allgemeinen mit der Wormser Reichsversammlung von 1495 in Verbindung gebracht: *Moraw*, Versuch über die Entstehung des Reichstags (Anm. 3), 6 u. ö.; *Klaus Schlaich*, Die Mehrheitsabstimmung im Reichstag zwischen 1495 und 1613, in: ZHF 10 (1983), 299 - 340, hier 303 f.; *Angermeier*, Die Reichsreform 1410 - 1555 (Anm. 3), 164. *Erich Meuthen*, Das 15. Jahrhundert (= Oldenbourg Grundriß der Geschichte, Bd. 9), München, Wien [2]1984, 42, stellt fest, daß das Wort „Reichstag“ selbst „erst 1471 belegt“ ist.

[11] *Gerhard Oestreich*, Zur parlamentarischen Arbeitsweise der deutschen Reichstage unter Karl V. (1519 - 1556). Kuriensystem und Ausschußbildung, in: MÖStA 25 (1972), 217 - 243; zuletzt in: *ders.*, Strukturprobleme der frühen Neuzeit. Ausgewählte Aufsätze, hrsg. von Brigitta Oestreich, Berlin 1980, 201 - 228, hier 204; siehe auch ebd., 202; ferner *Gerhard Oestreich / Inge Auerbach*, Die Ständische Verfassung in der westlichen und in der marxistisch-sowjetischen Geschichtsschreibung, in: Sowjetsystem und Demokratische Gesellschaft. Eine vergleichende Enzyklopädie, hrsg. von C. D. Kernig, Bd. 6, Freiburg/Br., Basel, Wien 1972, Sp. 211 - 236; zuletzt in: *Oestreich*, Strukturprobleme der frühen Neuzeit (wie oben), 161 - 200, hier 179 f. — Zu den Reichstagsausschüssen vgl. ferner *Helmut Neuhaus*, Reichstag und Supplikationsausschuß. Ein Beitrag zur Reichsverfassungsgeschichte der ersten Hälfte des 16. Jahrhunderts (= Schriften zur Verfassungsgeschichte, Bd. 24), Berlin 1977, insbes. 29 - 73; *Schulze*, Reich und Türkengefahr im späten 16. Jahrhundert (Anm. 5), 107, 112 f., 119 f., 127 ff. u. ö.; *Aulinger*, Das Bild des Reichstages im 16. Jahrhundert (Anm. 2), 220 - 227.

[12] *Klaus Schlaich*, Maioritas — protestatio — itio in partes — corpus Evangelicorum. Das Verfahren im Reichstag des Hl. Römischen Reiches Deutscher Nation nach der Reformation, in: ZRG KA 63 (1977), 264 - 299, und ZRG KA 64 (1978), 139 - 179, hier 272; siehe auch *ders.*, Die Mehrheitsabstimmung im Reichstag zwischen 1495 und 1613 (Anm. 10), 307 f., 315 f.; ferner *Neuhaus*, Reichsständische Repräsentationsformen im 16. Jahrhundert (Anm. 1), 518 u. ö.

zwischen Kurfürsten- und Reichsfürstenrat vorbereitende Funktion hatten. Während die hier nicht näher zu betrachtenden innerkurialen Ausschüsse die Kohärenz der sie einsetzenden Kollegien nicht berührten — wenngleich die Ausschüsse des aus Inhabern von Virilstimmen (geistliche und weltliche Reichsfürsten) und Kuriatstimmen (Reichsprälaten und Reichsgrafen) zusammengesetzten Reichsfürstenrates sich von denen des Kurfürsten- und Reichsstädterates unterschieden —, widersprach die interkuriale Bildung von Ausschüssen dem erst am Ende des 15. Jahrhunderts vollzogenen Abschließungsprozeß auch des Reichsfürsten- und des Reichsstädterates zumindest partiell. Diese — zuerst von Oestreich als interkurial bezeichnete und als „das ständische Kurien-Prinzip des Reichstags" durchbrechend beschriebene[13] — Ausschußbildung sollte aber vielleicht doch genauer als interständisch charakterisiert werden, denn nie wurden die Reichstagskurien zur Entsendung von Mitgliedern in Ausschüsse aufgefordert, sondern stets die reichsständischen Gruppen der Kurfürsten, geistlichen und weltlichen Reichsfürsten, Reichsprälaten, Reichsgrafen und Reichsstädte. Die interkurialen/interständischen Ausschüsse waren keine „Reichsratsorgane"[14], wie auch ihre Bezeichnung als „Organe des Reichstags"[15] im Sinne eines modernen organologischen Verfassungsmodells für die Versammlung der Reichsstände als inadäquat erscheint.

Die Anfänge des interständischen Ausschusses reichen in die Jahre der heftigen Auseinandersetzung um die verfassungsmäßige Gestaltung des Reiches zwischen Maximilian I. und Berthold von Henneberg (1441/42 - 1504) zurück, dem Römischen König und dem Kurfürsten von Mainz und Reichserzkanzler. Während des Lindauer Reichstages von 1496/97 regte er erstmals am 13. September 1496 die Bildung eines Ausschusses an, dem „personen von allen stennden" angehören sollten und der eine Antwort des Reichstages auf König Maximilians I. Schreiben vom 29. August 1496 an die Reichsstände hinsichtlich der Lage in Italien zu erarbeiten hatte[16]. Neben weiteren solchen Ausschüssen mit

---

[13] *Oestreich,* Zur parlamentarischen Arbeitsweise der deutschen Reichstage unter Karl V. (1519 - 1556) (Anm. 11), 214. Ihm folgten u. a. *Neuhaus,* Reichstag und Supplikationsausschuß (Anm. 11), 29 ff., *Schulze,* Reich und Türkengefahr im späten 16. Jahrhundert (Anm. 5), 127 ff., *Aulinger,* Das Bild des Reichstages im 16. Jahrhundert (Anm. 2), 220 ff.

[14] *Oestreich,* Zur parlamentarischen Arbeitsweise der deutschen Reichstage unter Karl V. (1519 - 1556) (Anm. 11), 219.

[15] Ebd., 214.

[16] Vgl. dazu: Deutsche Reichstagsakten unter Maximilian I. [zit. RTA MR], Bd. 6: Reichstage von Lindau, Worms und Freiburg 1496 - 1498, bearb. von Heinz Gollwitzer (= Deutsche Reichstagsakten, Mittlere Reihe, Bd. 6), Göttingen 1979, 155, Nr. 47; das Schreiben Maximilians I. ebd., 144 f., Nr. 26; der Entwurf des Ausschusses wurde am 15. September 1496 von Berthold von Henneberg vor dem Reichstag verlesen, der ihn billigte (ebd., 155 f., Nr. 49), das Antwortschreiben selbst datiert vom 16. September 1496 (ebd., 160 f.,

singulärer Aufgabenstellung[17], denen immer auch zwei oder drei reichsstädtische Vertreter angehörten[18], konstituierten die Reichsstände am 18. Oktober 1496 auch noch einen interständischen Ausschuß mit umfassender Zuständigkeit, dem neben Berthold von Henneberg noch ein kurbrandenburgischer Vertreter und je drei geistliche und weltliche Reichsfürsten bzw. ihre Räte und die Gesandten dreier Reichsstädte angehörten[19]. Vom folgenden Tag an bis zum Ende des Reichstages am 9. Februar 1497 war er fast täglich mit offenen Problemen der Reichstagsentscheidungen von 1495 beschäftigt, mit Fragen des Reichslandfriedens, der Handhabung Friedens und Rechts, der Reichskammergerichtsordnung, des Gemeinen Pfennigs, der „Goldenen Münze", der „guten policey" u. a.[20]. Indem es auch 1498 auf dem Freiburger Reichstag zu einem solchen Ausschuß kam[21] — während 1497 in Worms diese interständischen Gremien nur für die Beratung bestimmter aktueller Probleme eingerichtet wurden[22] —, konkretisierte sich auch auf diesem

---

Nr. 54). — Das Zitat findet sich: HHStA Wien: MEA RTA 1 b, fol. 244v; siehe auch: *Alfred Schröcker*, unio atque concordia. Reichspolitik Bertholds von Henneberg 1484 bis 1504, Diss. phil. Würzburg 1970, 221 f.; zum Lindauer Reichstag: *Schröcker*, ebd., 208 - 252; *Hermann Wiesflecker*, Kaiser Maximilian I. Das Reich, Österreich und Europa an der Wende zur Neuzeit, Bd. II: Reichsreform und Kaiserpolitik. 1493 - 1500. Entmachtung des Königs im Reich und in Europa, München 1975, 256 - 271; *Angermeier*, Die Reichsreform 1410 - 1555 (Anm. 3), 188 f.

17 Einer wurde am 18. September, einer am 12. Oktober 1496 eingerichtet, um Antwortschreiben der Reichsstände an König Maximilian I. vorzubereiten: RTA MR, Bd. 6 (Anm. 16), 161, Nr. 55, 192, Nr. 106; zu den Beratungen dieser Ausschüsse siehe ebd., 164, Nr. 61, 192 ff., Nr. 107, 108, 112.

18 Es waren dies im Ausschuß vom 13. September 1496 für Straßburg Hans Wilhelm von Rottweil und für Ulm Wilhelm Besserer, vom 18. September 1496 für Straßburg wieder Hans Wilhelm von Rottweil und für Augsburg Ludwig Hoser, vom 12. Oktober 1496 ebenfalls diese beiden und für Köln Herbert von Bilsen (RTA MR, Bd. 6 [Anm. 16], 155, Nr. 47, 161, Nr. 55, 192, Nr. 106).

19 Vgl. dazu die Zusammenstellung in Anlage I.

20 Vgl. dazu RTA MR, Bd. 6 (Anm. 16), 196 - 336 passim. Zum Wormser Reichstag von 1495 jetzt grundlegend: RTA MR, Bd. 5: Reichstag von Worms 1495, bearb. von Heinz Angermeier, Göttingen 1981; dazu siehe ferner zuletzt: *Angermeier*, Die Reichsreform 1410 - 1555 (Anm. 3), 164 ff. (dort auch Hinweise auf frühere Arbeiten Angermeiers zu diesem Thema); vgl. ferner *Wiesflecker*, Kaiser Maximilian I. (Anm. 16), 217 - 249.

21 Er wurde am 3. Juli 1498 u. a. auch auf Wunsch König Maximilians I. gebildet (RTA MR, Bd. 6 [Anm. 16], 627, Nr. 24, 636, Nr. 31) und nahm am 4. Juli seine bis zum Ende des Reichstages reichende Arbeit auf (ebd., 630 - 712 passim); siehe auch *Wiesflecker*, Kaiser Maximilian I. (Anm. 16), 279 - 301; zu seiner Zusammensetzung vgl. Anlage I.

22 So am 5. Juli 1497 zur Beilegung des Streites zwischen dem Kurfürsten von Trier und der an ihn verpfändeten Reichsstadt Boppard (RTA MR, Bd. 6 [Anm. 16], 429, Nr. 88) und am 19. Juli 1497 zur Behandlung der Auseinandersetzungen zwischen Bischof und Reichsstadt Worms (ebd., 446, Nr. 112); dieser Ausschuß faßte am 27. August 1497 einen Abschied: ebd., 487, Nr. 154; siehe auch *Heinrich Boos*, Geschichte der rheinischen Städtekultur von ihren An-

Wege der politische Wille vor allem des Kurfürsten von Mainz, über die Intensivierung reichsständischer Partizipation an der Ausübung der Reichsgewalt eine Festigung der bereits erreichten politischen Aufwertung der Reichsstände zu bewerkstelligen. Der dieser Ausschußbildung zugrunde liegende Gedanke der zentripetalen Bündelung der reichsständischen Vielfalt führte wenig später im Jahre 1500 zur Errichtung des ersten Reichsregiments, in dem die Reichsstände mehr als nur gleichgewichtig neben dem König präsent sein sollten. Bei allen Unterschieden seiner personellen Zusammensetzung im Vergleich zu den interständischen Reichstagsausschüssen erfuhr die zentripetal-zentralistische Zusammenfassung der Reichsstände durch die Einbeziehung der auch zur Reichstagsteilnahme berechtigten Reichsprälaten und Reichsgrafen sowie die der sechs Reichskreise eine Komplettierung[23]. Im Grundsätzlichen aber erscheint das Reichsregiment von 1500 als eine außerhalb des Reichstages eingerichtete Variante der interständischen Ausschüsse der späten 1490er Jahre, die in enger Beratungskooperation mit König Maximilian I. bzw. seinen Bevollmächtigten auf den Reichstagen standen, ohne von ihrer Berichtspflicht an die Gesamtheit der Reichsstände entbunden gewesen zu sein[24].

Trotz des Scheiterns des ersten Reichsregimentes im Jahre 1502 prägte dieser Gedanke auch noch zu Beginn der Regierungszeit Karls V. im Heiligen Römischen Reich die reichsständischen Überlegungen und bewirkte die Einsetzung des interständischen sog. Großen Ausschusses gleich zu Beginn des Wormser Reichstages von 1521 und die Einrichtung des zweiten Reichsregiments für die Zeit der Abwesenheit des Königs/Kaisers[25]. Gebildet aus den sechs Kurfürsten, die je zwei Räte

---

fängen bis zur Gegenwart mit besonderer Berücksichtigung der Stadt Worms, Bd. 4, Berlin 1901, 57 ff. — Zur personellen Zusammensetzung dieser Ausschüsse vgl. Anlage I.

[23] „Regiments-Ordnung, Anno 1500 auf dem Reichstage zu Augspurg aufgerichtet", in: Neue und vollständigere sammlung der reichsabschiede, welche von den zeiten kaiser Konrads II. bis jetzo auf den Teutschen reichs-tägen abgefasst worden, samt den wichtigsten reichsschlüssen, so auf dem noch fürwährenden reichstage zur richtigkeit gekommen sind, Teil II, Frankfurt/M. 1747, 56 - 63, hier 57 f., §§ 3 - 11. — Zum Nürnberger Reichsregiment von 1500 bis 1502 vgl. noch immer *Victor von Kraus*, Das Nürnberger Reichsregiment. Gründung und Verfall 1500 - 1502. Ein Stück deutscher Verfassungsgeschichte aus dem Zeitalter Maximilians I., Innsbruck 1883 (NDr. Aalen 1969); *Heinz Angermeier*, Die Reichsregimenter und ihre Staatsidee, in: HZ 211 (1970), 265 - 315; *Wiesflecker*, Kaiser Maximilian I. (Anm. 16), insbes. 305 - 313, 364 - 382, 396 - 405; *Johannes Kunisch*, Das Nürnberger Reichsregiment und die Türkengefahr, in: HJB 93 (1973), 57 - 72; für historische Fragestellungen unergiebig: *Reiner Wolgarten*, Das erste und zweite Nürnberger Reichsregiment, Diss. jur. Köln 1957 (Masch.). — Zur personellen Zusammensetzung des 1. Reichsregiments vgl. Anlage II.

[24] Vgl. dazu u. a. RTA MR, Bd. 6 (Anm. 16), 197, Nr. 117, 203, Nr. 123, 225, Nr. 146, 630, Nr. 26, 638 ff., Nr. 33 u. ö.

in ihrer Begleitung haben konnten, je vier geistlichen und weltlichen Reichsfürsten, die je einen Rat mitbringen durften, einem Reichsprälaten, zwei Reichsgrafen und zwei reichsstädtischen Vertretern, spiegelte der Große Ausschuß die Zusammensetzung der Gesamtversammlung der Reichsstände[26]. Er war das koordinierende Hauptverhandlungsgremium des „Luther-Reichstages" mit umfassender Zuständigkeit für alle Beratungsgegenstände und setzte seinerseits eine Vielzahl weiterer interständischer Ausschüsse ein, von denen der sog. „ringere usschucz", der Kleine Ausschuß, wegen seiner Arbeitsleistung auf vielen Gebieten besonders hervorzuheben ist[27]. Auch wenn der Große Ausschuß auf den Reichstagen des folgenden Jahrzehnts weiterhin gebildet wurde, so traten doch mit dem Tätigwerden des zweiten Reichsregiments Veränderungen ein, die einen Wandel in der Vorstellung der Reichsstände von der Gestaltung ihrer Partizipation an politischen Entscheidungen des Reiches signalisieren.

Zwar erreichte der Gedanke einer zentripetal-zentralistischen Bündelung der Reichsstände in der Realisierung eines aus ständischen Mitgliedern des Reichsregiments und einem interständischen Ausschuß gebildeten Hauptverhandlungsgremiums auf dem ersten Nürnberger

---

[25] „Römischer Königlicher Majestät Regiment, auff dem Reichs-Tag zu Wormbs Anno 1521 auffgericht", in: Neue und vollständigere sammlung der reichsabschiede (Anm. 23), 172 - 179; zur personellen Zusammensetzung ebd., 174 f., §§ 13 - 26, wonach gegenüber dem ersten Reichsregiment von 1500 zwei königliche/kaiserliche Vertreter hinzukamen; vgl. auch die Aufstellung in Anlage II. Siehe dazu auch: Deutsche Reichstagsakten unter Kaiser Karl V. [zit. RTA JR], Bd. 2, bearb. von Adolf Wrede (= Deutsche Reichstagsakten, Jüngere Reihe, Bd. 2), Gotha 1896, 173 - 233; ferner: *Angermeier*, Die Reichsregimenter und ihre Staatsidee (Anm. 23); *ders.*, Die Reichsreform 1410 - 1555 (Anm. 3), 237 ff.; *Adolph Grabner*, Zur Geschichte des zweiten Nürnberger Reichsregimentes 1521 - 1523 (= Historische Studien, Heft XLI), Berlin 1903; *C. F. Wyneken*, Die Regimentsordnung von 1521 in ihrem Zusammenhange mit dem Churverein, in: Forschungen zur deutschen Geschichte 8 (1868), 563 - 628; *Ernst Wülcker*, Reichstag und Reichsregiment zu Anfang der Reformationszeit, in: Preußische Jahrbücher 53 (1884), 335 - 360; *Gerhard Kattermann*, Markgraf Philipp I. von Baden als kaiserlicher Statthalter am Reichsregiment zu Eßlingen und Speyer 1524 - 1528, in: ZGO 52 (1939), 360 - 423.

[26] Vgl. dazu die protokollarischen Aufzeichnungen des Kanzlers des Bischofs von Straßburg, Dr. Eitelhans Rechburger, in: RTA JR, Bd. 2 (Anm. 25), Nr. 9, 157 - 168, hier 161; siehe ferner: *Rainer Wohlfeil*, Der Wormser Reichstag von 1521, in: Der Reichstag zu Worms von 1521. Reichspolitik und Luthersache, hrsg. von Fritz Reuter, Worms 1971, 59 - 154, hier 80 f.; *Heinz Scheible*, Fürsten auf dem Reichstag, in: ebd., 369 - 398, hier 372 ff.; *Neuhaus*, Reichstag und Supplikationsausschuß (Anm. 11), 31 f.; *Aulinger*, Das Bild des Reichstages im 16. Jahrhundert (Anm. 2), 221, differenziert nicht deutlich genug zwischen reichsständischen Ausschußmitgliedern und den sie begleitenden Ratgebern. — Zur personellen Zusammensetzung des Großen Ausschusses vgl. Anlage I.

[27] Vgl. Rechburgers Protokoll in: RTA JR, Bd. 2 (Anm. 25), Nr. 9, 162 f.; *Wohlfeil*, Der Wormser Reichstag von 1521 (Anm. 26), 81; *Neuhaus*, Reichstag und Supplikationsausschuß (Anm. 11), 32. — Zur personellen Zusammensetzung des Kleinen Ausschusses vgl. Anlage I.

Reichstag von 1522 gleichsam seinen Höhepunkt[28], und auch auf dem folgenden Reichstag 1522/23 in Nürnberg kam es noch einmal zur problemlosen Einseitzung des Großen Ausschusses[29], aber danach wurde diese Ausschußbildung immer schwieriger. In dem Maße, in dem das Regiment seit 1522 den Anspruch erhob, an die Stelle von Kaiser und Reich getreten zu sein — augenfällig an seiner Forderung, die Prozession zu der den Reichstag eröffnenden Heiligen Messe vor den Kur- und Reichsfürsten anzuführen[30], und an seinem Verlangen, daß die Reichsstände zur Verlesung der Proposition des Regimentes zu ihm zu kommen hätten[31] —, in dem Maße wuchs seine reichsständische Gegnerschaft auf dem Reichstag. Die Gefahr eines reichsständischen Zentralismus vor Augen, verweigerten Kur- und Reichsfürsten 1524 in Nürnberg sowohl das gemeinsame Beratungsgremium mit dem Reichsregiment von 1522 — „dan die reichsvorsamlung etwas mehr und grosser were den[n] das regement“[32] — als auch die Konstituierung eines Großen Ausschusses[33]. In einer Atmosphäre großer Regimentsfeindlichkeit wurde das ursprünglich reichsständische Geschöpf zum Objekt schärfster Kritik des Reichstages. Während es 1524 auf dem Reichstag von

---

[28] Vgl. die protokollarischen Aufzeichnungen über den Beginn des Reichstages bis Anfang April 1522 in: RTA JR (Anm. 25), Bd. 3, bearb. von Adolf Wrede, Gotha 1901, Nr. 3, 42 - 46, hier 43 mit Anm. 3, und den Brief des kursächsischen Rates Planitz vom 1. April 1522 an Kurfürst Friedrich den Weisen in: Des kursächsischen Rathes Hans von der Planitz Berichte aus dem Reichsregiment in Nürnberg 1521 - 1523, gesammelt von Ernst Wülcker, nebst ergänzenden Aktenstücken, bearb. von Hans Virck, Leipzig 1899, Nr. 56, 126 - 130, hier 128. — Zur personellen Zusammensetzung des Ausschusses vgl. Anlage I.

[29] Vgl. Planitz' Schreiben vom 18. November 1522 an den Kurfürsten von Sachsen: Des kursächsischen Rathes Hans von der Planitz Berichte aus dem Reichsregiment in Nürnberg 1521 - 1523 (Anm. 28), Nr. 113, 248 - 250, hier 248; siehe auch die protokollarische Aufzeichnung eines Mainzer Rates über die Verhandlungen auf dem Reichstage vom 17. November bis 26. Dezember 1522: RTA JR, Bd. 3 (Anm. 28), Nr. 51, 281 - 311, hier 285, ferner *Otto Reinhard Redlich,* Der Reichstag von Nürnberg 1522 - 23, Diss. phil. Leipzig 1887, 40 ff. — Zur personellen Zusammensetzung des Großen Ausschusses vgl. Anlage I.

[30] Vgl. dazu Planitz' Brief vom 29. März 1522 an Friedrich den Weisen: Des kursächsischen Rathes Hans von der Planitz Berichte aus dem Reichsregiment in Nürnberg 1521 - 1523 (Anm. 28), Nr. 53, 120 - 123, hier 121, und die protokollarischen Aufzeichnungen über den Beginn des Reichstages: RTA JR, Bd. 3 (Anm. 28), Nr. 3, 42 - 46, hier 42 f.

[31] Vgl. dazu den in Anm. 30 zitierten Brief des Hans von der Planitz, ebd., 122, und RTA JR, Bd. 3 (Anm. 28), Nr. 3, 42, Anm. 2; ebd., Nr. 4, 46 - 54, Proposition des Regiments vom 27. März 1522, Nr. 49, 252 - 263, die Proposition von Statthalter und Regiment vom 18. November 1522.

[32] So formuliert Hans von der Planitz schon in seinem Brief vom 29. März 1522 an den Kurfürsten von Sachsen (Anm. 30), 121. Zum Grundsätzlichen: *Angermeier,* Die Reichsregimenter und ihre Staatsidee (Anm. 23).

[33] Vgl. dazu die Akten in: RTA JR (Anm. 25), Bd. 4, bearb. von Adolf Wrede, Gotha 1905, 35 ff. Es kam allerdings — wie 1522 und 1522/23 — zu anderen interständischen Ausschüssen mit eingegrenzter Kompetenz, wie das Register, ebd., 814 f., ausweist; siehe auch RTA JR, Bd. 3 (Anm. 28), Register 958 und 959 f.

Nürnberg noch zu umfangreichen — auch interständischen — Verhandlungen über das Reichsregiment kam, u. a. auch in einem von reichsständischen Vertretern und solchen des Statthalters und Orators besetzten Ausschuß[34], wurde es 1529 in Speyer Gegenstand einer reichstäglichen Visitationskommission[35]. Von der Mitte der 1520er Jahre an stand die interständische Ausschußbildung auf den Reichstagen unter zunehmend raumgreifenderen zentrifugal-föderalistischen Vorstellungen der Reichsstände bei der Ausgestaltung ihrer reichspolitischen Partizipationsmöglichkeiten, wobei die Kurfürsten mehr und mehr ihre reichsgrundgesetzlich verankerte Sonderstellung auch gegenüber den übrigen Reichsfürsten zur Geltung zu bringen suchten und zu erbitterten Ausschußgegnern und schließlich Ausschußverweigerern wurden.

Erstmals auf dem Speyerer Reichstag von 1526 wurde die Einsetzung eines interständischen Ausschusses zum Gegenstand heftiger Auseinandersetzungen. Waren die Kurfürsten noch bereit, mit den übrigen Reichsfürsten einen gemeinsamen Ausschuß zu bilden, so lehnten sie ihn rundweg ab, als es um die Beteiligung der Reichsstädte ging. Aus ihren früheren Einwilligungen in solche Ausschußbildungen wollten sie keine Dauerverpflichtung abgeleitet sehen, da ohnehin auf Reichstagen nur das entscheidend wäre, was der Kurfürstenrat für gut befünde[36]. Wenn sie der Einsetzung eines sog. Großen Ausschusses einen Monat nach Reichstagsbeginn dann doch noch unter Beteiligung der Reichsstädte zustimmten, so geschah das mit dem Ziel, die Beratungen des Reichstages insbesondere in der Frage der Türkenhilfe zu beschleunigen, und unter dem Vorbehalt, daß die Bildung eines solchen interständischen Gremiums nicht zur Regel werde, sondern auf jedem Reichstag neu zu entscheiden sei. Jeder der sechs Kurfürsten entsandte einen bevollmächtigten Rat, während die für den Ausschuß bestimmten Reichsfürsten teils persönlich an den Beratungen teilnahmen, sich teils aber auch vertreten ließen[37]. Nachdem 1529, als das Reichsregiment schon keine Bedeutung mehr hatte, die Bildung des Großen Ausschusses mit

---

[34] Vgl. dazu die Akten in: RTA JR, Bd. 4 (Anm. 33), 336 ff.; die personelle Zusammensetzung des Ausschusses ebd., 365, Anm. 3.

[35] RTA JR (Anm. 25), Bd. 7, bearb. von Johannes Kühn, Stuttgart 1935, 675 f.; siehe auch *Johannes Kühn,* Die Geschichte des Speyrer Reichstags 1529 (= Schriften des Vereins für Reformationsgeschichte, Nr. 146), Leipzig 1929, 139 f.

[36] Vgl. dazu das Protokoll in: HHStA Wien: MEA RTA 4d, 1 Bd. „Reichshandlung und Abschied zu Speier 1526", fol. 25r ff.; siehe auch *Walter Friedensburg,* Der Reichstag zu Speier 1526 im Zusammenhang der politischen und kirchlichen Entwicklung Deutschlands im Reformationszeitalter, Berlin 1887, 321 ff.; *Neuhaus,* Reichstag und Supplikationsausschuß (Anm. 11), 33 ff.

[37] Vgl. dazu das Protokoll von 1526: HHStA Wien: MEA RTA 4d (Anm. 36), fol. 50r ff.; als „grosser Ausschuß" wird er ebd., fol. 68r, 143r, 204r, bezeichnet. Siehe auch *Friedensburg,* Der Reichstag zu Speier 1526 (Anm. 36), 331 ff.; dort auch die personelle Zusammensetzung des Ausschusses; vgl. Anlage I.

Beratungskompetenz für alle Propositionsgegenstände noch einmal problemlos erfolgt war[38], gelang sie ab 1530 in dieser Weise nicht mehr, da sie die Kurfürsten verweigerten[39]. Was Herbert Grundmann in seiner Edition des Protokolls von Valentin von Tetleben als „Großen Ausschuß" bezeichnet[40], war nicht der interständische Große Ausschuß von 1521 oder 1529; und auch der 1532 auf dem Regensburger Reichstag eingesetzte interständische Ausschuß zur Beratung der Türkenhilfe war nicht „der letzte Große Ausschuß in der alten Form" — wie Rosemarie Aulinger meinte[41] —, sondern dieses Prädikat kommt allein dem von 1529 zu. Freilich bedeutete der Verzicht auf den Hauptausschuß des Reichstages nicht, daß damit jede interständische Ausschußarbeit zu Ende war. Sie wurde in der bis dahin auch schon geübten Form mit eingeschränktem Zuständigkeitsumfang fortgesetzt.

Wie für das Reichsregiment in der ersten Hälfte der 1520er Jahre war der interständische Große Ausschuß auch für den persönlich am Reichstag teilnehmenden Kaiser ein wünschenswertes und — aus seiner Sicht möglicherweise — leichter zu bestimmendes Beratungs- und Entscheidungsgremium, über das Einfluß auf die Gesamtheit der Reichsstände auszuüben war. So verwundert es nicht, daß Karl V. 1530 in Augsburg bemüht war, sich in die Zusammensetzung eines solchen Ausschusses einzuschalten. Doch darauf reagierten die Kurfürsten verärgert — „nam

---

[38] RTA JR, Bd. 7 (Anm. 35), 565 f.; dazu siehe ferner den Brief Jacob Sturms und Mathis Pfarrers vom 16. März 1529 an den Rat ihrer Heimatstadt Straßburg, in: Politische Correspondenz der Stadt Strassburg im Zeitalter der Reformation, Bd. 1: 1517 - 1530, bearb. von Hans Virck (= Urkunden und Akten der Stadt Straßburg, 2. Abt., Bd. 1), Straßburg 1882, Nr. 559, 320 f.; ferner das Schreiben Sturms vom 18. März 1529 aus Speyer an Peter Butz, den Straßburger Stadtschreiber: ebd., Nr. 560, 321; siehe auch vor allem *Kühn,* Die Geschichte des Speyrer Reichstages 1529 (Anm. 35), passim; ferner *Oestreich,* Zur parlamentarischen Arbeitsweise der deutschen Reichstage unter Karl V. (1519 - 1556) (Anm. 11), 217 f., und neuerdings *Irmgard Höß,* Der Reichstag zu Speyer 1529. Teilnehmer, Verhandlungspunkte, Ergebnisse, in: Das Wappenbuch des Reichsherolds Caspar Sturm (= Die Wappenbücher des deutschen Mittelalters, Bd. 1), Neustadt an der Aisch 1984, 139 - 150, bes. 147 f. — Zur personellen Zusammensetzung des Großen Ausschusses vgl. Anlage I.

[39] *Helmut Neuhaus,* Der Augsburger Reichstag des Jahres 1530. Ein Forschungsbericht, in: ZHF 9 (1982), 167 - 211, hier 206 - 209; anders *Oestreich,* Zur parlamentarischen Arbeitsweise der Reichstage unter Karl V. (1519 - 1556) (Anm. 11), der die Zäsur stärker beim Augsburger Reichstag von 1547/48 sieht, 218, 222 ff.; siehe auch *Neuhaus,* Reichstag und Supplikationsausschuß (Anm. 11), 41 - 63.

[40] Vgl. dazu: Valentin von Tetleben. Protokoll des Augsburger Reichstages 1530, hrsg. und eingel. von Herbert Grundmann (= Schriftenreihe der Historischen Kommission bei der Bayerischen Akademie der Wissenschaften, Schrift 4), Göttingen 1958, Register 205.

[41] *Aulinger,* Das Bild des Reichstages im 16. Jahrhundert (Anm. 2), 222; siehe aber schon *Neuhaus,* Reichstag und Supplikationsausschuß (Anm. 11), 37 f. — Zur personellen Zusammensetzung dieses Türkenhilfe-Ausschusses vgl. Anlage I.

ipsi habent ex se deputare quos volunt" — und verwahrten sich gegen den kaiserlichen Angriff auf die reichsständische Libertät: sie waren — wie Tetleben in seinem Protokoll notierte — „male [...] contenti" und lehnten die Einführung einer „nova consuetudo per Cesarem contra libertatem consilii et collegii electorum principum" entschieden ab[42]. 1532 in Regensburg stellte der vorsichtiger gewordene Kaiser mehr auf die Effektivität ab, als er angesichts der Türkengefahr gleich zu Beginn des Reichstages die Bildung eines solchen Ausschusses anregte, der über das Ausmaß einer Reichshilfe „dester grüntlich[er] und statlicher zu handeln" in der Lage sei[43]. Dem entsprachen die Reichsstände zwar, aber sie lehnten eine Kompetenzerweiterung des Ausschusses sowohl hinsichtlich einer Vergrößerung der 1530 in Augsburg bewilligten Türkenhilfe als auch der Befugnis ab, unabhängig von Kurfürsten-, Reichsfürsten- und Reichsstädterat mit Karl V. oder dem Römischen König Ferdinand I. zu verhandeln, weil „das in seiner macht nit steet"[44].

Gleichwohl hat Kaiser Karl V. auf dem Höhepunkt seiner Herrschaft im Reich im Vorfeld des sog. „Geharnischten" Augsburger Reichstages von 1547/48 noch einmal den Versuch unternommen, einen interständischen Ausschuß von den drei Reichstagskurien zu trennen und zu seinem Werkzeug zu machen. Nachdem es ihm weder auf einer Tagung von ihm ausgewählter Reichsstände in Ulm im Juni/Juli 1547 noch auf einer gleichartigen, dem Reichstag unmittelbar vorgeschalteten Versammlung in der letzten Augustwoche in Augsburg gelungen war, seinen kaiserlichen Bundesplan beschließen zu lassen und ihn damit dem komplizierten Geschäftsgang des Reichstages zu entziehen[45], unterbreiteten die kaiserlichen Kommissare am 29. August 1547 einen Vorschlag, der insbesondere bei den Kurfürsten helle Empörung hervorrief: sie regten die Einsetzung eines Ausschusses an, in dem je vier Vertreter der Kurfürsten, der geistlichen, der weltlichen Reichsfürsten und der Reichsstädte und je zwei der Reichsprälaten, der Reichsgrafen und auch der Reichsritter endlich den kaiserlichen Bundesplan zu Ende be-

42 Valentin von Tetleben (Anm. 40), 156.

43 Vgl. dazu Beilage III bei: *Ascan Westermann*, Die Türkenhilfe und die politisch-kirchlichen Parteien auf dem Reichstag zu Regensburg 1532 (= Heidelberger Abhandlungen zur mittleren und neueren Geschichte, Heft 25), Heidelberg 1910, 179 - 181, hier 180; siehe auch ebd., 56 - 69.

44 So erklärte der Türkenhilfe-Ausschuß am 29. April 1532: ebd., Beilage VII F, 193 f., hier 194.

45 Vgl. dazu zuletzt *Volker Press*, Die Bundespläne Kaiser Karls V. und die Reichsverfassung, in: Das römisch-deutsche Reich im politischen System Karls V., hrsg. von Heinrich Lutz unter Mitarbeit von Elisabeth Müller-Luckner (= Schriften des Historischen Kollegs, Kolloquien, Bd. 1), München, Wien 1982, 55 - 106; *Horst Rabe*, Reichsbund und Interim. Die Verfassungs- und Religionspolitik Karls V. und der Reichstag von Augsburg 1547/1548, Köln, Wien 1971, insbes. 134 - 176.

raten sollten. Diese 22 Ausschußmitglieder sollten — so schrieben die Gesandten der Stadt Straßburg nach Hause — „nit als diener, sonder als für sich selbs da sitzen“ und ihre Entscheidungsvorlage unter Umgehung der Reichstagskurien direkt dem Reichsrat zur Abstimmung vorlegen[46]. Daß mit einem solchen für einen Reichstag ungewöhnlichen Verfahren die Behandlung des Bundesplanes von den übrigen Beratungsgegenständen abgetrennt werden sollte, läßt die vorgesehene Beteiligung von Reichsrittern, die schon seit der Jahrhundertwende nicht mehr zu Reichstagen geladen wurden, ebenso erkennen wie es von der kaiserlichen Proposition vom 1. September 1547 bestätigt wurde, die diesen Punkt mit keinem Wort erwähnte[47].

Eingebettet in die große Auseinandersetzung um eine monarchisch-zentralistische oder ständisch-föderalistische Gestaltung des Reiches kam dieser Vorstoß der kaiserlichen Seite, der nur als ultima ratio einer verfassungspolitisch verfahrenen Situation zu verstehen ist, einer Provokation gleich. Auf sie reagierten die Kurfürsten entschieden und mit aller Deutlichkeit in einer an Kaiser Karl V. gerichteten Supplikation, ihre Präeminenz und Reputation bei der Beratung von Reichsangelegenheiten betreffend[48]. Für sie galt es, eine Aushöhlung der ständischen Partizipation und einen Angriff auf den reichsgrundgesetzlichen status quo abzuwehren. Als „des heiligen Reichs glider und seulen“ ganz im Sinne der Goldenen Bulle von 1356[49] warfen sie dem Reichsoberhaupt eine für sie unannehmbare Einführung von Neuerungen bei der Konsensfindung zwischen Kaiser und Reichsständen vor und lehnten den vorgeschlagenen Ausschuß aus drei Gründen ab: 1. weil sie dagegen waren, daß seine Mitglieder ein freies Mandat ausüben und „dise sach

---

[46] Vgl. den Bericht der Gesandten der Reichsstadt Straßburg vom 23. August/2. September 1547 in: Politische Correspondenz der Stadt Strassburg im Zeitalter der Reformation, Bd. 4: 1546 - 1549, bearb. von Harry Gerber (= Urkunden und Akten der Stadt Strassburg, 2. Abt., Bd. 4), Heidelberg 1933, Nr. 664, 757 - 761, hier 757; siehe dazu auch *Rabe*, Reichsbund und Interim (Anm. 45), 174 ff.; *Oestreich*, Zur parlamentarischen Arbeitsweise der deutschen Reichstage unter Karl V. (1519 - 1556) (Anm. 11), 222 ff.; *Neuhaus*, Reichstag und Supplikationsausschuß (Anm. 11), 49 ff.; *Press*, Die Bundespläne Kaiser Karls V. und die Reichsverfassung (Anm. 45), 79 ff.

[47] Die Proposition Karls V. vom 1. September 1547 in: HHStA Wien: RK RTA 21, III, 1a, fol. 1r - 5v; siehe auch *Rabe*, Reichsbund und Interim (Anm. 45), 197 - 203.

[48] „Supplikation an die Ro[mische] kay[serliche] Ma[jestä]t der Churfursten preeminentz und Reputation in Rathschlegen belangendt“, in: HHStA Wien: MEA RTA 13, Bd. A, fol. 78r - 81r, abgedruckt als Beilage Nr. 2 bei *Neuhaus*, Reichstag und Supplikationsausschuß (Anm. 11), 315 - 317.

[49] Dort ist von „columpna“ und von „bases imperii“ die Rede; vgl. die von Wolfgang D. Fritz bearb. Textausgabe: Die Goldene Bulle Karls IV. vom Jahre 1356 (= Fontes Iuris Germanici Antiqui in usum scholarum ex Monumentis Germaniae Historicis separatim editi, Heft XI: Bulla Aurea Karoli IV. Imperatoris Anno MCCCLVI Promulgata), Weimar 1972, 56, 68, 82, 90.

fur sich selbst und nit von wegen irer Herren, von denen sie zu diser handlung abgefertigt, berathschlagen, bedencken, und in derselben ein ordnung verfassen" sollten; 2. weil sie für sich ihre abgesonderte Beratung im Kurfürstenrat und folglich die herkömmliche Arbeitsweise auf der Ebene der drei Reichstagskurien beanspruchten, zumal Ausschußberatungen — aus ihrer Sicht — viel länger dauerten und sich stets umständlicher gestalteten; 3. weil sie nicht hinnehmen konnten, hinsichtlich der Mitgliedschaft in einem solchen Ausschuß nach einem gleichen Verteilungsschlüssel wie die geistlichen und weltlichen Reichsfürsten und sogar die Reichsstädte behandelt zu werden, was die Kohärenz des Kurfürstenkollegiums zerstört, dem Herkommen bei der Bildung interständischer Ausschüsse dieser Größenordnung widersprochen und ihrer reichsgrundgesetzlichen Stellung unter den Reichsständen und ihrem darauf gegründeten Ansehen geschadet hätte[50]. Darüber hinaus konnten sie auf den Speyerer Reichstagsabschied von 1544 verweisen, in dem reichsrechtlich verankert war, daß „den Churfürsten an ihrem Herkommen und Brauch, daß sie einen sondern Rath haben und ein jeder in den gemeinen Ausschüssen, von gemeinen Ständen des heiligen Reichs fürgenommen, seine sonderbahre Personen und Stimm haben mag [...], kein Abbruch oder Verletzung" geschehe[51].

Gegen diese Argumente startete die kaiserliche Seite 1547 in Augsburg keinen Versuch mehr, ihre Vorstellungen durchzusetzen, und nahm es hin, daß der Bundesplan als nicht proponierte Reichstagsangelegenheit in den Kurien beraten wurde. Ohne daß die auf ihn bezogenen inhaltlichen Gegensätze zwischen Kaiser und Reichsständen voll ausgetragen werden mußten, erledigte sich sein Schicksal bereits im Ausgang dieses Verfahrensstreites, der — wie Volker Press formuliert hat — einer „Feuerprobe auf die Festigkeit des Reichstags" gleichkam[52].

Aus dem Zusammenhang dieser Auseinandersetzung erklärt sich die Verfestigung der ablehnenden Haltung der Kurfürsten gegenüber interständischen Ausschüssen auf dem Reichstag selbst, wie sie das Kurfürstenratsprotokoll von 1547/48 in aller Deutlichkeit dokumentiert[53].

---

[50] Vgl. „Supplikation" (Anm. 48); dazu siehe auch: Politische Korrespondenz des Herzogs und Kurfürsten Moritz von Sachsen, Bd. 3: 1. Januar 1547 - 25. Mai 1548, bearb. von Johannes Herrmann und Günther Wartenberg (= Abhandlungen der Sächsischen Akademie der Wissenschaften zu Leipzig, Philologisch-historische Klasse, Bd. 68, Heft 3), [Ost-]Berlin 1978, Nr. 782, 557.

[51] Der Speyerer Reichstagsabschied vom 10. Juni 1544 in: Neue und vollständigere sammlung der reichsabschiede (Anm. 23), 495 - 517, hier 500, § 25. Hierzu siehe auch *Gerd Kleinheyer*, Kurverein und Kurkolleg, in: Festschrift für Werner Flume zum 70. Geburtstag, 12. September 1978, hrsg. von Horst Heinrich Jakobs [u. a.], Bd. 1, Köln 1978, 125 - 135, hier 129 mit Anm. 17.

[52] *Press*, Die Bundespläne Kaiser Karls V. und die Reichsverfassung (Anm. 45), 80.

[53] Vgl. dazu *Neuhaus*, Reichstag und Supplikationsausschuß (Anm. 11), 41 ff.

Unter Berufung auf das herkömmliche Re- und Correlationsverfahren lehnten sie den von den übrigen Reichsfürsten gewünschten Großen Ausschuß endgültig ab, weil sie darin „übermeert“ werden könnten, weil sie um die Geheimhaltung fürchteten, weil sie bei der Sonderstellung des Reichsstädterates reichsstädtische Vertreter nicht als Ausschußmitglieder akzeptieren wollten, und weil sie um ihre Präeminenz und Reputation fürchteten. Diese sahen sie durch die reichsständische Nivellierung genauso gefährdet wie durch den kaiserlichen Angriff auf die Kohärenz des Kurfürstenrates und seine den beiden anderen Reichstagskurien völlig gleichgestellte Einbeziehung in die Beschlußfassung. Die Erinnerung des Kurfürsten von der Pfalz an die Zeiten, als allein „die Churfursten alle verwaltung und reth mit kayser und konigen uf den höfen gehabt“[54] — gemeint sind die spätmittelalterlichen Hoftage —, verband sein Kölner Kollege mit der Forderung, der Kaiser solle die Präeminenz der Kurfürsten über die Wahlkapitulation hinaus als einen reichsverfassungsrechtlichen Grundsatz bestätigen[55].

Aber wie zuvor etwa 1544 in Speyer und 1545 in Worms[56] fanden sich die Kurfürsten schließlich auch 1547/48 in Augsburg noch einmal zur Beteiligung an von den Reichsstädten und auch von den Reichsfürsten geforderten interständischen Ausschüssen für die Beratung einzelner Propositionsgegenstände bereit, so daß es insgesamt zu sieben solcher Ausschüsse kam, u. a. auch zur Behandlung des Bundesplans Karls V.[57]. Gebildet von Mitgliedern der sechs reichsständischen Gruppen und lediglich mit einer auf einen bestimmten Themenkomplex begrenzten Zuarbeitungsfunktion für die Entscheidungsebene der Reichstagskurien ausgestattet, blieben sie — gleichwohl nicht selten als „grosser ausschuß“ bezeichnet[58] und damit in erster Linie an die alle reichsständische Gruppen berücksichtigende interständische Zusammensetzung der 1520er Jahre anknüpfend — dem unmittelbaren Zugriff des Kaisers versperrt. Allerdings verfestigte sich der kurfürstliche Standpunkt in der Ausschußfrage auf den folgenden Reichstagen zur strikten Ablehnung ihrer Beteiligung, so daß im „Ausführliche[n] Bericht, wie es uff Reichstägen pflegt gehalten zu werden“, aus den Anfangsjahren des letzten Drittels des 16. Jahrhunderts festgestellt werden konnte, daß

[54] So am 8. Oktober 1547 im Kurfürstenrat; vgl. das Kurfürstenratsprotokoll in: HHStA Wien: MEA RTA 14b, Bd. E, fol. 84r.

[55] Ebd.

[56] Vgl. dazu *Neuhaus*, Reichstag und Supplikationsausschuß (Anm. 11), 44.

[57] Ebd., 45 ff.; siehe auch *Rabe*, Reichsbund und Interim (Anm. 45), 273 ff. (zum Bundesplan Karls V.), 295 ff.

[58] So etwa hinsichtlich des auf dem Wormser Reichstag von 1545 eingerichteten interständischen Ausschusses für Polizei- und Münzfragen; vgl. HHStA Wien: MEA RTA 10, 1 Bd. „Reichstag zu Worms 1545“, fol. 58r, 126r. Die personelle Zusammensetzung des Ausschusses nennt HHStA Wien: MEA RTA 11, 1 Bd. „Protocoll des Reichstags zu Wormbs Anno 1545“, fol. 11r.

zu Zeiten Maximilians I. und Karls V. „vast schleunig auff den Reichstagen procedirt und derwegen der Ausschuß merertheils gebraucht worden“ sei, daß aber seitdem die Kurfürsten „solche Außschuß vorbaß vermitten und in irer Einigung under andern versehen, das in dieselb nit leichtlich soll bewilligt werden“[59]. In ihrer „Unio Electoralis novissima“ von Frankfurt hatten sich die Kurfürsten am 18. März 1558 darauf verständigt, sich auf „Kayserl[ichen] oder Königlichen Tägen [...] in rathschlagen, antworten und beschliessen nit [zu] trennen oder von einander [zu] scheiden, sondern als ein Wesen und Sammelung bey einander [zu] halten, [zu] stehen und [zu] bleiben“[60]. Bereits in der vier Tage älteren zweiten Wahlkapitulation Ferdinands I. hatten sie die königliche/kaiserliche Zusage erstmals durchgesetzt, „auch bey ihrem gesonderten Rath, in Sachen das Heil[ige Römische] Reich belangende, geruhiglich bleiben und gantz ungedrängt [ge-]lassen“ zu werden[61].

---

[59] Traktat über den Reichstag im 16. Jahrhundert (Anm. 5), 71.

[60] Vgl. den Text der „Unio Electoralis novissima d[e] a[nno] 1558“ in: *Johann Jacob Schmauß*, Corpus Juris Publici S. R. Academicum, enthaltend des Heil. Röm. Reichs deutscher Nation Grund-Gesetze, nebst einem Auszuge der Reichs-Abschiede, anderer Reichs-Schlüsse und Vergleiche. Neue und mit verschiedenen Anmerkungen, wie auch einigen der neuesten und merkwürdigsten Staatshandlungen vermehrte Auflage durch Heinrich Gottlieb Franken und Gottlieb Schumann, Leipzig 1774, Nr. XXXIII, 215.

[61] Vgl. die Wahlkapitulation Ferdinands I. vom 14. März 1558 in: Wahl-Capitulationes, Welche mit denen Römischen Käysern und Königen, Dann des H. Röm. Reichs Churfürsten, Als dessen vordersten Gliedern und Grund-Säulen seit Carolo V. her, biß auff Ferdinandum IV. vor sich, und folglich biß auff Josephum I. zugleich vor sämtliche des Heil. Röm. Reichs Fürsten und Stände, Geding- und Pactsweise auffgerichtet, vereiniget und verglichen, hrsg. von Christoph Ziegler, Frankfurt/M. 1711, 22 - 37, hier 34, Artikel XXVI. In der ersten Wahlkapitulation Ferdinands I. vom 7. Januar 1531 fehlt diese Bestimmung noch: Römisch-Königliche Kapitulation Ferdinands des Ersten vom 7. Jenner 1531, mit einigen Beylagen und Anmerkungen, hrsg. von Gottfried August Arndt, Leipzig 1781. — Darüber hatte es während des Frankfurter Kurfürstentages eine längere Debatte gegeben. Im Konzept der Wahlkapitulation vom 14. März 1558 hatte es zunächst geheißen, daß der Römische König die Kurfürsten „auch bei Irem gesonderten Rathe [...] in sachen das Heilig Reich belangendt geruwiglich pleiben und der Ausschuß halben oder sonst [...] gantz unbetrangt bleiben lassen“ wolle (HHStA Wien: MEA, Wahl- und Krönungsakten 4, fol. 40v; das ganze Konzept ebd., fol. 26r - 43r). Dazu ist dann vermerkt, daß im Original die Wörter betr. der Ausschüsse aufgrund eines Vergleichs der Kurfürsten mit Ferdinand I. ausgelassen wurden. Diese Entscheidung war bei den Kurfürsten am 8. März 1558 gefallen, nachdem der König darum gebeten hatte. Sie erklärten, daß sie diesen Passus in die Wahlkapitulation hätten aufnehmen wollen, weil „hievor wol etwas hart in die Churf[ursten] getrungen worden, die Ausschuß zu bewilligen“, und um zu erreichen, „hinfüro dern [...] geubrigt [zu] sehen“, gaben sich dann aber „zuversichtlich, Konig werde daran sein, damit in kunftigem Reichstag sie der Ausschuß erlassen, wie dan uf den 2 lesten Reichstagen die Churf[ursten] deren enthoben“ gewesen seien (vgl. das Protokoll des Kurfürstentages ab 25. Februar 1558 ebd., fol. 214v; das ganze Protokoll ebd., fol. 131r - 284r). Ferdinand sagte außerhalb der Wahlkapitulation zu, weder „in die Churf[ursten] noch dero Rethe der Ausschuß halben nit tringen“ zu wollen (ebd., fol. 215r).

Und ganz in diesem Sinne erklärte Kursachsen Ende 1596 gegenüber dem Kaiserhof, daß „des heyligen reichs churfürsten eine sonderliche hochheit und praeeminenz, eine aigene capitulation und verbrüderung haben, das sie auch iren aigenen churfürsten rath als ein unzertrenn-[t]es collegium halten, das man sie in fürsten- und stättrath gebürlich respectirt und das sie sich de consuetudine imperii zu kainem ausschuß neben den fürsten und gemainen stenden bringen und vermögen lassen“[62].

Auch wenn es in der zweiten Hälfte des 16. Jahrhunderts noch vereinzelt interständische Ausschüsse gegeben hat[63], so verfestigte sich seit der Mitte des Jahrhunderts doch die Tendenz zur „Rekurialisierung“ des Reichstages, worunter Winfried Schulze die Umkehrung der in den interständischen Ausschüssen greifbaren Entwicklung „zur Aufweichung der Kurien“ versteht[64], das Rückgängigmachen der von Gerhard Oestreich für die Zeit Karls V. konstatierten „gewisse[n] Überwindung des engen ständischen Prinzips“[65]. In Augsburg auf den Reichstagen der Jahre 1550/51 und 1555 stets mit der Forderung der übrigen reichsständischen Gruppen im Reichsfürsten- und Reichsstädterat nach Einrichtung interständischer Ausschüsse — allerdings erfolglos — bedrängt[66], stellten die kurfürstlichen Räte zur Frage der jetzt vermehrt „gemainer außschuß“ genannten Gremien für die Beratung der vom Kaiser proponierten Reichsangelegenheiten auf dem Regensburger Reichstag von 1556/57 „semel [pro] semper Jeetz fur aall mall“ fest, „daß sie alzumal und ein Jeder in sonderheitt von seinem gnedigsten herren mitt dem sondern beuelch abgefertigt [worden seien], sollichen ausschuß kheines wegs einzugeen. Darumb“ — so fuhren sie gegenüber dem Fürstenrat fort — „wurde alle vernere bemuehung umb sonst vergebenlich sein“[67].

---

62 Zitiert nach *Schulze*, Reich und Türkengefahr im späten 16. Jahrhundert (Anm. 5), 211. Zu ähnlichen Meinungsäußerungen siehe *D. Franz Dominicus Häberlin*, Neueste Teutsche Reichs-Geschichte vom Anfange des Schmalkaldischen Krieges bis auf unsere Zeiten [...], Bd. 20, Halle 1786, 494 ff.

63 *Aulinger*, Das Bild des Reichstages im 16. Jahrhundert (Anm. 2), 223, Anm. 18, verweist auf den Augsburger Reichstag von 1566.

64 *Schulze*, Reich und Türkengefahr im späten 16. Jahrhundert (Anm. 5), 128 f.

65 *Oestreich*, Zur parlamentarischen Arbeitsweise der deutschen Reichstage unter Karl V. (1519 - 1556) (Anm. 11), 222.

66 Vgl. dazu *Neuhaus*, Reichstag und Supplikationsausschuß (Anm. 11), 54 ff. Lediglich am 14. Oktober 1550 wurde ein interständischer Ausschuß zur Behandlung der schon lange diskutierten schwierigen Frage einer Reichsmünzordnung eingerichtet (HHStA Wien: MEA RTA 32, Protokoll Prima pars, fol. $362^{r,v}$); vgl. dazu auch *Neuhaus*, Reichsständische Repräsentationsformen im 16. Jahrhundert (Anm. 1), 360 ff. (Reichsmünztage).

67 Vgl. das Protokoll des Reichsfürstenrates vom 27. September 1556: HHStA Wien: RK RTA 39, Fürstenratsprotokoll, fol. 305^{v}; siehe auch ebd., fol. 373^{v}, 374^{r}.

Ganz auf der Linie dieser grundsätzlichen Ablehnung interständischer Reichstagsausschüsse lag dann die Abschließung der Kurfürsten in ihrem Kurfürstenrat auch auf dem ersten, analog zu den „gemeinen" Ausschüssen zusammengesetzten Ordentlichen Reichsdeputationstag zu Worms 1564, wie er 1555 in der Reichsexekutionsordnung reichsrechtlich verankert worden war[68]. Daß sich die Kurfürsten wie in der ersten so auch in der zweiten Hälfte des 16. Jahrhunderts stets am interständischen Supplikationsausschuß beteiligten, erklärt sich aus der Einschätzung der Bitten und Beschwerden, die keine zentralen Reichsangelegenheiten waren[69]. Ebenso wie beim in gleicher Weise besetzten und um kaiserliche Vertreter erweiterten Redaktionsausschuß für die Zusammenstellung des Reichsabschieds aus den verschiedenen Reichstagsbeschlüssen[70] sahen sie dort ihre Präeminenz und Reputation nicht gefährdet.

Längst nicht so weitgehend wie die aus dem reichsgrundgesetzlichen Selbstverständnis der Kurfürsten hergeleitete Kritik an den interständischen Reichstagsausschüssen war die vereinzelt vorgetragene der übrigen Reichsstände, wie das Beispiel des bischöflich-augsburgischen Kanzlers Dr. Konrad Braun aus der Mitte des 16. Jahrhunderts zeigt. Ihre Kritik war schon deshalb weniger grundsätzlich, weil die Reichsfürsten — und erst recht die Reichsstädte, für die solche Ausschüsse von größter Wichtigkeit für ihre Partizipation an reichspolitischer Gestaltung auf Reichstagen waren[71] — an den interständischen Ausschüssen aus genau den Gründen festhielten, deretwegen die Kurfürsten sie schließlich ablehnten. Konrad Brauns Kritik zielte auf die mangelnde Effektivität der Ausschußarbeit, wenn er am 19. November 1554 aufgrund seiner Erfahrungen mit der Erarbeitung einer neuen Reichs-

---

[68] Vgl. dazu *Neuhaus*, Reichsständische Repräsentationsformen im 16. Jahrhundert (Anm. 1), 423 - 492, insbes. 440 ff.; ferner *ders.*, Zwänge und Entwicklungsmöglichkeiten reichsständischer Beratungsformen in der zweiten Hälfte des 16. Jahrhunderts, in: ZHF 10 (1983), 279 - 298, hier insbes. 287 ff. — Zur personellen Zusammensetzung des Ordentlichen Reichsdeputationstages vgl. auch Anlage II.

[69] Vgl. dazu *Neuhaus*, Reichstag und Supplikationsausschuß (Anm. 11), 148 ff., 301 ff.; siehe ferner ebd., nach 324, Beilage Nr. 6: Zusammensetzung des Supplikationsausschusses nach Reichsständen auf Reichstagen in der Zeit von 1521 bis 1594 und im „Traktat über den Reichstag im 16. Jahrhundert" aus dem Jahre 1569.

[70] Ebd., 70 - 73. Ein solcher Ausschuß zur Abfassung des Reichstagsabschieds wurde — soweit zu sehen ist — erstmals auf dem Freiburger Reichstag von 1498 tätig: RTA MR, Bd. 6 (Anm. 16), 677, Nr. 62; 683, Nr. 71.

[71] Dazu jetzt: *Georg Schmidt*, Der Städtetag in der Reichsverfassung. Eine Untersuchung zur korporativen Politik der Freien und Reichsstädte in der ersten Hälfte des 16. Jahrhunderts (= Veröffentlichungen des Instituts für Europäische Geschichte Mainz, Abteilung Universalgeschichte, Bd. 113; = Beiträge zur Sozial- und Verfassungsgeschichte des Alten Reiches, Nr. 5), Wiesbaden, Stuttgart 1984, insbes. 247 - 289.

kammergerichtsordnung befand, es sei zwar zur Gewohnheit geworden, daß „alle wichtige Reichssachn, so In dem Reichsrat proponirt, Erstlich durch sondere außschuß gehandelt“ würden, aber der Erfolg dieses grundsätzlich richtigen Arbeitsverfahrens sei aufgrund des Mangels an Erfahrung und Kompetenz der Ausschußmitglieder und der fehlenden personellen Kontinuität immer wieder in Frage gestellt: „wiewol die personen, so zu solchem außschuß verordent, geschickt und erfarn sein sollen, so sein sie doch der sachen, so proponirt worden, nit zugleich erfarn, komen ettwann gantz frembd zu der sache, darumb volgt dann zu vilmaln, das die handlungen nit in die Ordnung wie der sachen gelegenhait erfordert, verfast werden, wie dan Inn vilenn fellen die erfarung gebe“; im Fall der Beratungen der Reichskammergerichtsordnung auf zahlreichen Reichstagen und „in underschiedlichen außschussen“, zuletzt 1547/48 in Augsburg[72], sei „ain solche unordnung gewesen, das gemaine Reichsstend zu letzst auß not getrungen“ gewesen seien, sie „etlichen sondern personen zu bevelhen“[73], also einem Fachausschuß juristischer Experten.

Braun verwies damit auf eine Art von Ausschüssen, die es — besetzt mit Juristen oder Theologen oder Militärs — seit dem Wormser Reichstag von 1521 auch immer wieder gegeben hat, ja geben mußte, weil die Vielfalt und Kompliziertheit der zu lösenden Probleme solche institutionelle Erweiterungen einfach erforderte. Über sie wurden die sachverständigen Räte der Reichsterritorien — wie bei den anderen Ausschüssen die in landesherrlichen Diensten stehenden politischen Ratgeber — in die Reichstagsarbeit eingebunden. Aber ebenso wie auf diese Fachausschüsse ist auf eine Vielzahl anderer Gremien dieser Art, die der Ausschußebene der Reichstage ihr höchst differenziertes Aus-

---

[72] Dazu jetzt zusammenfassend: *Peter Schulz*, Die politische Einflußnahme auf die Entstehung der Reichskammergerichtsordnung 1548 (= Quellen und Forschungen zur höchsten Gerichtsbarkeit im Alten Reich, Bd. 9), Köln, Wien 1980; siehe auch *Rabe*, Reichsbund und Interim (Anm. 45), 303 ff.

[73] Vgl. „Der Kraiß Protocoll durch Doctor Braunen, gehalten zu Franckfurt 1554“, im StadtA Frankfurt/M.: Rheinische Kreishandlungen, Mittelgewölbe, D 31 - 33, Litera L, fol. 250r - 292v, hier fol. 277r, v. Zu Dr. Konrad Braun vgl. *Nikolaus Paulus*, Dr. Konrad Braun. Ein katholischer Rechtsgelehrter des 16. Jahrhunderts, in: HJB 14 (1893), 517 - 548; *Adolf Laufs*, Der Schwäbische Kreis. Studien über Einigungswesen und Reichsverfassung im deutschen Südwesten zu Beginn der Neuzeit (= Untersuchungen zur deutschen Staats- und Rechtsgeschichte, N. F. Bd. 16), Aalen 1971, 269 f., und die dort (Anm. 171) angegebene Literatur; *ders.*, Einleitung zu: Die Reichskammergerichtsordnung von 1555, unter Mitarbeit von Christa Belouschek und Bettina Dick hrsg. von Adolf Laufs (= Quellen und Forschungen zur höchsten Gerichtsbarkeit im Alten Reich, Bd. 3), Köln, Wien 1976, 1 - 53, hier 20, 25; *Karl Konrad Finke*, Die Tübinger Juristenfakultät 1477 - 1534. Rechtslehrer und Rechtsunterricht von der Gründung der Universität bis zur Einführung der Reformation (= Contubernium. Beiträge zur Geschichte der Eberhard-Karls-Universität Tübingen, Bd. 2), Tübingen 1972, insbes. 205 ff.

sehen verleihen[74], hier nicht näher einzugehen — mit einer Ausnahme: die interständischen, die konfessionspolitische Entwicklung infolge der Reformation widerspiegelnden Ausschüsse.

Die Reformation war jener Problemkreis der Reichspolitik in der ersten Hälfte des 16. Jahrhunderts, der die Organisation der Reichstage dieser Zeit am meisten beeinflußt hat. Sie begann, sich nach der Speyerer Protestation von 1529 auszuwirken, als auf dem Augsburger Reichstag von 1530 zur Lösung der Religionsfrage „vonn beidenn teiln In gleicher, doch geringer annzalh etzliche sonndere der sachen vorstenndige unnd zu fridenn unnd ainigkeit genaigte personen“ einen Ausschuß bilden sollten[75]. In diesem konfessionsparitätisch besetzten sog. Vierzehnerausschuß, dem Kurfürsten und Reichsfürsten, kurfürstliche und reichsfürstliche Räte und Theologen angehörten, aber keine reichsprälatischen, reichsgräflichen und reichsstädtischen Vertreter[76], sollte mittels „amicabilis compositio“ die Religionsfrage gelöst und die drohende Glaubensspaltung „institutionell aufgefangen“ werden[77]. Indem

[74] Vgl. dazu *Neuhaus*, Reichstag und Supplikationsausschuß (Anm. 11), 63 - 73.

[75] Urkundenbuch zu der Geschichte des Reichstags zu Augsburg im Jahre 1530, nach den Originalen und nach gleichzeitigen Handschriften, hrsg. von Karl Eduard Förstemann, Bd. 2, Halle 1835 (NDr. Osnabrück 1966), 217, Nr. 142; vgl. dazu auch *Neuhaus*, Der Augsburger Reichstag des Jahres 1530 (Anm. 39), 206 ff.

[76] Dem Vierzehnerausschuß gehörten an:

Mitglieder	Katholiken	Protestanten
Kurfürsten	Köln: Bernhard von Hagen, Kanzler	Sachsen: Kurprinz Johann Friedrich
		Sachsen: Gregor Brück, alter Kanzler
Reichsfürsten	Augsburg: Bischof Christoph von Stadion	
	Braunschweig-Wolfenbüttel: Herzog Heinrich*	Brandenburg-Ansbach: Markgraf Georg
	Baden: Hieronymus Vehus, Kanzler	Brandenburg-Ansbach: Sebastian Heller, Kanzler
Theologen	Johann Eck	Philipp Melanchthon
	Konrad Wimpina	Erhard Schnepf
	Johannes Cochläus	Johannes Brenz

* Ihn ersetzte später Herzog Georg von Sachsen. — Siehe auch Valentin von Tetleben (Anm. 40), 117 f., und HHStA Wien: MEA RTA 5, fol. 208 r ff., 232 r.

[77] *Winfried Becker*, Die Verhandlungen der Reichsstände über die CA als Ringen um Einheit und Kirchenreform, in: Confessio Augustana und Confutatio. Der Augsburger Reichstag 1530 und die Einheit der Kirche. Internationales Symposion der Gesellschaft zur Herausgabe des Corpus Catholi-

dies 1530 in zwei paritätischen Ausschüssen nicht gelang, Parität aber zur Bedingung interkonfessioneller Beratungen auf Reichstagen wurde, wirkte sich die konfessionelle Spaltung auch auf die Organisation der Reichstagsarbeit aus. Neben paritätisch besetzten interständischen Ausschüssen brachte sie separate Ausschüsse der Protestanten und Katholiken zur Vorbereitung und Begleitung von Religionsgesprächen innerhalb des Reichstages mit sich, wie sie insbesondere zu Beginn der 1540er Jahre zu beobachten sind[78].

Nach dem Scheitern des nicht paritätisch gebildeten und in seiner Zusammensetzung maßgeblich vom Kaiser beeinflußten Interims-Ausschusses auf dem Augsburger Reichstag von 1547/48[79], der kurzzeitig noch einmal deutlich machte, was Karl V. mit seinem außerhalb des Reichstages zu konstituierenden 22er-Ausschuß zur Behandlung seines Bundesplanes im Schilde geführt hatte, bestimmte der Passauer Vertrag von 1552, daß zu Beginn des in Aussicht genommenen Reichstages zur Lösung der Religionsfrage „ein Außschuß von etlichen schiedlichen verständigen Personen, beyderseits Religionen in gleicher Anzahl, geordnet werden [solle], mit Befelch zu berathschlagen, welcher massen solche Vergleichung am füglichsten möchte fürgenommen werden“[80]. Den Kurfürsten wurde zugesichert, daß er wegen seiner auch interständischen Zusammensetzung ihre Präeminenz und Reputation nicht berühre, was sie am 9. März 1555 in Augsburg veranlaßte, allein dieser Ausschußbildung zuzustimmen, die dann freilich nicht erfolgte[81]. Zu ihr kam es allerdings 1556/57 in Regensburg, als sich die Kurfürsten aus denselben Gründen gezwungen sahen, je einen Rat in den interständischen „gemeinen Religions Außschuss“ zu entsenden[82]. Von einer „konfessionalistischen Zersetzung der Reichstagsverfassung“ — so Horst Rabe 1971[83] — wird man freilich nicht sprechen können, denn Ausschußbildungen außerhalb des Beratungsgegenstandes „Religionsfrage“

corum in Augsburg vom 3. - 7. September 1979, in Verbindung mit Barbara Hallensleben hrsg. von Erwin Iserloh (= Reformationsgeschichtliche Studien und Texte, Heft 118), Münster 1980, 127 - 154, hier 138; siehe auch die folgende Diskussion, ebd. 155 - 174, insbes. 160 f.

[78] Vgl. dazu *Neuhaus*, Reichstag und Supplikationsausschuß (Anm. 11), 38 f.

[79] Ebd. 68 f.; zum Zusammenhang vor allem *Rabe*, Reichsbund und Interim (Anm. 45), 240 ff., 407 ff., insbes. 413 - 424.

[80] Der Passauer Vertrag vom 2. August 1552 in: Neue und vollständigere sammlung der reichsabschiede (Anm. 23), Teil III, 3 - 12, hier 5, § 7.

[81] Vgl. dazu „Verzeichnus bedenkens, was auf der churfürstlichen erklerung ires befelchs zu consultiern oder zu thon oder votiern“, in: Briefwechsel des Herzogs Christoph von Wirtemberg (Anm. 1), Nr. 42a, 100 - 102; siehe auch *Neuhaus*, Reichstag und Supplikationsausschuß (Anm. 11), 58 ff.

[82] Vgl. das Protokoll des Reichsfürstenrates vom 24./25. November 1556: HHStA Wien: RK RTA 39, Fürstenratsprotokoll, fol. 452r.

[83] *Rabe*, Reichsbund und Interim (Anm. 45), 203.

blieben von konfessionsparitätischen Besetzungsvorgaben unberührt und waren — wie gezeigt — viel stärker von präkonfessionellen interständischen Gegensätzen geprägt.

Ich fasse zusammen und komme zum Schluß: Nach der Herausbildung des Reichstages mit seinem bald fest umrissenen und in drei Kurien gegliederten Teilnehmerkreis am Ende des 15. Jahrhunderts sahen sich die Reichsstände zwecks Intensivierung ihrer reichspolitischen Partizipation bei gleichzeitig wachsenden und komplizierter werdenden Problemen zur Anwendung effektiverer Arbeitsweisen veranlaßt. Dabei bedienten sie sich der Beratungsform in kleineren Gremien und bildeten vor allem innerkuriale und interkuriale/interständische Ausschüsse ohne Entscheidungsbefugnisse.

Die die kuriale und ständische Abgrenzung durchbrechende interständische Ausschußbildung erfolgte zunächst — wie bei den beiden Reichsregimentern — im Zeichen zentripetal-zentralistischer Bündelung. Sie erfuhr eine Veränderung in Richtung auf eine zentrifugal-föderalistische Partizipation der Reichsstände in dem Maße, in dem insbesondere die Kur- und Reichsfürsten stärker am Ausbau ihrer Territorialstaaten interessiert waren. Damit einher lief die reichsständischer Nivellierung entgegenwirkende stärkere Hervorhebung der reichsgrundgesetzlichen Vorrangstellung der Kurfürsten, die die Einrichtung interständischer Ausschüsse prinzipiell in Frage stellte; dabei begünstigten die kaiserlichen Zugriffsversuche auf den Reichstag insbesondere das kurfürstliche Exklusivitätsverlangen.

Die mit der Reformation aufgeworfene Religionsfrage als reichspolitisches Hauptproblem der ersten Hälfte des 16. Jahrhunderts verursachte mit der Einrichtung konfessionsparitätischer interständischer Ausschüsse nur partiell Wandlungen der Organisation des Reichstages, ohne dessen Geschlossenheit aufzubrechen. Gleichwohl drang damit die konfessionelle Spaltung in die Reichstagsberatungen ein, die schließlich zu den entsprechenden Bestimmungen des Westfälischen Friedens und seinen an der Einrichtung von Corpus Evangelicorum und Corpus Catholicorum ablesbaren Folgen führte.

Der Reichstag hat sich bis zur Mitte des 16. Jahrhunderts als reichspolitisches Zentrum organisatorisch weitgehend gefestigt, ohne an eine Geschäftsordnung gebunden gewesen zu sein. Gerade deshalb entstanden Handreichungen wie die vom Mai 1554 für Herzog Christoph von Württemberg — um noch einmal auf ihn zurückzukommen. Ob er sich bei seiner ersten Teilnahme am Augsburger Reichstag von 1555 zurechtgefunden hat — darüber geben die Quellen keine Auskunft. Kompliziert genug war ein Reichstag, um Fehler zu machen — für die Zeitgenossen wie seine nachgeborenen Betrachter.

Anlage I: **Die personelle Zusammensetzung interständischer**

Reichsstände	RT Lindau 1496/97 Ausschuß vom 18. 10. 1496	RT Worms 1497 Ausschuß vom 5. 7. 1497	RT Worms 1497 Ausschuß vom 19. 7. 1497	RT Freiburg/Br. 1498 Ausschuß vom 3. 7. 1498
• **Kurfürsten**				
Mainz	* Berthold v. Henneberg	* Berthold v. Henneberg	* Berthold v. Henneberg	* Berthold v. Henneberg
Köln				* Hermann v. Hessen
Trier		N. N.	N. N.	* Johann v. Baden
Pfalz		N. N.	N. N.	
Sachsen		N. N.	N. N.	* Friedrich III. d. Weise
Brandenburg	Erasmus Brandenburg	N. N.	N. N.	* Johann Cicero
Geistliche Reichsfürsten				
• Eichstätt	* Gabriel v. Eyb			* Gabriel v. Eyb
• Würzburg	Haug v. Lichtenstein	Haug v. Lichtenstein	N. N.	* Lorenz v. Bibra
• Augsburg	Heinrich v. Lichtenau	Heinrich v. Lichtenau		
• Salzburg			N. N.	
• Bamberg			N. N.	Sebastian Ilsung
• Straßburg				
Freising				
• Konstanz				
• Speyer				
• Worms				
Weltliche Reichsfürsten				
• Brandenburg-Ansbach	Konrad v. Berlichingen	Johann Pfotel	N. N.	Johann Pfotel
• Baden	Johann Aulber			Johann Aulber
• Hessen	Thilo Wolff		N. N.	
• Jülich		Johann Nagel	N. N.	
Pfalz-Mosbach				Balthasar Manheimer
• Sachsen				
Pfalz-Simmern				
• Pfalz				
• Bayern-München				
Leuchtenberg				
Bayern-Landshut				
• Braunschweig				
Reichsprälaten				
• Weingarten				
Reichsgrafen				
Leiningen-Westerburg				
Wertheim				
Solms				
Geroldseck				
Reichsstädte				
• Köln	Herbert v. Bilsen[1]		N. N.	
• Straßburg	Hans Wilhelm v. Rottweil	Hans v. Seckingen		Hans Wilhelm v. Rottweil
• Augsburg	Konrad Peutinger	Konrad Peutinger	N. N.	Konrad Peutinger
• Frankfurt			N. N.	
• Ulm				Matthäus Neithart
• Nürnberg				
Überlingen				
Quellen	RTA MR, Bd. 6 (Anm. 16), Nr. 113, 195	RTA MR, Bd 6 (Anm. 16), Nr. 88, 429	RTA MR, Bd. 6 (Anm. 16), Nr. 112, 446	RTA MR, Bd. 6 (Anm. 16), Nr. 24, 627, Nr. 31, 636

Die Erläuterungen zu Anlage I befinden sich auf Seite 140.

Reichstagsausschüsse zwischen 1496 und 1532

RT Worms 1521 „Großer Ausschuß“	RT Worms 1521 „Kleiner Ausschuß“	RT Nürnberg 1522 Ausschuß mit Regiment	RT Nürnberg 1522/23 „Großer Ausschuß“	Reichsstände
				Kurfürsten
* Albrecht v. Brandenburg	Sebastian Rotenhan	[Sebastian Rotenhan]	* Albrecht v. Brandenburg	Mainz
* Hermann v. Wied	Degenhard Witte	Ludwig v. Seinsheim[R]		Köln
* Richard v. Greifenklau	Heinrich D. v. Wittlich			Trier
* Ludwig V. d. Friedfertige	Florenz v. Venningen	N. N.	Pfalzgraf Friedrich	Pfalz
* Friedrich III. d. Weise	Philipp v. Feilitsch			Sachsen
Joachim I. Nestor	Wolfgang Kettwig (?)	[Wolfgang Kettwig]		Brandenburg
				Geistliche Reichsfürsten
			* Gabriel v. Eyb	Eichstätt
* Konrad v. Thüngen	Peter v. Aufseß	* Konrad v. Thüngen[R]	* Konrad v. Thüngen	Würzburg
* Christoph v. Stadion				Augsburg
				Salzburg
* Georg Schenk v. Limburg		* Georg Schenk v. Limburg	* Weigand v. Redwitz	Bamberg
* Wilhelm v. Hohnstein	Eitelhans Rechburger	* Wilhelm v. Hohnstein	* Wilhelm v. Hohnstein	Straßburg
				Freising
				Konstanz
				Speyer
				Worms
				Weltliche Reichsfürsten
* Kasimir	Wolfgang Offner	* Kasimir[2]	* Kasimir	Brandenburg-Ansbach
* Philipp I.	Hieronymus Vehus	* Philipp I.		Baden
				Hessen
				Jülich
				Pfalz-Mosbach
* Georg		* Georg[3]	Heinrich v. Werther	Sachsen
				Pfalz-Simmern
* Friedrich (später Kurfürst)				Pfalz
		* Wilhelm IV.[R]		Bayern-München
			* Johann	Leuchtenberg
			* Ludwig X.	Bayern-Landshut
				Braunschweig
				Reichsprälaten
Heinrich Winckelhofer	Heinrich Winckelhofer		Marsilius Prenninger	Weingarten
				Reichsgrafen
* Reinhard				Leiningen-Westerburg
* Georg				Wertheim
	* Bernhard			Solms
				Geroldseck
				Reichsstädte
				Köln
Hans Bock	Hans Bock		N. N.	Straßburg
Konrad Peutinger		Johann Rehlinger[R]		Augsburg
				Frankfurt
				Ulm
			N. N.	Nürnberg
				Überlingen
RTA JR, Bd. 2 (Anm. 25), Nr. 9, 161	RTA JR, Bd. 2 (Anm. 25), Nr. 9, 162 f.	Planitz' Berichte aus dem Reichsregiment in Nürnberg (Anm. 28), Nr. 56, 128	Planitz' Berichte aus dem Reichsregiment in Nürnberg (Anm. 28), Nr. 113, 248, u. a.	*Quellen*

Reichsstände	RT Speyer 1526 „Großer Ausschuß“	RT Speyer 1529 „Großer Ausschuß“	RT Regensburg 1532 Türkenhilfe-Ausschuß
Kurfürsten			
Mainz	Levin v. Veltheim	Valentin v. Tetleben[4]	N. N.
Köln	Dietrich v. Manderscheid	Dietrich v. Manderscheid[5]	N. N.
Trier	Ludwig Förster	* Richard v. Greifenklau	N. N.
Pfalz	Veltin v. Erbach	Veltin v. Erbach[6]	N. N.
Sachsen	Gregor Brück	* Johann d. Beständige	N. N.
Brandenburg	Georg v. Tschirn		N. N.
Geistliche Reichsfürsten			
Eichstätt			Matthias Lux
Würzburg	* Konrad v. Thüngen	Marsilius Prenninger	
Augsburg		* Christoph v. Stadion	* Christoph v. Stadion
Salzburg		* Matthäus Lang	* Matthäus Lang
Bamberg	Daniel v. Redwitz		
Straßburg	* Wilhelm v. Hohnstein		
Freising	Philipp v. Flersheim		
Konstanz	Johannes Faber (Fabri)	Johannes Faber (Fabri)	
Speyer			* Philipp v. Flersheim
Worms			Reinhard v. Riepur
Weltliche Reichsfürsten			
Brandenburg-Ansbach	Georg v. Streitberg		
Baden	Hieronymus Vehus	* Philipp I.	
Hessen	* Philipp d. Großmütige		
Jülich			Johann v. Vlatten
Pfalz-Mosbach			
Sachsen	Otto Pack		* Georg
Pfalz-Simmern	* Johann II.		
Pfalz			
Bayern-München		Leonhard v. Eck	Leonhard v. Eck
Leuchtenberg			
Bayern-Landshut		* Ludwig X.	* Ludwig X.
Braunschweig		Ewalt v. Baumbach	* Heinrich II.
Reichsprälaten			
Weingarten	* Gerwig Blarer	* Gerwig Blarer	* Gerwig Blarer
Reichsgrafen			
Leiningen-Westerburg			
Wertheim	* Georg		
Solms	* Bernhard	* Bernhard	
Geroldseck		* Walter	* Walter
Reichsstädte			
Köln			Arnold v. Siegen
Straßburg	Jakob Sturm	Jakob Sturm	
Augsburg			
Frankfurt			
Ulm			
Nürnberg	Christoph Kreß	Christoph Tetzel[7]	
Überlingen			Kaspar Dornsberger
Quellen	HHStA Wien: MEA RTA 4 d (Anm. 36), fol. 50r ff.	RTA JR, Bd. 7 (Anm. 35), 565 f.	Zusammensetzung nach: Westermann, Die Türkenhilfe (Anm. 43), 65 ff.

Anlage II: **Die personelle Zusammensetzung der Reichsregimenter und des Ordentlichen Reichsdeputationstages**

Mitglieder	Reichsregiment von 1500	Reichsregiment von 1521	Ordentlicher Reichsdeputationstag (1555)	Ordentlicher Reichsdeputationstag (1570)
Kurfürsten*	Mainz[1] Köln Trier Pfalz Sachsen Brandenburg	Mainz[4] Pfalz Trier Sachsen Köln Brandenburg	Mainz Köln Trier Pfalz Sachsen Brandenburg	Mainz Köln Trier Pfalz Sachsen Brandenburg
Geistliche Reichsfürsten	N. N.[2]: Magdeburg Würzburg* Worms* Eichstätt* Augsburg* Münster	N. N.[5]: Salzburg* Bamberg* Würzburg* Speyer* Straßburg* Augsburg*	Würzburg* Münster	Würzburg* Münster Konstanz*
Weltliche Reichsfürsten	N. N.[2]: Sachsen* Bayern* Brandenburg* Jülich* Hessen* Baden*	N. N.[6]: Pfalz*[7] Sachsen* Bayern-München* Brandenburg* Mecklenburg Baden*	Bayern* Jülich* Hessen*	Bayern* Jülich* Hessen* Braunschweig* Pommern
Reichsprälaten	N. N.[2]: Salmannsweiler Schussenried Kornelimünster Berchtesgaden	N. N.[8]: Salmannsweiler Schussenried Kornelimünster Berchtesgaden	Weingarten*	Weingarten*
Reichsgrafen	Adolf v. Nassau	N. N.	Fürstenberg	Fürstenberg
Reichsstädte	N. N.[2]: Köln* Straßburg* Nürnberg* Frankfurt* N. N.[2]: Augsburg* Lübeck Goslar Ulm*	N. N.[8]: Köln* Straßburg* Nürnberg* Frankfurt* N. N.[8]: Augsburg* Lübeck Goslar Ulm*	[Köln*[10]] [Nürnberg*[10]]	Köln* Nürnberg*
Habsburgische Erblande	Österreich Burgund	Österreich Burgund	Österreich	Österreich Burgund
Kaiser		N. N.[9] N. N.		
Reichskreise	Fränkischer[3] Bayerischer Schwäbischer Oberrheinischer Niederrheinisch-Westfälischer Sächsischer	Fränkischer Bayerischer Schwäbischer Oberrheinischer Niederrheinisch-Westfälischer Sächsischer		
Quellen	Regimentsordnung vom 2. Juli 1500 und Reichsabschied vom 10. September 1500: Neue und vollständigere sammlung der reichsabschiede (Anm. 23), 56 - 58 (§§ 1 - 11), 84 (Art. XLIX f.)	Regimentsordnung vom 26. Mai 1521 und Reichsabschied vom 26. Mai 1521: Neue und vollständigere sammlung der reichsabschiede (Anm. 23), 174 f. (§§ 11 - 26), 204 f. (§§ 2 - 11)	Reichsabschied vom 29. September 1555: Neue und vollständigere sammlung der reichsabschiede (Anm. 80), 27, § 65	Reichsabschied vom 11. Dezember 1570: Neue und vollständigere sammlung der reichsabschiede (Anm. 80), 290, § 20

Die Erläuterungen zu Anlage II befinden sich auf der folgenden Seite.

Erläuterungen zu Anlage I:

• = als Reichsstand auch in einem der beiden Reichsregimenter oder im Ordentlichen Reichsdeputationstag vertreten (vgl. Anlage II).

* = Reichsstand persönlich im Ausschuß.

R = als Vertreter des Reichsregiments.

1 Am 16. Dezember 1496 wurde er durch den Nürnberger Antoni Tetzel ersetzt (RTA MR, Bd. 6 [Anm. 16], 257).

2 Er nimmt bis zu seiner Abreise aus Nürnberg den Sitz im Ausschuß ein und wird dann von Herzog Georg von Sachsen abgelöst.

3 Er löst Markgraf Kasimir von Brandenburg-Ansbach nach dessen Abreise im Ausschuß ab.

4 Zweiter Vertreter des Kurfürsten von Mainz ist Kaspar Westhausen.

5 Zweiter Vertreter des Kurfürsten von Köln ist Bartholomäus von der Leyen.

6 Zweiter Vertreter des Kurfürsten von der Pfalz ist Ludwig von Fleckenstein.

7 Er wird später von Christoph Kreß abgelöst.

Erläuterungen zu Anlage II:

* = als Reichsstand auch in interständischen Reichstagsausschüssen zwischen 1496 und 1532 (vgl. Anlage I).

1 Im Rhythmus der Fronfasten abwechselnd immer ein Kurfürst persönlich mit einem Rat (Vertretung durch anderen Kurfürsten möglich, notfalls auch durch einen geistlichen oder weltlichen Reichsfürsten), die übrigen durch einen Gesandten vertreten.

2 Im vierteljährlichen Wechsel.

3 Die sechs Reichskreise sollten je einen „von der Ritterschafft, Doctorn oder Licentiaten" bestellen; es waren dies:
Erster Kreis: Hans Fuchs, Ritter,
Anderer Kreis: Wolffgang v. Aheim, Ritter,
Dritter Kreis: Hermann v. Sachsenheim, Ritter,
Vierter Kreis: Johann Schenck v. Schweinsberg,
Fünfter Kreis: Graf Phillip v. Viernberg,
Sechster Kreis: Günter v. Bünau zu Teuchern.

4 Im vierteljährlichen Wechsel (alle 13 Wochen) in der angegebenen Reihenfolge.

5 Im vierteljährlichen Wechsel. Bei Verhinderung zur persönlichen Anwesenheit im Regiment sollte Ersatz aus folgendem Kreis der geistlichen Reichsfürsten gewählt werden: Worms, Eichstätt, Konstanz, Hildesheim, Passau, Freising, Münster, Regensburg.

6 Im vierteljährlichen Wechsel. Bei Verhinderung zur persönlichen Anwesenheit im Regiment sollte Ersatz aus folgendem Kreis der weltlichen Reichsfürsten gewählt werden: Herzog Ludwig von Bayern, Herzog Heinrich von Sachsen, Herzog Hans von Sachsen, Herzog Hans von Bayern (Pfalz-Simmern), Herzog Erich von Braunschweig, Herzog Heinrich von Braunschweig, Markgraf Ernst von Baden, Landgraf Philipp von Hessen, Landgraf Johann von Leuchtenberg, Fürsten von Anhalt, Graf Hermann von Henneberg, Graf Wilhelm von Henneberg.

7 Genannt ist Herzog Friedrich von Bayern, i. e. Pfalzgraf Friedrich, der spätere Kurfürst Friedrich II. von der Pfalz.

8 Im vierteljährlichen Wechsel.

9 Neben den beiden kaiserlichen Vertretern im Reichsregiment bestellte Karl V. als seinen Statthalter seinen Bruder Ferdinand. Diese Funktion nahm nach der Regimentsordnung von 1500 Maximilian I. selbst oder ein von ihm bestellter Vertreter (mindestens ein Graf oder Freiherr) ein.

10 Im Augsburger Reichsabschied vom 19. August 1559 benannt: Neue und vollständigere sammlung der reichsabschiede (Anm. 23), 170 f., § 50.

Die Denkschrift des Lazarus von Schwendi zur Reichspolitik (1570)

Von Maximilian Lanzinner, München

„Das deutsche Volk trat mit zwei großen Errungenschaften aus dem Mittelalter in die Neuzeit: mit dem Bewußtsein nationaler Gemeinsamkeit und dem Besitz eines eigenen Staatswesens[1].“ So beginnt Moriz Ritter seine „Deutsche Geschichte“ von 1555 bis 1648. In diesem Beginn liegen zwei bemerkenswerte Vor-Urteile: 1. die zentrale Frage Ritters nach dem Verhältnis von Nation und Staatlichkeit und 2. die positive Einschätzung von deren Entwicklung am Beginn der Neuzeit. Die Berechtigung dieser Frage bzw. These soll hier nicht diskutiert werden. Wichtig ist, daß Ritter den Verlauf der deutschen Geschichte nach 1555 als kontinuierlichen Verfall der von ihm konstatierten „Errungenschaften“ beschreibt. Er bestätigte damit in seinem großen Werk das bis dahin gültige Bild, das Ranke Jahrzehnte zuvor einprägsam begründet hatte[2]. Ranke stellte ebenfalls günstige Voraussetzungen fest, die das Reich jedoch nicht genutzt habe, weil die alles entscheidende Zukunftsfrage der konfessionellen „Freistellung“[3] ungelöst blieb. Die Chance, eine beide Teile zufriedenstellende Kirchenverfassung auszubilden, hätten Maximilian II. wegen seiner spanienfreundlichen Politik nach dem Tod von Don Carlos und die Protestanten aufgrund ihrer internen Streitigkeiten vertan.

Die Sicht Rankes und Ritters hat sich im Kern gehalten: die Jahre nach 1555 galten als Zeit des Niedergangs, die Verantwortung schrieb man der mangelnden Tatkraft der Kaiser sowie der Zersplitterung und Aggressivität der Konfessionsparteien zu. Während Ranke jedoch den Reichsfrieden als eigentliche Aufgabe des Zeitalters sah und damit auch

1 *Moriz Ritter*, Deutsche Geschichte im Zeitalter der Gegenreformation und des Dreißigjährigen Krieges (1555 - 1648), Bd. 1 (1555 - 1586), Stuttgart 1889 (Ndr. Darmstadt 1962), 3.

2 *Leopold v. Ranke*, Zur deutschen Geschichte. Vom Religionsfrieden bis zum dreißigjährigen Krieg (Leopold von Ranke's Sämmtliche Werke 7), Leipzig [2]1874, bes. 3 - 47.

3 Ranke faßte unter „Freistellung“ alle Bestrebungen zusammen, die eine Klärung und Ausweitung des Religionsfriedens beabsichtigten. Zur Diskussion um diesen Begriff vgl. *Gudrun Westphal*, Der Kampf um die Freistellung auf den Reichstagen zwischen 1556 und 1576, Phil. Diss. Marburg/Lahn 1975, 6 ff.

den für ihn gültigen Maßstab festlegte, J. Janssen[4] allenfalls die konfessionelle Entwicklung stärker betonte, fragten die wichtigsten älteren Gesamtdarstellungen von G. Droysen[5], M. Ritter, G. Wolf[6], K. Brandi[7] und O. Brunner[8] nach dem national-staatlichen Fortschritt und festigten so das Verdikt Treitschkes von den „häßlichsten Zeiten deutscher Geschichte". Neuere Gesamtwerke von F. Hartung[9], G. Ritter[10], E. W. Zeeden[11] und H. Lutz[12] sind im Urteil zurückhaltender und differenzieren, indem sie vor allem den Jahrzehnten nach 1555 ein Eigengewicht zumessen, jedoch auch für sie geht es um das „Ringen um deutsche Einheit" (H. Lutz).

Sicher haben die Historiker des 19. Jahrhunderts nicht einfach mit Maßstäben ihrer Zeit vergangene Epochen gemessen. Das Werden des Nationalstaats erschien zwar den meisten für die gesamte Neuzeit als evidente Bezugsgröße, jedoch versicherten sie sich zugleich anhand von zeitgenössischen Quellen, ob ihre Fragen angemessen waren. Für die Jahre nach 1555 diente immer wieder Lazarus von Schwendi als Kron-

---

4 *Johannes Janssen,* Allgemeine Zustände des deutschen Volkes seit dem sogenannten Augsburger Religionsfrieden vom Jahre 1555 bis zur Verkündigung der Concordienformel im Jahre 1580 (Geschichte des deutschen Volkes seit dem Ausgang des Mittelalters Bd. 4). 15. und 16. Aufl. (bes. v. Ludwig Pastor), Freiburg i. Br. 1896, 61, 392. Auch Janssen verfolgt die nationale Perspektive: „Die eigentliche deutsche Volkskraft geht gänzlich zur Neige [nach Karl V.], und die kaiserliche Gewalt hat fast kein Wesen mehr, ist nur noch ein Schatten." (61)

5 *Gustav Droysen,* Das Zeitalter des Dreißigjährigen Krieges. Geschichte und Vorgeschichte (Allgemeine Geschichte in Einzeldarstellungen, hrsg. von Wilhelm Oncken. 3. Abt., 3. Teil, Bd. 1), Berlin 1888, 3 ff.

6 *Gustav Wolf,* Zeitalter der Gegenreformation (1555 - 1618), in: Robert Holtzmann (Hrsg.), Gebhardts Handbuch der Deutschen Geschichte, Siebente Auflage, Bd. 1, Stuttgart/Berlin/Leipzig 1930, 653 ff. Wolf kennzeichnet mit dem Begriff „Treibenlassen".

7 *Karl Brandi,* Deutsche Geschichte im Zeitalter der Reformation und Gegenreformation, München [4]1969, 302 ff. Zugleich mit stark konfessionsbezogenem Standpunkt.

8 *Otto Brunner,* Das konfessionelle Zeitalter 1555 - 1648, in: Peter Rassow (Hrsg.), Deutsche Geschichte im Überblick, Stuttgart 1953, 285.

9 *Fritz Hartung,* Deutsche Geschichte im Zeitalter der Reformation, der Gegenreformation und des dreißigjährigen Krieges (Sammlung Göschen 1105), Berlin [2]1963, 50 ff. Hartung bildet ein eigenes Kapitel „Jahre der Ruhe 1555 - 1570".

10 *Gerhard Ritter,* Die Neugestaltung Deutschlands und Europas im 16. Jahrhundert (Ullstein Deutsche Geschichte), Berlin 1967, 377 ff.

11 *Ernst Walter Zeeden,* Das Zeitalter der Glaubenskämpfe (Gebhardt Handbuch der deutschen Geschichte 9), München 1973, 42 ff., 48 ff.

12 *Heinrich Lutz,* Das Ringen um deutsche Einheit und kirchliche Erneuerung. Von Maximilian I. bis zum Westfälischen Frieden 1490 bis 1648 (Propyläen Geschichte Deutschlands 4), Berlin 1983, 359. Bezeichnet es angesichts der Warnungen vor dem großen Krieg 1574 als „erstaunlich", daß dieser „erst vierundvierzig Jahre später ... entflammte".

zeuge, daß die Einheit der Deutschen in der politischen Praxis als Aufgabe erkannt war und daß somit der rückblickende Historiker zu Recht diese Frage in den Mittelpunkt seiner Betrachtungen stellte. Denn Schwendi hinterließ eine Reihe von militärischen[13] und politischen[14] Denkschriften, von denen insbesondere zwei „Diskurse" aus den Jahren 1570[15] und 1574 starke Beachtung fanden. Besonders das „Bedencken" von 1574, schon im 17. Jahrhundert bekannt[16], forderte die „Freistellung"[17], um innere Konflikte zu vermeiden und das Reich nach außen zu stärken.

Genau diese Aspekte greift ja Ranke auf, wobei er sich in seinem Urteil mehrfach auf Äußerungen Schwendis stützt[18]. Auch die Darstellungen seit Droysen zitieren gern Schwendi, wo sie es nicht tun, besteht in zentralen Wertungen Übereinstimmung: Politische Aufgabe nach 1555 wäre gewesen, das konfessionelle Konfliktpotential abzu-

---

[13] Zu den militärischen Schriften vgl. *Max Jähns*, Geschichte der Kriegswissenschaften, Bd. 1, München 1889, 535 ff.; *Janko*, Schwendi (Anm. 22), 36 ff. (z. T. Wiedergabe im Wortlaut); *Eiermann*, Schwendi (Anm. 22), 31 ff.; *König*, Schwendi (Anm. 22), 74 ff.; *Eugen v. Frauenholz*, Das Heerwesen des Reiches in der Landsknechtzeit (Entwicklungsgeschichte des deutschen Heerwesens II/2), München 1937, passim; *Frauenholz*, Schwendi (Anm. 22).

[14] Neben den beiden „Diskursen" 1570 und 1574 sind bekannt eine Denkschrift an Kaiser Rudolf in den niederländischen Angelegenheiten vom 29. 3. 1577 (HStA München Staatsverwaltung 3609), ein „Ausführlicher Diskurs an N. N., der königl. Würden von Hispanien rat" (Druck *Eiermann*, Schwendi [Anm. 22], 151 - 154) und eine Denkschrift über den Reichsgrafenstand 1581/82 (Druck bei *Hatzfeld*, Denkschrift [Anm. 22], 774 - 779).

[15] Auf diese Schrift machten als erste *A. Kluckhohn* in seinem ADB-Artikel von 1891 (vgl. Anm. 22) und *Janssen*, Zustände (wie Anm. 3), 302 - 305 aufmerksam. Unzulängliche Abdrucke bei *Eiermann*, Schwendi (Anm. 22), 111 ff. und *Frauenholz*, Schwendi (Anm. 22), 161 ff.

[16] Handschriftliche Exemplare in HHStA Wien RK Berichte aus dem Reich 6 d, fol. 278 - 309; StdA Frankfurt RS II 1264, fol. 1 - 37'; GLA Karlsruhe Abt. 50 Fasc. 133; HStA Hannover Best. Celle Br 14 Nr. 7 (jeweils Kop.). Gedruckt als „Bedencken an Kaiser Maximilian den Andern von Regierung deß H. Römischen Reichs und Freystellung der Religion ... durch Lazarum Swendi. Frankfurt 1612" (unter dem gleichen Titel erneut 1782) und in *Melchior Goldast*, Collectio constitutionum imperialium Bd. 4/2 (Imperatorum, caesarum augustorum ... statuta), Frankfurt a. M. ^{4}1713, 209 - 228; *Janko*, Schwendi (Anm. 22), 96 - 133. *Paul Joachimsen*, Der deutsche Staatsgedanke von seinen Anfängen bis auf Leibniz und Friedrich den Großen. Dokumente seiner Entwicklung. München 1921, 118 - 141. *Frauenholz*, Denkschrift (Anm. 22), 5 - 38. Ausführlich wiedergegeben bei *Franz Dominicus Häberlin*, Neueste Teutsche Reichs-Geschichte vom Anfang des Schmalkaldischen Krieges bis auf unsere Zeiten, Bd. 9, Halle 1780, 143 - 179.

[17] Auch Schwendi meinte damit die Kirchenverfassung im ganzen, vor allem das Prinzip der interkonfessionellen Toleranz, das den Religionsfrieden sichern sollte.

[18] *Ranke*, Geschichte (Anm. 2), 12, 24, 26, 75 f. Auch etwa in der Bewertung der Türkenfrage stimmen Ranke und Schwendi überein, da sie für beide nur nach einem vertieften Konfessionsfrieden und durch einen Ritterorden an der ungarischen Grenze zu lösen war.

bauen, um nicht in die gesamteuropäischen Religions- und Machtkämpfe zu geraten; ein Weg zu diesem Ziel — so die communis opinio — hätte über den Ausbau der Kirchenverfassung auf der Grundlage der Toleranz geführt, der ja schon durch den Augsburger Religionsfrieden vorgezeichnet war, der andere über eine Zentralisierung der Reichsverfassung, insbesondere den Aufbau einer exekutiven Gewalt beim Kaiser[19]. Selbstverständlich haben die Gedanken Schwendis nicht die Einsichten späterer Geschichtsschreibung dominiert, sie fügten jedoch dem Fundament der Rekonstruktion, sachlichen Befunden sowie den Tendenzen und Perspektiven der Geschichtsschreibung, einen gewichtigen Baustein, das zeitgenössische Urteil, hinzu. Insofern sind die beiden „Diskurse" nach wie vor zu beachten.

Daß die Denkschrift von 1570 hier erneut publiziert wird, ist vor allem deshalb notwendig, weil die beiden bisherigen Abdrucke[20] textkritischen Ansprüchen nicht genügen und in der Textwiedergabe äußerst fehlerhaft sind. So fehlt eine Erläuterung zur Entstehung der Schrift, weshalb diese bisher unter den falschen Voraussetzungen interpretiert wurde. Der „Diskurs" ist keine theoretische Abhandlung in juristischer oder staatsphilosophischer Absicht, auch nicht unverbindliche Reflexion oder gar „Reichspublizistik"[21], sondern das Gutachten eines Praktikers, der dem Kaiser die Ziele für den bevorstehenden Reichstag unterbreitete. Diese Schrift holte zwar weit aus, blieb nicht wie üblich eng beim Thema, im ganzen enthält sie aber eine Reihe konkreter Vorschläge, die Maximilian II. aufgriff und vom Reichstag des Jahres 1570 beraten ließ. Darin liegt auch die Besonderheit des Gutachtens. Wir können verfolgen, wie der Reichstag die aus umfassender Analyse ge-

---

19 *Viktor Bibl* (Maximilian II. Der rätselhafte Kaiser. Hellerau bei Dresden, o. J. [1929], 285) hat den gefühlsbetonten Patriotismus, der sich mit diesen Wertungen verknüpfte, auf die Formel gebracht: Der „Diskurs" Schwendis von 1570 „enthält die Gedanken, die damals jedem wahren Freunde des Vaterlandes aus der Seele gesprochen waren und im Hinblick auf den späteren Jammer des dreißigjährigen Krieges und der Ära Napoleons, der seine Siege mit Hilfe von Deutschen erstritt, wie ein letzter Warnungsruf und Notschrei sich ausnehmen".

20 s. Anm. 15.

21 So *Wolf-Dieter Mohrmann*, Bemerkungen zur Staatsauffassung Lazarus' von Schwendi, in: Festschrift für Berent Schwineköper, hrsg. von Helmut Maurer und Hans Patze, Sigmaringen 1982, 504. Auch wenn Mohrmann die Denkschrift zugleich der Reichstagsvorbereitung zuweist, behandelt er sie doch als publizistische, staatstheoretische Schrift. Die Hauptthese Mohrmanns, für Schwendi sei die Friedewahrung letztes Ziel des Staates, ist zu unterstreichen; problematisch erscheint dagegen sein Vergleich mit der Staatsidee Karls V. und die daraus resultierende Feststellung, Schwendi sei „voll vom Säkularisierungsprozeß ergriffen". Hier werden allzu disparate Konzeptionen — die Herrschaftslegitimation eines Weltreichs mit dem Politisieren eines Privatmanns — verglichen, zudem war die universale Kaiseridee Karls, wie auch Rassow betont, bereits ein Anachronismus.

wonnenen Pläne Schwendis aufnahm; dies wiederum läßt Rückschlüsse zu auf die Angemessenheit seines Urteils.

Der „Diskurs“ ist die Summe der Erfahrungen in der Reichspolitik, die Schwendi in den Jahren 1568 - 70 als Ratgeber und Beauftragter Kaiser Maximilians II. sammeln konnte[22]. Schwendi war kein Neuling auf diesem Feld. Bereits auf dem Regensburger Reichstag von 1546 begegnet er uns als Unterhändler Karls V., und noch im gleichen Amt sehen wir ihn 1552 als Verfechter kaiserlicher Machtpolitik im norddeutschen Raum, wo er schließlich die Exekution Moritz von Sachsens gegen die Stadt Magdeburg zu überwachen hatte. Aus den Diensten unter Karl V. behielt Schwendi, wie seine späteren Äußerungen belegen, zweifellos zwei Überzeugungen bei: erstens daß das Reich eine stärkere kaiserliche Zentralgewalt benötigte, zweitens daß der Kaiser eine solche Stärkung nicht gewaltsam erzwingen konnte.

Nach dem Scheitern Karls im Reich diente Schwendi im niederländischen Heer, wobei er sich mit Wilhelm von Oranien und Egmont anfreundete und aus deren Sicht, aber auch aus eigener Anschauung die burgundischen Verhältnisse kennenlernte. Die Umstände seines Ausscheidens aus dem Dienst Philipps II. sind nicht geklärt. Für Schwendi begann ein neuer Lebensabschnitt, als er 1562/63 im Auftrag Kaiser Ferdinands I. die ungarischen Grenzen inspizierte und am 18. 12. 1564

---

[22] Schwendi hat mehrfach das Interesse von Biographen gefunden: *Wilhelm von Janko*, Lazarus Freiherr von Schwendi. Oberster Feldhauptmann und Rat Kaiser Maximilians. Wien 1871 (referiert vor allem die militärischen Schriften). *Adolf Eiermann*, Lazarus von Schwendi, Freiherr von Hohenlandsberg. Ein deutscher Feldoberst und Staatsmann des 16. Jahrhunderts, Freiburg i. Br. 1904 (skizziert die konfessionellen und politischen Auffassungen). *Rudolf Krone*, Lazarus von Schwendi 1522 - 1584, kaiserlicher General und Geheimer Rat. Seine kirchenpolitische Tätigkeit und seine Stellung zur Reformation, in: Schriften des Vereins für Reformationsgeschichte 106/107 (1912), 125 - 167. *Johann König*, Lazarus von Schwendi 1522 - 1583 [!], Phil. Diss. Tübingen, Schwendi 1933. Am besten der ADB-Artikel von *A. Kluckhohn* (ADB 33 (1891), 382 - 401) und *König* (gründlich, ohne jedoch die vielfältigen Gesichtspunkte auszuschöpfen, die sich beim Feldherrn, Schriftsteller, Politiker und Grundherrn Schwendi verfolgen lassen). Einzelne Lebensabschnitte oder Themen behandeln: *Adolf Warnecke*, Diplomatische Tätigkeit des Lazarus von Schwendi im Dienste Karls V., Phil. Diss. Göttingen 1890. *Ernst Martin*, Lazarus von Schwendi und seine Schriften, in: Zeitschrift für Geschichte des Oberrheins N. F. 8 (1893), 389 - 418. *Eugen Dollmann*, Die Probleme der Reichspolitik in den Zeiten der Gegenreformation und die politischen Denkschriften des Lazarus von Schwendi, Phil. Diss. München, Ansbach 1927. Denkschriften Schwendis publizieren: *Eiermann*, Schwendi (s. o.), 111 - 160. *Eugen von Frauenholz* (Hrsg.), Des Lazarus von Schwendi Denkschrift über die politische Lage des deutschen Reiches von 1574 (Münchener Historische Abhandlungen 2, Reihe Kriegs- und Heeresgeschichte Heft 10), München 1939. *Ders.* (Hrsg.), Lazarus von Schwendi. Der erste deutsche Verkünder der allgemeinen Wehrpflicht, Hamburg 1939. *Lutz Hatzfeld*, Schwendis Denkschrift über den Reichsgrafenstand 1581/82, in: Zeitschrift für die Geschichte des Oberrheins N. F. 63 (1954), 771 - 779.

zum Generalkapitän der deutschen Streitkräfte in Ungarn aufrückte. Seine militärischen Erfolge, namentlich die Eroberungen der Festungen Tokay und Szerenz 1565/66 erregten in ganz Europa Aufsehen und verursachten maßgeblich den Türkenkrieg von 1566, bei dem Schwendi seinen Ruf als Feldherr weiter festigte. Nach dem Krieg kümmerte er sich um die Sicherung der ungarischen Grenze.

Im Oktober 1567 bat er dann Maximilian II. um Abberufung aus Ungarn, da Festungen und Truppen wohl bestellt seien[23]. Der Kaiser entsprach seiner Bitte, und Schwendi reiste nach der Abdankung seiner Truppen nach Wien, wo er Mitte Mai 1568 eintraf[24]. Seine weitere Verwendung schien zunächst ungeklärt. Maximilian II. ließ ihm reiche Begnadungen zukommen — am 8. 9. 1568 eine Gratifikation von 20 000 fl., am 14. 10. ein halbes Bergwerk bei Ungarisch-Neustadtl, am 29. 10. den Freiherrntitel auf Hohenlandsberg für ihn und seine Erben, außerdem das Münzrecht auf seinen Besitzungen, eine neue Bestallung erhielt er allerdings nicht[25]. Schwendi beabsichtigte wohl, sich auf seine Güter ins Elsaß zurückzuziehen, bis er wieder an der ungarischen Grenze benötigt würde[26]. Doch hielt ihn Maximilian II. zurück.

Um die Jahreswende 1568/69 hatte der Generalkapitän neuerlich eine Inspektionsreise zu einigen Grenzfestungen zu unternehmen, und während dieser Zeit verbreitete sich am Hof das Gerücht, der Kaiser habe die Absicht geäußert, Schendi „voler lassar in questa città (Wien) per locotenente imperiale con assoluta potestà in qualonque cosa pertinente à guerra“[27]. Es ist wenig wahrscheinlich, daß Maximilian II. bereits an das Amt eines Generalleutnants dachte, das der Frankfurter Deputationstag[28] Schwendi wenig später übertrug, denn dessen Entscheidung

[23] StA Dresden Loc. 8522 (10), fol. 270 - 271'. Kop. Schwendi an den Kaiser. Kaschau, 27. 10. 1567. Schwendi hatte das gleiche Anliegen bereits am 24. 10. (Kaschau) gegenüber einem nicht genannten kaiserlichen Rat geäußert (ebd., fol. 267 - 268'. Kop.).

[24] StA Dresden Loc. 8522 (10), fol. 452 f. Eigh. Or. Reichsvizekanzler J. U. Zasius an Kurfürst August von Sachsen. Wien, 12. 5. 1568.

[25] *Janko,* Schwendi (Anm. 22), 91 f. (mit Abdruck der Erhebungsurkunde).

[26] HStA Hannover Cal. Br. 21 Nr. 1276, fol. 4, Eigh. Or. Schwendi an Herzog Julius von Braunschweig. Wien, 24. 9. 1568. Hat sich seit dem letzten Sommer „uf des kaysers begern alhie zu hof ufgehalten, gedenckh aber jetz gegen den winter ein raiß nach hauß zuthun und mich der hez [!] dienst, biß etwa wider gemeine noth des erbfeinds halben furfelt, zuenthalten.“ Ebenfalls 1568 schrieb Schwendi an einen „Rat des Königs von Spanien“ (StdA Frankfurt RS II 1264, fol. 38 - 40. Undat. Kop.), Ungarn sei ihm „zuwider gewest“, auch des Hofdienstes sei er „urdrüssig“, weshalb er nun seine Dienste niederlegen wolle.

[27] *Gustav Turba* (Hrsg.), Venetianische Depeschen vom Kaiserhofe (Dispacci di Germania) Bd. 3, hrsg. von der Hist. Commission der Kaiserlichen Akademie der Wissenschaften, Wien 1895, 471, 476 f. Depesche vom 3. 3. 1569.

[28] Zum Deputationstag 1569 vgl. *Adolf Laufs,* Der schwäbische Kreis. Studien über Einungswesen und Reichsverfassung im deutschen Südwesten zu

ließ sich noch nicht vorhersehen. Der Kaiser hatte zu diesem Zeitpunkt wohl ein neuerliches Generalat Schwendis in Ungarn im Auge.

Die Delegierten des Frankfurter Deputationstags (2. 5. - 14. 6. 1569) jedoch beschlossen im Mai, daß der Kaiser als Generaloberster des Reichs die Schutzmaßnahmen leiten sollte, die sie wegen eines möglichen Rückzugs deutscher Heere aus Frankreich getroffen hatten. Dazu war er im äußersten Fall befugt, die Reichskreise aufzumahnen und Truppen zu rekrutieren. Zum Stellvertreter und Bevollmächtigten des Kaisers bestimmten die Stände am 28. Mai Schwendi, nachdem sie über die Benennung eines Reichsfürsten keine Einigung erzielt hatten[29]. Dessen Aufgabe war zunächst, sich ab dem 25. Juli in Straßburg aufzuhalten und von dort aus die Truppenbewegungen an der deutsch-französischen Grenze zu beobachten[30]. Ebenfalls in Straßburg hatten sich weitere Gesandte des Kaisers, der Kurfürsten und einiger Fürsten einzufinden, die mit dem Generalleutnant Schwendi über Vorkehrungen beraten mußten, sobald Truppen sich der Reichsgrenze näherten. Im ganzen hatten die zögernd eintreffenden Gesandten — auch Schwendi erschien erst am 14. September in Straßburg — nur wenig zu verrichten[31], da die etwa 20 - 30 000 deutschen Söldner in Frankreich blieben und durch Seuchen und in Kämpfen stetig dezimiert wurden. So trennten sie sich am 22. Dezember, nachdem sie in einem Abschied zu Schlettstadt Schwendi und andere kaiserliche Kommissare mit der weiteren Beobachtung beauftragt hatten[32]. In den folgenden Monaten hielt sich der immer noch amtierende Generalleutnant meist in seiner Herrschaft Hohenlandsberg im Elsaß auf.

Von dort ging er weiter seiner Aufgabe nach, und von Zabern aus hat er auch am 5. März 1570 den „Diskurs" an den Kaiser abgesandt[33]. Was die Niederschrift unmittelbar veranlaßte, ist nicht bekannt. Schwendi behauptete in seinem Begleitschreiben, er habe den „Diskurs" auf des

---

Beginn der Neuzeit (Untersuchungen zur deutschen Staats- und Rechtsgeschichte, NF 16), Aalen 1971, 381 ff. *Helmut Neuhaus*, Reichsständische Repräsentationsformen im 16. Jahrhundert. Reichstag — Reichskreistag — Reichsdeputationstag (Schriften zur Verfassungsgeschichte 33), Berlin 1982, 471 f.

29 HStA Düsseldorf Kurköln VI Nr. 141, fol. 132. Kurkölnisches Protokoll vom Deputationstag. HHStA Wien MEA RTA 55, fol. 836 - 842. Resolution der deputierten Stände gegenüber den kaiserlichen Kommissaren, am 7. 6. eröffnet.

30 Laut der kaiserlichen Instruktion für Schwendi vom 14. Juli 1569, die auch an die kreisausschreibenden Fürsten des Reichs verschickt wurde. HStA München KÄA 3586, fol. 87 - 95'. Kop.

31 HHStA Wien MEA RTA 55, fol. 236 - 239 — Kurmainzer Verzeichnis der Gesandten zu Straßburg.

32 StA Dresden Loc. 10 124 (1), fol. 163 - 168'. Kop. des Abschieds zu Schlettstadt.

33 *Eiermann*, Schwendi (Anm. 22), 11, 113.

Kaisers „begern und vorigem meinem erbieten nach“ verfaßt. Allerdings ließ sich kein Hinweis dafür finden, daß Maximilian das Gutachten angefordert hätte. Vielmehr scheint Schwendi von sich aus ein reichspolitisches Programm vorgelegt zu haben, das er in manchen Punkten in seiner Korrespondenz mit Maximilian seit September 1569 schon formuliert hatte[34]. Auch wenn es nicht in Wien selbst entstand, ist es zweifellos Resultat persönlich gewonnener Kenntnisse und Einsichten in die Reichspolitik. Denn in den rund eineinhalb Jahren nach seiner Rückkehr aus Ungarn betätigte sich Schwendi als einer der maßgeblichen Berater des Kaisers, wobei seine Meinung stets große Beachtung fand. Besonders der Reichsvizekanzler Johann Ulrich Zasius, der in diesen Jahren die Hauptlast der großen politischen Geschäfte trug, begrüßte den „gutten beistand“ des „trefflichen held und waaren, auffrechten teutschen“[35]. Im ganzen waren es drei Themen, mit denen Schwendi sich seit 1568 konfrontiert sah: 1. die Ereignisse in den Niederlanden und die spanische Politik des Kaisers; 2. die Sicherung des Friedens im Reich, der durch Truppenrekrutierungen und -züge gefährdet war; 3. die durch Bayern betriebene Erweiterung des Landsberger Bunds.

Seine Haltung gegenüber dem niederländischen Konflikt kennzeichnete er schon früh in einem Schreiben an Maximilian: „Eß steet e. Mt. maiste wolfart gar aufs maist auff dem, das sie das Reich ruewigclich unnd fridlich regieren mögen, dieweil sy onne des Reichs hilff unnd zuethuen dem türggen allain nit khinden in die harr widersteen“. Deshalb sei entscheidend, ein Übergreifen der konfessionellen Kämpfe von den Niederlanden aufs Reich zu verhindern[36]. Schwendi betonte dabei stärker als im „Diskurs“ den Sonderstatus der Niederlande. Dies änderte sich, als das schonungslose Vorgehen Albas klar wurde. Nun schien ihm eine Einflußnahme am ehesten möglich, wenn Maximilian die niederländischen Verpflichtungen gegenüber dem Reich hervorhob.

[34] Das Wichtigste ist in den Kommentar zum Diskurs eingearbeitet.

[35] StA Dresden Loc. 8522 (10), fol. 556 - 558. Eigh. Or. Zasius an Kurfürst August. Wien, 10. 8. 1568. Der kaiserliche Gesandte in Madrid, A. v. Dietrichstein, hatte (am 26. 7. 1568, an Zasius) Schwendi als Berater wärmstens empfohlen; er wisse, „was in ihm stekt, auch solches in vil weg erfaren hab“ (*Walter Goetz* (Hrsg.), Beiträge zur Geschichte Herzog Albrechts V. und des Landsberger Bundes (1556 - 1598) = Briefe und Akten zur Geschichte des sechzehnten Jahrhunderts mit besonderer Rücksicht auf Baierns Fürstenhaus, München 1898, 406).

[36] StA Dresden Loc. 8522 (10), fol. 270 - 271. Kop. Kaschau, 27. 10. 1567. Die Kopien der Briefe Schwendis gelangten als Beilage von Berichten nach Dresden, in denen J. U. Zasius Kurfürst August über das Geschehen am Wiener Hof informierte. Zur Rolle Schwendis bei den einschlägigen Verhandlungen im September/Oktober 1568 vgl. *Moriz Ritter*, August von Sachsen und Friedrich III. von der Pfalz, in: Archiv für die sächsische Geschichte, Neue Folge 5 (1879), 342 ff. *Gustav Wolf*, Kursächsische Politik 1568 - 1570, in: Neues Archiv für sächsische Geschichte und Altertumskunde 12 (1891), 28 ff.

Die zweite Obliegenheit, die Sicherung des Friedens, war Schwendi gleichsam persönlich mit dem Amt eines Generalleutnants anvertraut worden. Diese Aufgabe entfernte ihn zwar vom Hof, indessen trafen fast wöchentlich Schreiben in Wien ein, in denen der Generalleutnant zum Vollzug der Beschlüsse des Frankfurter Deputationstags drängte. Darüberhinaus gedachte er die Kreisobersten des Reichs in Straßburg zu versammeln, um mit ihnen über die Einbringung und Hinterlegung von Kreissteuern zu entscheiden. Doch der Eifer Schwendis ging ins Leere. Die Kreisstände entrichteten nur einen geringen Prozentsatz der zu Frankfurt beschlossenen zweimonatigen Hilfe, eine Musterung der Kreistruppen unterblieb ganz. Der Kaiser lehnte eine Kreisobersten-versammlung ab, da dafür eine reichsrechtliche Grundlage fehlte[37]. Die negativen Erfahrungen haben Schwendi offensichtlich nicht gehindert, im „Diskurs" für die Exekutionsordnung weitreichende Neuerungen vorzuschlagen.

Diese Reformen sollten nicht zuletzt der Erweiterung des Landsberger Bunds einen Riegel vorschieben, die von Bayern mit dem Argument betrieben wurde, so der Friedenssicherung im Reich zu dienen. Schwendi erkannte sehr früh das weitergehende Motiv Albrechts V., den Herzog von Alba in den Bund aufzunehmen; dies aber hätte die Beziehungen der katholischen und protestantischen Reichsstände aufs schwerste belastet. Der Kaiser folgte schon Ende 1569 den eindringlichen Warnungen Schwendis, die Bundeserweiterung nicht zu unterstützen[38]. Wohl deshalb, auch weil es nicht zu den eigentlichen Reichstagsverhandlungen gehörte, wird dieses Thema im „Diskurs" nur indirekt berührt[39].

Als Schwendi zu Beginn des Jahres 1570 den „Diskurs" verfaßte, bestimmten ihn am stärksten seine Erfahrungen als Generalleutnant des Reichs. In Frankfurt hatten sich die deputierten Stände zu einer Defensionsordnung durchgerungen, die bislang vereinzelt Praktiziertes zusammenfaßte, die man aber im ganzen als Neubeginn betrachten konnte: Alle Reichskreise boten finanzielle und militärische Hilfen auf, um einzelne Stände an der Westgrenze zu schützen; die notwendigen Steuern sollten schon vor und während der Maßnahmen, nicht erst nach dem Vollzug wie noch bei der Gothaer Exekution 1567[40] eingebracht werden; die Leitung und das Kommando über die Truppen stand dem

[37] *Maximilian Lanzinner*, Friedenssicherung und Zentralisierung der Reichsgewalt. Ein Reformversuch auf dem Reichstag zu Speyer 1570, in: Zeitschrift für Historische Forschung 12 (1985), 292 ff.

[38] *Winfried Mogge*, Nürnberg und der Landsberger Bund (1556 - 1598) (Schriftenreihe des Stadtarchivs Nürnberg 18), Nürnberg 1976, 231.

[39] s. u. Anm. 58 und 60.

[40] *Friedrich Ortloff*, Geschichte der Grumbachischen Händel. Bde. 3 und 4, Jena 1869/1870.

Kaiser zu. Damit wurde ihm im Gegensatz zur gültigen Exekutionsordnung von 1555[41], die das Reichsoberhaupt gar nicht einbezog, grundsätzlich die Verteidigung des Reichs anvertraut. Freilich fand die Probe, wie ernst die Stände die Paragraphen des Deputationsabschieds nahmen, nicht statt, da die befürchteten Truppenzüge ausblieben. Die Art, wie das wenige in jedem Fall zu Vollziehende ausgeführt wurde, berechtigte gewiß zu wenig Hoffnungen. Schwendi ließ sich davon nicht beirren. Er sah in der eingeschlagenen Richtung einen Weg, in der Hand des Kaisers eine militärische Exekutive aufzubauen. Dies mußte zugleich das Reich nach außen stärken und die Gefahr eines konfessionellen Konflikts verringern. Da ein Reichstag unmittelbar bevorstand, war dies der Ort, um dem Ziel einen entscheidenden Schritt näherzukommen. Deshalb auch verfaßte er seine Denkschrift.

Der „Diskurs" selbst gliedert sich gedanklich in drei Teile: 1. einen Vorspann, in dem Schwendi über allgemeine Herrschaftsgrundsätze sowie die Geschichte und Gegenwart des Reichs reflektiert; 2. einzelne Empfehlungen zu den Reichstagsverhandlungen, die den Frieden im Reich und die Herrschaft des Kaisers festigen sollten; 3. abschließende Bemerkungen, wie die Durchsetzung seiner Empfehlungen die Stellung des Reichs unter den europäischen Mächten verbessern würde, verbunden mit weiteren Vorschlägen zur auswärtigen Politik, die der Reichstag beraten sollte.

Die allgemeinen Gedanken Schwendis über Herrschaft, Reich und Kirche wurden oft mit dem Vorbild Machiavellis in Verbindung gebracht. Dies trifft nicht zu. Denn die Belege hierfür überzeugen in keiner Weise[42], auch hat sich Schwendi selbst von „Machiavellisten" distanziert[43], und überdies gibt es tatsächlich in substanziellen Punkten keine Übereinstimmung, es sei denn in generellen Tendenzen wie der kritischen Haltung gegenüber Rom oder daß beide der Religion staatstragende Funktion beimessen. Die Frage, ob die Gedanken Schwendis durch seinen Bildungsgang geprägt wurden, ist nicht zu beantworten, da wir darüber lediglich die Information besitzen, daß Schwendi sich zu Beginn der dreißiger Jahre in Basel, ab 1535 in Straßburg zu Studienzwecken aufhielt[44]. Genauso wenig bekannt sind die Bildungsinteressen und die offenbar reichhaltigen Bibliotheksbestände Schwendis.

---

[41] Neue und vollständigere Sammlung der Reichsabschiede ... hrsg. v. *Johann Christian v. Senckenberg*, Bd. 3, Frankfurt a. M. 1747 (Ndr. Osnabrück 1967), 30 f.

[42] *Dollmann*, Probleme (Anm. 22), 85 ff. *König*, Schwendi (Anm. 22), 121 f. und *Mohrmann*, Bemerkungen (Anm. 21), 504 berufen sich im wesentlichen auf Dollmann.

[43] *Hatzfeld*, Denkschrift (Anm. 22), 776.

[44] *König*, Schwendi (Anm. 22), 22 f. Über die Lehre der Geschichte in Basel zu dieser Zeit *Emil Clemens Scherer*, Geschichte und Kirchengeschichte an

Einschneidender als solche Einflüsse dürften hingegen ohnehin die Erfahrungen gewirkt haben, die Schwendi als Praktiker in der Politik gewonnen hatte. Es müßte zudem überprüft werden, inwieweit das historisch-politische Weltbild Schwendis mit demjenigen anderer hochrangiger Berater am Münchener und Wiener Hof konvergierte. Wir sehen dort zwischen 1550 und 1570 einen Kreis einflußreicher Berater — darunter Georg Sigmund Seld, Wiguleus Hund, Johann Jakob Fugger, Johann Ulrich Zasius, Georg und Johann Achilles Illsung oder Hans Hegenmüller —, die aus Augsburg oder dem Augsburger Raum kamen, dem niederen Adel oder dem gehobenen Bürgertum entstammten und durch Verwandtschaft oder Freundschaft verbunden waren. Meist humanistisch gebildet, blieben sie in ihrer politisch-konfessionellen Haltung erasmianisch, und als Katholiken standen sie wie Schwendi der alten Religion distanziert oder kritisch gegenüber[45]. Schwendi kannte diese Leute, begegnete ihnen am Hof und auf Reichsversammlungen und war etwa mit Seld und Zasius befreundet. Ihr gemeinsamer Begriff von „Vaterland"[46] und ihre säkularisierte Sicht der Religion, daneben auch die Kontakte mit den niederländischen Granden mögen nicht ohne Wirkung auf Schwendi gewesen sein, gerade wenn man seine kompromißlosen Äußerungen zur kaiserlichen Konfessions- und Machtpolitik um 1550 vergleicht[47]. Das hatte sich um 1570 doch sehr geändert.

Der „Diskurs" beabsichtigte freilich in erster Linie nicht eine politische Reflexion, vielmehr wollte er die Verhandlungen auf dem künftigen Reichstag vorbereiten. Manche Vorschläge Schwendis fanden schon beim Kaiser keine Resonanz, namentlich diejenigen zur Annäherung der Konfessionsparteien. Maximilian II. versuchte zu Speyer weder den Konfessionsfrieden bestätigen zu lassen noch hielt er die Katholiken zur Verbesserung der Seelsorge an oder die Protestanten zur Vereinheitlichung ihrer Glaubens- und Kirchenordnung, wie es der „Diskurs" anregte. Ebensowenig ließ sich der Kaiser darauf ein, ein Verbot der Tridentinischen Eide zu erwirken[48].

---

den deutschen Universitäten. Ihre Anfänge im Zeitalter des Humanismus und ihre Ausbildung zu selbständigen Disziplinen, Freiburg i. Br. 1927, 45; zum Straßburger Schulleben (1535) *Anton Schindling,* Humanistische Hochschule und freie Reichsstadt. Gymnasium und Akademie in Straßburg 1538 - 1621, Wiesbaden 1977, 30.

45 Vgl. etwa *G. S. Selds* „Consilium oder: Bedencken An Kaiser Ferdinanden ..." von 1559 (Druck Frankfurt 1612), in dem er das Machtstreben des Papsttums in ähnlicher Weise wie Schwendi attackierte. Zu Seld und den anderen genannten Persönlichkeiten (mit Ausnahme von Hegenmüller) vgl. die einschlägigen ADB-Artikel.

46 Ein von Zasius gern verwendeter Begriff.

47 *Warnecke,* Tätigkeit (Anm. 22), 30 ff.

48 Zu den Gründen vgl. die Kapitel „Religionsverhandlungen" und „Die Vorbereitung der Proposition" in meiner Edition zum Reichstag zu Speyer

Nicht auf die Tagesordnung des Reichstags setzte er auch die niederländische Frage und das Monitum Schwendis wegen der Dienstgelder, die reichsständische Räte von auswärtigen Potentaten bezogen. Inwieweit Maximilian über die Wahl eines Nachfolgers verhandelt hat, ist unsicher[49]. Alle übrigen Verhandlungspunkte, die Schwendi vorgebracht hatte, übernahm der Kaiser zumindest in abgeänderter Form und legte sie dem Reichstag in der Proposition oder zu einem späteren Zeitpunkt vor.

Was den Justizpunkt oder die Kriegsordnung betraf, kamen die Reichsstände zu recht positiven Ergebnissen im Sinn der kaiserlichen Vorlage. Bekanntlich scheiterte Maximilian II. dagegen gerade bei den Versuchen, Truppenwerbungen von seiner Erlaubnis abhängig zu machen und eine militärische Exekutive im Reich zu etablieren, an deren Spitze er selbst stehen sollte[50]. Dies war aber die eigentliche Intention des „Diskurses": die Stärkung der kaiserlichen Zentralgewalt und daraus resultierend die Stärkung des Reiches. Hier blieb Schwendi der Erfolg versagt. Ausschlaggebend für die Bewertung der Schwendischen Vorschläge ist nicht die Tatsache, sondern die Form des Scheiterns; denn sogar die sonst so kaisertreuen geistlichen Reichsfürsten lehnten eine Reform der Exekutionsordnung außergewöhnlich schroff ab. Das Thema wurde unter Maximilian II. auch nicht mehr aufgegriffen, weder auf dem Deputationstag 1571 noch auf den Kurfürstentagen 1572 und 1574 oder dem Reichstag von 1576. Dies bedeutet, daß der „Diskurs" in seinen Hauptforderungen zwar, vom Kaiser aus gesehen, Wünschbares aussprach, daß er aber die politischen Realitäten in eklatanter Weise verfehlte. Das wurde bisher übersehen, obwohl davon die Einschätzung des „Diskurses" entscheidend abhängt. Auch die historiographischen Urteile, welche die Epoche nach 1555 an den Maßstäben der Einheit und Zentralisierung des Reiches messen, bleiben davon nicht unberührt.

So wird man z. B. fragen müssen: Existierten die Bedrohungen des Friedens, die Schwendi beschwor, tatsächlich oder bauschte er auf, um seine Reformen als unumgänglich hinzustellen? War der Plan der Zentralisierung fortschrittlich, wie die Geschichtsschreibung meinte, oder vielmehr obsolet, nachdem Karl V. schon so offenkundig Schiffbruch erlitten hatte? Nachdem also das Thema „Einheit durch Zentralisierung" nicht einmal als Verhandlungsgegenstand unter den Reichsständen taugte und noch weniger eine Möglichkeit politischer Entwicklung

---

1570 (im Druck; im folgenden wird auf einzelne Nummern der Edition unter dem Sigel „Reichstag 1570" verwiesen).

[49] Vgl. Anm. 67.

[50] *Lanzinner*, Friedenssicherung (Anm. 37), 303 ff.

darstellte, müßte man nicht untersuchen, wo die Zeitgenossen die allseits respektierte Einheit des Reichs lokalisierten und wo sie deren Zweck und deren Entwicklungsmöglichkeiten sahen? Läßt sich die Auslegung des Religionsfriedens als roter Faden zwischen 1555 und 1648 deuten, obwohl diese doch erst in den achtziger Jahren zum Problem wurde? Schließlich, ist es zulässig, die Epoche nach 1555 so vorrangig von ihrem vermeintlichen Ende, dem großen Krieg, her zu beurteilen?

Editorische Bemerkungen

Der „Diskurs" ist lediglich in einer Abschrift aus dem Jahr 1753 erhalten[51], deren Authentizität jedoch außer Frage steht, weil viele seiner Gedanken von Schwendi auch an anderer Stelle geäußert wurden und weil auch der Buchstabenbestand mit den Schreibgewohnheiten Schwendis übereinstimmt[52]. Letzteres spricht ebenso für die Sorgfalt der Abschrift[53]. Seltene, eindeutige Abschreibfehler werden stillschweigend emendiert, in Zweifelsfällen bleibt der Text unverändert. Korrekturen der Textvorlage, die Schreibversehen verbessern, werden nicht wiedergegeben. Für die Transkription der Texte wurden die „Empfehlungen zur Edition frühneuzeitlicher Texte" übernommen[54].

Die folgenden Betitelungen einzelner Sinnabschnitte stammen vom Bearbeiter:

Herrschaftsgrundsätze. Aufstieg und Niedergang des deutschen Reichs. Gegenwärtiger Zustand des Reichs. Sicherung des Konfessionsfriedens. Wahl eines Nachfolgers Maximilians II. Verbesserung der Rechtsprechung. Truppenwerbungen fremder Potentaten. Verabschiedung einer Kriegsordnung. Dienstgelder auswärtiger Potentaten für Räte von Reichsständen. Reichsexekutionsordnung und Verfassung der Kreise. Folgen der Neuerungen für das Verhältnis von Reich und auswärtigen Mächten. Reich und Türkengefahr. Reich und Niederlande. Künftige Wohlfahrt des Reichs.

---

51 StdA Frankfurt RTA 75 a, fol. 129 - 171'. Die Abschrift ist vom hessischen Hofschreiber zu Kassel, Ernst Christian Henckel, angefertigt und am 31. 12. 1753 beglaubigt. Die Vorlage Henckels war ein Band mit Reichstagsakten von 1570 aus der kaiserlichen Kanzlei. Recherchen nach dieser Vorlage blieben ergebnislos.

52 Z. B. Schreibung von „sy", „dz", Bevorzugung des „y", vergleichsweise seltene Konsonantenverdopplungen oder „c"- bzw. „h"-Einfügung bei Konsonanten.

53 Henckel bestätigte in seiner Beglaubigung: Seine Abschrift sei „von wort zu wort gleichlautend, welches auf begehren hiermit attestieren sollen".

54 Jahrbuch der Historischen Forschung in der Bundesrepublik Deutschland, Berichtsjahr 1980, Stuttgart 1981, 85 - 96.

Discurs und bedencken über jetzigen stand und wesen des hailigen Reichs, unsers lieben vaterlands[55]

[Herrschaftsgrundsätze]

Alle monarchien und große regiment haben ir gewiße anfäng und anordnung, daruff ir grundtfeste, sterckhe, gedeyen und erhaltung stehet. Und je beßer und ordenlicher dieselben von anfang an gestelt und je steifer und einmietiger sy gehandhabt werden, je mehr dieselben wachsen und aufnemen, besten und weren mögen, hergegen da der erst anfang und anordnung unvolnkhomen und mangelhafftig ist, je weniger sy könden zu gedeyen und aufnemen gerathen, und je belder sy innerlich zertrennet oder mit auswendigen gewalt zerstört werden. Und komen zway ding zu anrichtung, einfürung und erhaltung der regiment furnemblich zusamen: erstlich ein guete gelegenheit der zeit, welche aus sonderer fürsehung und gnadt gottes erfolgt, zum andern fürtreffenlicher und erleuchter menner tugend.

Und wie durch gott allen natürlichen dingen ein gewißes gesatz, regel und ordnung fürgestelt ist, darnach sy sich regieren sollen und mußen, also haben auch die menschlichen sachen, die fürnemblich durch die vernunft angestelt und regiert werden, und sonderlich die regiment ir gewiß zil, gesatz und regel, darnach sy sich söllen laitten und regieren, da sy wellen, das es inen wol gehe. Da sy auch aus solicher regel schreytten, da ist von stund an nachteil, gefahr, unheil, undergang vor der thür.

Das maist stückh in regimenten ist die religion. Dan on andacht und gottsforcht und on innerliche laitung der gemuetter könden die eußerliche gesatz und ordnungen nimmer ir volkhumne würkhung haben, das ander hernach, das man das meist ufsehen auff den gemainen nutz hab und durch guete gesetz und ordnung gehorsame und einmütigkeit erhalte. Das dritt ist ein stete sorgfeltigkeit und wackherkhait, das nichts widrigs und nachthailigs einreisse. Das vierdt ist, das man das schwerdt und gewalt in handen habe, das gemein wesen vor inwendigen unrechten und frembden gewalt zuvertheidigen.

---

55 „Discurs" — „vaterlands" = Aufschrift auf eigenem Blatt (fol. 129). Es ist nicht zu entscheiden, ob die Aufschrift von Schwendi stammt oder ob es sich um eine nachträgliche Kanzlei-Betitelung handelt. Die Bezeichnung „Discurs" findet sich auch auf einigen Briefen Schwendis vom Jahr 1569 (an den Kaiser oder J. U. Zasius), in denen er die politische Lage des Reichs charakterisiert (HHStA Wien Kriegsakten 26 und HHStA Wien Berichte aus dem Reich 6 d); dort von der Hand des Reichsvizekanzlers J. U. Zasius. — Als Rückaufschrift des „Diskurses" (fol. 172') ist vermerkt: „In dorso: Discursus Suendianus universalis, qui ad statum Sacri Romani Imperii Nationis Germaniae".

Ob aber wol durch soliche mittel die monarchien und andere regiment in langwierigen ufnemen und wolfart erhalten werden, so ist doch nichts ewigs uf dieser welt, sonder es laufft zuletst alles zu end, wird gebrechlichkeit, verenderung und frembden gewalt, der mer sterkh und tugent bei sich hat, underworffen, wie man dan sicht, daß zuletst immer ein monarchey und regiment das ander außtilgt und beherscht.

[Aufstieg und Niedergang des deutschen Reichs]

Wann man nun soll von Teutschland und deßelben herkommen und regiment reden, so ist erstlich das sein maiste grundfeste und gedeyen gewest, das dem alten Teutschen gott der allmechtig schier vor allen andern völckhern biderkheit und manheit verlihen, und das sy einmuetigkeit und gleychmessige gesatz unnder inen gehandhabt haben. Derhalben sy dann, so lang ir gedechtnus sich erstreckht, alweg in freiheit gelebt, sich vor frembden gewalt geschützt und niemals weder durch die Römer oder andere haben bezwungen werden mögen. Hernacher haben sy von den Römern mer ordnung und vorthailigkeit zum krieg und regiment gelernet. Und da durch untugend und innerliche zertrennung der Römer regiment und glückh hat anheben abzunemen und bloß zu werden, da haben sy ir mannheit außer dem teutschen boden erstreckt, der Römer lender und provinzen eingenommen, daselbst ordenliche regierungen und königreich angericht, als in Italien, Franckreich, Spanien, Engelland, welche regierungen vollends die Franckhen merthails zusammen gebracht, ein ordentlich reich oder monarchey im Occident daraus angericht, die christlich religion unter den teutschen volckhern allerseits gepflanzt und endlich auch das kayserthumb auf sich gebracht haben.

Als aber das franckisch reich sich under sich selbst von wegen vile der kayserlichen oder königlichen erben und successorn zerthailet und dadurch an sterckhe und einmüttigkait auch in abnemen und schwechung gerathen, lestlich auch der stam des grosen kaysers Carlo gar abgangen und die Teutschen in Franckreich gar erwelschet, endlich auch ein frembden stammen, den Hug Schapler[56], davon der jetzige könig herkommen, zum königreich mit unrechter gewalt haben einkommen lassen, da haben die Teutschen unter dem französischen reich nit mer sein wellen, sondern ein eignen kayser gewolt und dz kayserthum allen andern völkern zu trutz an sich behalten.

Ob nun wol under und neben den Franckhen, als die allein auf sich selbst und ir auffnemen und regierung fürnemblich gesehen, das Teutschlandt nit vil gegronet und zuegenomen und etwa ubel geregirt

---

56 = Hugo Capet (987 - 996).

und verthediget worden und mitlerweil die Wenden ein großen thail Teutschlandts beseßen, auch die Ungarn vil außfäl und schaden gethan haben, nichtsdesto weniger so hat kaiser Heinrich der Vogler, der erste rechte und seßhafte teutsche kaiser, nachdem er von einem schlechten fürsten- zum kaiserthumb ist erfordert worden, sich mit solicher vernunfft, ernst und eyfer umb das gemein wesen und des teutschen Reichs wolfarth angenommen und demselben wider durch gute anordnung und dann durch hilf der neu gepflantzten christlichen religion ein solch fundement und sterckhe gegeben und gehorsame, einmutigkheit und eifer zu gemainen nutz dermaßen widerbracht, daß es alßbald wider hat anheben zu gronen und aufzunemen.

Und nachdem von nöten war, die frembden völckher mit gewalt aus Teutschland zu treiben und die lender, dem Reich zuegehörig, die inen die neu eingetrungene frantzösische könig und andere nationen selbs zu aigen wolten, bey dem teutschen Reich zu erhalten, also hat er von erst die kreiß im Reich angericht, furstenmeßige und andere statliche personen zu herzogen oder kraißobristen und andern ambtern verordnet, den adel in wehr und rüßtung gebracht, inen des Reichs guetter, einkommen und underthanen zu lehen ausgethailt, doch dergestalt, das sy yederzeit auf eins römischen kaisers erfordern mit iren leiben und pferdten dienen und kriegen und sonst niemand unterworffen sein solten. Wie dann gleichfals dazumal alle reichsfürsten, glider und stende, geistlich und weltlich, neben solicher ritterschafft zu des Reichs notturfft und auff eins römischen kaisers erfordern mit iren leiben und dienstleiten haben erscheinen und dienen müßen. Und als er mit dieser ordnung, damit er vil jar umbgangen, ehe ers ins werckh bringen mögen, gefasst geweßt, da hat er die kreis alsbald wider die Wenden ausgefuert und inen bey Merspurg[57] in Saxen obgesiget. Hernach dem adel und der ritterschafft gesatz und ordnung geben, damit er sich aller andern sachen und handthierung entschliege, mit seinen lehens guettern und diensten sich behülffe und allein der tugend und der mannheit und der kriegsrisstung abwartete.

Dadurch dann er und andere nachfolgende kaiser, sonderlich seine sön und söns-söne, die drey Othen, ein solche sterckhe und ritterschaft bekhommen, das sy nit allein die frembden haidnischen völckher in Teutschland bezwungen, sonder haben gantz Niederlandt, Burgundt, Provenz, Delphinat oder regnum Arelatense und Saphey denn Frantzosen entzogen und samt dem gantzen Italien zum teutschen Reich gebracht. Wie dann auch Poln, Ungarn, Denmarckh ir auffsehen als uf das obhaubt dozumal aufem teutschen kayser haben müßen. Solches ufnemen und glückseeligkheit ist nach gottes gnad und segen, deßen sich

---

[57] = Schlacht bei Merseburg 933.

die Teutschen dazumal durch ir gottesforcht und tugendt haben wirdig gemacht, fürnemblich auch daher erfolgt, das Teutschlandt mit frembden regiments nichts mer zu thun, sonder seiner schantz und besten allein für sich selbst einträchtiglich abgewartet hat.

Es hat auch soliche des teutschen Reichs macht, obhandt und glückliche regierung etliche hundert jar an ein andern gewert und so lang, bis die bäpst zu Rom sich haben anheben, in die weltlicheit gar einzutringen und uber das geistlich regiment das weltlich gleichsfalß inen zuzuaignen unterstanden. Da sich nun disfalß die löblichen alten teutschen kaiser inen widersetzt und des Reichs hocheit und gerechtigkeit handthaben wollen, da ist alsbald das feur angezent worden und der bäpst verfolgung, tonder und plitz angangen. Denn sy haben ir intent und vorhaben nit könden durchbringen.

Es wurde dann der teutschen kaiser und des teutschen Reichs macht und gewalt geschwecht, zertrennet und zu boden gerißen. Und darüber seynd die vilfältige jämmerlichen innerlichen krig, die etlich hundert jar geweret und etlich milion teutsches mannsblut gekostet, im Teutschland erfolgt. Darüber sein jetz die gaistlichen, jetz die weltlichen, jetz der gemain mann wider die kaiser verhetzt worden. Darüber sein spaltungen, partheyungen und neuer kaiserwal durch die bäpst wider die rechte ordentliche kaiser eingerißen. Darüber sein die frembde könig erregt worden, disen oder jenen kaiser, den der bapst nit leiden wöllen, ir reputation und gerechtigkeit und schuldig aufsehen zu entziehen.

Darüber sein jetz die stet in Italien, jetz etliche herren, die der kaiser amtleut gewest, durch die bäpst uffgewigelt worden, sich dem teutschen regiment, mitlerweil die kayser im Reich zu thun gehabt, zu widersetzen und zu entpören. Und durch die innerlichen krig und spaltungen sein auch obgemelte alte teutsche Reichs ordnungen, gehorsamen, einmüttigkheit, macht und sterckhe in abfall kommen. Und hat ye ein kayser dem andern zuwider sein part mit vergebung des Reichs eigenthumb, lehen und gerechtigkeiten und nachsehung alles freien willens sterckhen und meren und dest bestendiger an sich henckhen wollen. Also ist der krumb stab im Reich von den kaisern an die bäpst kommen und das bapstum allgemach über das kayserthumb ausgewachßen und das regiment in Italien den teutschen kaisern nach und nach entzogen worden.

Poln, Ungern, Denemarckh hat gelegenheit geschepft, sich vom Reich gar abzusondern. Franckreich hat das reich Arelaten, so Delphinat [genannt], und anders wider an sich gebracht, weil die kaiser und das teutsch Reich durch die bäpst und ir anstiftung innerlicher krieg und spaltungen dermaßen untertruckht, geschwecht und gehindert worden, das sy außer Reichs nit krigen noch ihr recht und gerechtigkeit handthaben köndten.

Und haben die letzten teutschen kaiser nur dahin fürnehmblich sehen missen, das sy ir regierung mit etwaz reputation und gehorsame im Reich erhielten, und das im selben etwas ordnung und zusammen stimmung erhalten wurde, und doch auch im selben vil nachsehen und nachgeben müssen. Darzwischen aber und in solichen werrenden inwendigen zertrennungen hat im Reich auch ein jeder stand durchbracht und im selbs zugeaignet und von des Reichs gerechtigkheit an sich gezogen, was er gekhund.

[Gegenwärtiger Zustand des Reichs]

Darüber es dann in disen yetz gegenwärtigen stannd und wesen gerathen, das das kaiserthumb schier ein blosser titel und ehr ist und ein kaiser gar nichts mehr hat, davon er sich enthalten möchte. Dargegen ist die macht und autorität der sonderbaren glider und stendt so groß worden, und die ubermessig fraihait so weit eingerißen, das ein römischer kaiser schier nun precario regieren muß und yedermann thuet, was er will. Und ist nun mer so weit und dahin kommen, das man die alten Reichs gerechtigkaiten nit allein nit wider herzue bringen kann, sonder man leßt noch teglich wißentlich und zusehenlich die frembden potentaten dem Reich sein aigenthum und gerechtigkeit entziehen.

Ja die ungehorsamen und der frey will hat dermaßen überhand genommen, das im Teutschland selbs ein römischer kaiser sich und die gehorsamen stennd vor auffrur, gewaltsame und offentlichen unrechten offtmals kaum schützen und handhaben kann. Und ist nit allein die alt teutsch einmüttigkheit und vertreulichkeit und der eifer zum vatterland gefallen, sonder an statt desselben schwerliche mißtrauen unter den stenden selbs eingerißen. Und obwol zu solchen obangeregte schwechung und schmelerung des kayserthumb und die darauff eingerißene freiheit nit wenig ursach gibt, so ist doch alles auch dadurch erger worden, das bey disen zeiten die spaltung der religion mit eingefallen und das gleich darauff auch frembde nationen und anschlege in das teutsch regiment eingetrungen, die nit strackh auf des Teutschlandts bestes gesehen und zu einmüettigkeit und vergleichung gerathen, sonder gern solche zertrennung und mißtreulichkeit zu irem selbs vorteil gemert und gemert gesehen haben.

Und obschon der hochlöblich kayser Carl solchen frembden anschlegen nit beigefallen, sonder mit aufrichtigem kayserlichem gemueth des Reichs wolfart gesucht und gemeint hat, so haben doch diese frembde gemüete und anschleg dest mer mißtrauens im Reich geursacht und ein beesen samen hinder sich gelaßen. Und hat erst dann das Reich teutscher nation wider zu mereren friden und vergleichung geraichen megen, als bey den volgenden kaysern die Regierung wider gar teutsch worden und sich dieselben mit groser gleichmeßigkeit und schidlichait und außer allem verdacht allein umb die teutschen sachen haben angenommen. Und kommen eben diese jetziger zeit wider vorsteende gefarlichaiten und mißtrewlichaiten fürnemblich aus dem her, das sich widerumb die frembden nation und anschlege in die teutsche nachpaurschafft und in das teutsche wesen mischen und iren zuvor gesäten beesen samen gern weitter erbauen und zu iren aigen vorthail und ufnemen pflantzen wolten[58].

Ob nun wol das Reich teutscher nation bey unsern zeiten laider in solche zerrütlichkait und mangelhafftigkhait gerathen und von der obgemelten ersten anordnung, macht und sterckhe, einmüettigkhait und gehorsame also abgefallen und soweit verendert worden ist, das es onmöglich wider in alten stand und herlichkhait zu bringen, sonderlich bey dieser jetz mit fürlauffenden spaltung der religion, dardurch dann die gemutter dest mer von einander abgefurt und sonst auch dest mer unordnung, unthugend, freyer will und licenz eingerißen.

Nicht desto weniger soll die höchst obrigkheit und die furnehmste glider und stende des Reichs sambt allen er- und vatterlandts liebenden leuthen darumb nit ablaßen, ein trewhertzig, sorgfältig, wackher und eiferig gemuet und furnemen zu faßen und behalten, das doch das gemein wesen auffenthalten und sovil imer muglich zu etwas beßerung gebracht und vor noch merer zerrittigkhait, abfal und augenscheinlichen

[58] Die Bezeichnung „der frembden annschlege" verwendet Schwendi in mehreren Schreiben an den Kaiser vom 20. 9., 27. 9., 7. 10., 13. 10. 1569 (HHStA Wien Kriegsakten 26, unfol., eigh. Or. Mit Ausnahme des Schreibens vom 13. 10. wiedergegeben bei *Goetz*, Beiträge [Anm. 35], 514 ff., 518, 526), am 20. 9. im Anschluß an die Darlegung, mit welchen Mitteln der Papst die tridentinischen Eide im Reich durchsetzt: „Und diser zeit geen sonderlich der frembden anschlege dahin, dz sy zertrennung und spaltung unter den Teutschen und abgesonderte püntnussen anrichten; dan da sy es zu wegen bringen, wissen sy wol, dz der ein teil anhang und rucken bei inen suchen oder doch im fal der noth ir einverstendnus nit ausschlagen wirdt." Schwendi spielte auf die Bemühungen um die Erweiterung des Landsberger Bundes an, hinter denen er Spanien und die Kurie vermutete. Große Gefahren sah er auch in den Truppenwerbungen, die der König von Frankreich und die Hugenotten auf Reichsboden durchführten; „dan sonder zweifel der kenig auß Franckreich sich wider understeen wird [wie zu Beginn des Jahrs 1569], solchem anziehenden volckh [das den Hungenotten zuzog] auf der frontier zubegegnen; so wird ich auch in geheim bericht, dz sich der herzog von Alba bereit in solchen weg entschlossen hab, und sobald er ein solchen anzug verneme, sich hergegen mit teutschem und welschem volckh uf dz sterckist uf die bein machen werde" (Schreiben vom 13. 10.).

anträwendem undergang verhiet werden möge, one zweifell, gott der herr werde zu sölchem christenlichen, löblichen vorhaben sein segen und gedeyen geben. Wie dann alle zeiten voller historien und exempel sein, daß den abfallenden und schier zu boden geenden regimenten durch die heupter und furnemer leuth tugend und getreuen rath und zuthuen mermals wieder aufgeholffen und alles zu beßerung gemaines wolstandts und sicherhait widergebracht und reformirt worden.

[Sicherung des Konfessionsfriedens]

Und weil die religions sachen bereith im Reich ein gewiß maß und weg durch den religions friden erlangt, darauff haubt und glider sich vereinigt und verpflicht, und bißher auch die erfarung gelernet, das zu keiner völligen vergleichung diser Zeit nit zu komen, und gleich so wenig möglich oder thunlich, das ein thail den andern außrotten und tilgen möge oder understehen solle, und dan yedes landt und regiment sein sonder regel, maßart und aigenschafft hat[59], darnach es sich laiten und regieren und erhalten soll und mueß; und dietzfalß jetzige verenderung und gewaltsame der zeiten insonderhait höchlich zu bedenckhen und nach frembden anschlegen und exempeln sich im Teutschlandt nit zu richten sein will, so will demnach der ksl. Mt. und den chur- und fürsten zum allerersten dahin zu trachten sein, das solcher religions fride strackh gleichmessig gehandhabt, erneuert und dermassen besteetet und versichert werde, das zu baiden thailen das gefaßte mißtrauen fallen, und desto mer fridsamkeit, vertrauwlichait und einmuettigkheit zwischen den stenden und underthonen erfolgen und widerbracht werden mög, und daß derwegen alle frembde practickhen, anstifftungen, exempel, proceß, anhang, hilff, puntnussen gentzlich ausgeschlossen und von ein und andern thail vermitten und in kunfftigem Reichs abschiede bey eins yeden pflicht verpoten werden. Item das sich baide thail, sonderlich durch gute mittlung der ksl. Mt., vertreulich und rund derwegen gegen ein andern erclären, fürgelofen beschwerden aufheben oder verglichen und aufs kunfftig selbs die mitel und weg furschlagen, die zu merer gleichmessigkhait, verbeßerung, richtigkheit und versicherung ermelts religion fridens wegen ersprießlich und dienstlich sein. Dann gleichwie derselb zuerst aus eehafften, notwendig ursachen und von gemeines besten wegen durch die stendt selbs ist wolmainlich ufgericht worden, also soll und mag er yetzo gleichergestalt durch dieselben weiter erclert, verbessert und versichert werden.

59 In einem Schreiben vom 5. 12. (HHStA Wien Kriegsakten 26, unfol. An den Kaiser. Eigh. Or.) äußert Schwendi, man werde auch in Frankreich „die freiheit der gewissen" zugestehen müssen. „Darumb were milterung und ein leidliche tollerantz am pessten, frid und einigkeit in dem geliebten vaterland zuerhalten."

Und dieweil aus allerley besorgnus und mißtrauen, die bey baiden thailen furgefallen, underschidliche pundtnussen oder vereinigungen vor der hand sein[60], darinn sich auch frembde nationen mit besonderer geschwindigkheit einzudringen und durch sieße fürgeben und vertrößtung großer hilf und macht die spaltung und zertrennung im Reich zwischen den stenden zu irem sondern vorteil und aufnemen destmer zu pflantzen und zu erhalten understeen, uns aber aus der erfarung kundbar und wißentlich, das solche unterschidliche pündt und vereinungen dem heiligen Reich und allen regimenten zu höchsten gefahren und nachtheil reichen, alle einmüttigkheit und vertreulichait wegkhnemen, abgesonderte gedancken, ratschläg, vornemen und thaten verursachen, der oberkhait und gemainen gesetzen ir autorität, ufsehen und gehorsame entziehen, zu innerlichen krigen und empörungen ursach geben und endlich, wie der spruch sagt „omne regnum in se divisum" die königreich und regiment zertrennen und verwüsten, frembden nationen durch ir anhang und hilf die porten offenen, den fueß ins vatterlandt zusetzen[61], und dann zu baid thaillen in solchen underschidlichen vereinungen nichts anders dann handthabung des religion- und landtfrieden gesucht wird, wie sie dann beyderseyts stende deswegen alberait freundlich und vertreulich gegen einander erclärt haben und, wie jetz oben vermeldt, verhoffenlich auf kunftigen Reichs tag noch weiter erclären werden.

---

60 Eindringlich warnte Schwendi vor der geplanten Erweiterung des Landesberger Bunds, ganz besonders vor der Einbeziehung der Niederlande unter Alba (vgl. besonders die Schreiben an den Kaiser vom 7. und 31. 10. — *Goetz*, Beiträge [Anm. 35], 526, 547 f.). Keinerlei Befürchtungen hatte er im Hinblick auf einen protestantischen Bund, obwohl eine Versammlung protestantischer Stände zu Erfurt vom 8. - 10. 9. 1569 großes Aufsehen im Reich erregt hatte (vgl. bes. das Schreiben an den Kaiser vom 17. 11. 1569, wiedergegeben bei *Otto Helmut Hopfen*, Kaiser Maximilian II. und der Kompromißkatholizismus, München 1895, 333 f.; zum Tag von Erfurt vgl. *August Kluckhohn* (Hrsg.), Briefe Friedrich des Frommen, Kurfürsten von der Pfalz, mit verwandten Schriftstücken, Bd. 2 (1567 - 1576), Braunschweig 1872, 355 ff. *E. I. Kouri*, England and the Attempts to form a Protestant Alliance in the late 1560: A Case Study in European Diplomacy, Helsinki 1981, 163 ff.).

61 Der Reichspfennigmeister Georg Illsung äußerte diesbezüglich in einer Stellungnahme zum Gutachten Schwendis (StdA Frankfurt RTA 75 a, fol. 192 f. Illsung an den Kaiser. Augsburg, 19. 5. 1570. Präsentatum 28. 5. Spätere Kop.): „Das sich aber wolermelter herr Schwendi etc. so hoch vorm auslendischen khrieg besorgt, wer meines achtens wol zue winschen, dz er ime solche gefaßte falsche imaginationes ausreden ließ und seine affectiones etwann besser verbergen khind. Dann er mit ausbreitung solcher seiner unnotturfftigen gedanckhen vil ansehenlicher grosser stennd im Reich gemuetter gar allienirt, inen auch ein solche sorg unnd nachgedenckhen gemacht hat, dz ich sorg hab, das dz bisher unnder den stennden gewert mißtrauen, das er doch abzustellen sich unndersteen will, mit dergleichen vorsteender undürfftiger sorgfeltigkeit mer wachsen dann abnemmen wirdet. Dann wie wenig gehorsamb eur ksl. Mt. bei den stennden hat und auf was stern die gaistlichen unnd hingegen auf was ruggen die weltlich fürst sich verlassen, also dz sich ie ain theil vor dem andern besorgen muß, dz ist laiders unverborgen, aber nit guet, davon zu schreiben."

So wil demnach der ksl. Mt. obligent kaiserlich ambt erfordern, die mittel und weg an die hand zu nemen und zu suchen und baiden thailen solche nottürftige erinnerung und ermanungen zu thun, sich auch endlich irer kaiserlichen autorität und der andern unpartheyischen und guthertzigen stende hilf, rath und zuethun zu gebrauchen und die sachen dahin zu richten, das solche sondere verbüntnußen widerumb ufgehebt und ein algemainer punckt auf den religion und landtfriden zu handhabung ordentlicher oberkhait um gemainer gesatz, frid und ruh getroffen und auffgericht, und die underschidliche pintnussen, als die allein, wie obvermelt, zu gemainen verderb raichen, forter keinswegs zuegelaßen werden[62]. In welchem fall sonder zweifell die zu baiden theilen vereinigte chur- und fürsten und stende sich durch irer ksl. Mt. autorität und vatterliche und treuhertzige erinnerung gern weisen und dahin weren [!] füren lassen, das ir selbst und gemein vatterlandts ehr, ufnemen, gedeien und besstes ist[63].

Ferner weil je am tag und unleugbar, das an einem thail die alt religion einer reformation und wegthuung viler mißbrauch, welche die jetzig welt nit mer mit blinden augen sehen oder leiden wil oder kann, vonnöten hat, und ditzfalß das einsehen, wiewol von nöthen, von der gaistlichen hohen oberkhait nit folgen will, und am andern thail die verenderung der religion an mer orten mit solcher unordnung, licentz, auflösung und umbstoßung notwendiger, guetter zucht und ceremonien furgenommen und eingerißen, und so gar under den predicanten und lerern ein unleidenliche vermessenheit und zwiträchtigkheit uberhandt genommen, also das ein jeder allain sein mainung gut haissen, etwas neues auf die ban bringen und alles anders verdammen wil und darf, daraus dann unaussprechlicher unrath, ergernus, unaufhörliche secten und spaltungen erfolgen. Und dann je den religions- wie andern sachen und eben so wol im gaistlichen als im weltlichen regiment eine gewisse und gleichförmige leer und ordnung und dann eine gemaine autorität und handhabung, gehorsame und aufsehen zu erhalten vonnöten ist, und one das immer mer in keiner religion oder regiment kein einigkeit und wolfart besteen und sonderlich diser zeit, one das weder rueh noch

---

62 Am 31. 10. 1569 warnte Schwendi den Kaiser (HHStA Wien Kriegsakten 26, unfol. Eigh. Or. Regestiert bei *Goetz,* Beiträge [Anm. 35], 547): Bei den Protestanten stehe der Kaiser im „verdacht, als welte er sich gar von wegen der heyrat [Annas mit Philipp II.] und der expectantz [auf den spanischen Thron] an die frembden potentaten hencken und ir des Reichs sachen nit hoch angelegen lassen sein, auch entlich der religion halben gar uf ir seiten schlagen und ire rat schleg und vorhäbn ir gefallen lassen. Die päpstlichen halten e. Mt. one zweifel heimlich fur lutherisch."

63 Ähnliche Äußerungen Schwendis zum Verhältnis der Reichskonstitutionen und Sonderbündnisse in Schreiben an den Kaiser vom 20. 9. und vom 31. 10. (*Goetz,* Beiträge [Anm. 35], 514 ff., 547 f.).

frieden noch vertreulichait im hailigen Reich und under der neuen religion verwandten stenden selbst erfolgen kann.

Demnach gebuerte der ksl. Mt. als der höchste teutsche oberkeit vermög irs amts, baide thail irer mängel und gebrechen christlich und nottürfftiglich zu erinnern, gemainen und jedes thails sonderbarn unrath und nachthail zu verwarnen und sy zu vermanen und sovil imer möglich anzuhalten, das baide thail sich forter anders und besser darein schicken welten.

Nemblich das die gaistlichen irem beruf beßer abwarten, die eingerißen mißbrauch so vil möglich abstellen oder doch nit so hart und zugleich den guten drob halten wölten, sonder der zeit und gemainen friden etwas zugeben, weitter verbitterung und ergernuß flihen und den gemeinen man mit guetter lehr und exempel an sich ziehen und sich selbst nit bereden, das sy nit irren könden oder das sy es doch nit bekennen sollen, und das man al ir thuen und wesen guet haißen und loben solle und muesse, oder wers nit thuen wolle, das derselb mit feur und schwerdt darüber verfolgt und außgerottet werden sölle. So lang die welt steet, hat man nie kain religion vermocht mit gewalt und dem schwert zu erzwingen, oder da es etwa understanden worden, ists vergebenlich gewest. Durch guete einbildung werden der menschen gemuetter gewunnen, an sich gezogen und geregiert.

Dann bey dem andern tail, das sy sich der augsburgischen confession vergleichen und dabey bleyben, keine neue lehren und secten under inen gestatten, sich einer gleichförmigen kirchen ordnung durchaus verhalten, iren predicanten ein piß einlegen. Und wann je mit der geistlichen oberkhait und dem alten ordenlichen bischoffen kain merer vergleichung nit mag troffen werden, das sy doch under inen selbs merer ordnung anrichten und ir predicanten einer gewißen und autorisierten gubernation oder juristiction, darauf sie ir aufsehen haben und deren sy verpflichtet sein und gehorsam leisten müßen, underwerffen, dergestalt, das sy auß der vorgeschriebenen lehr und ordnung nit dürfen schreyten oder aber ir straff darumb zu gewarten haben.

Welche puncten auch gemeinen Reichs abschiden und der verbesserung des religionfriedens ausführlich durch die ksl. Mt. und baidersaits stende von merer volge und ansehens wegen solten eingeleybt werden[64].

---

[64] Der Kaiser proponierte den von Schwendi geforderten Religionsartikel nicht. Er hatte unter dem Datum des 20. 12. 1569 ein Schreiben an die sechs Kurfürsten verfassen lassen, in dem er die Proposition eines Punkts „unser hailigen christlichen religion unnd darinn nunmehr so lang werenden bedaurlichen und schedlichen spaltungen halben“ ankündigte (HHStA Wien RK RTA 51 (3), fol. 157. Wenig zuverlässige Wiedergabe des Schreibens bei

Sonderlich aber will auch disem unrath durch gemain ainsehen un' verordnung maas zugeben sein, nämblich das zu baiden thailen das schmehen und schenden uf der canzel und in schrifften oder buchern mit allem ernst und bey hoher straf verpotten werde und ditzfals die oberkhait an allen orten ernstlich einsehen hab.

Item das dz bücherschreiben und truckhen und publicieren nit also meniglich frey beleybe und gelaßen werde, sondern das uberall und bey allen oberkaiten die buchtruckher auf gewisse mas und ordnung ditzfalß verpflichtet und bey hoher straf angehalten werden, nemblich kein schmachbuch oder neue secterey, die der catholischen religion und der augspurgischen confession zuwider und an gewissen orten durch die oberkhait oder etliche verordnete nit zuvor besichtigt were, zu truckhen und zu verkauffen. Und das sonderlich zu Franckfurt und auf andern großen messen und jarmärckthen die buchtrucker nichts feil haben oder verkauffen dürfften, es were denn zuvor durch die oberkhait oder die verordneten daselbst besichtiget und zugelaßen[65].

Ferner nach dem die Bapstliche Heiligkhait sich understeet, alle bischof und gaistlichen nach und nach in ein new jurament zu bringen, nit zu geringer gefahr der ksl. Mt. hochhait und freyer wal, sonderlich soviel die churfürsten belangt, und dann auch dardurch dem religion friden, gemainer fridsamkeit, vertreulichait und einmüttigkeit zugegen gehandlet und inn summa in vil weg dem Reich teutscher nation bey disen schweren leuffen, seltsamen geschwinden prattichen und anschlegen gefar und nachthail dardurch zu gewarten ist. Demnach will eine hohe notturft seyn, auf künftigem Reichs tag disen geferlichen neuerungen mit gemeinem rath und zuthuen endtgegen zu trachten und durch ein gemain Reichs decret solch neue jurament nit zu gestatten, sonder abzuschaffen. Und ist gnug, da die gaistlichen wie von alter her dem stuel zu Rom verwandt bleiben[66].

Hopfen, Kaiser [Anm. 60], 340 f.). Das Schreiben wurde nicht abgesandt, und auch später ist der Kaiser im Ausschreiben, der Proposition oder während des Reichstags auf den Religionspunkt nicht mehr zurückgekommen. Zu den Gründen vgl. „Reichstag 1570“ [Anm. 48], „Religionsverhandlungen“.

65 Diesen den Buchdruck betreffenden Punkt legte der Kaiser den Reichsständen gegen Ende des Reichstags (am 25. 11.) zur Beratung vor (vgl. „Reichstag 1570“ [Anm. 48], Nr. 374), einschlägige Bestimmungen sind in den Reichsabschied aufgenommen (§§ 154 - 159), wobei die Spezifizierung auf Frankfurt und große Messen keine Berücksichtigung fand.

66 Wiederholt warnte Schwendi schon 1569 vor den Folgen der Einführung der tridentinischen Eide, sehr eindringlich am 5. 12. (HHStA Wien Kriegsakten 26, unfol. eigh. Or. vgl. auch *Goetz*, Beiträge [Anm. 35] 585): „Da wirdt nun dz new päpstisch iurament sein fortgang an selben orten gewinnen, nit allein bei den novis electis, sonder bei den capiteln und hernach bei allen beneficiariis. Item man wirt keine räth und diener annemen oder ainich amt verleihen dan denjenigen, so uf die remisch religion schweren, item in den stetten und flecken wirt man keine andere in räth und gerichten leiden wel-

Dann es je gnugsam offenbar ist, was fur weitter und tiefer anschlege die frembden nationen vil hundert jar her gehabt, und sonderlich jetzo bey dises bapsts regierung furlauffen, das teutsch kaiserthum in verenderung zu bringen und auf andere nationen zu verwenden. Derwegs dann auch der ksl. Mt. und irem hauß und nachkommen insonderheit daran gelegen ist. Es wird auch die ksl. Mt. solch dekret bey dem chur- und fürsten[rat] per pluralitatum votum wol durchbringen könden, sonderlich weil die geistlichen churfürsten, auch die bischöf nit allzugleich darzue genaigt und damit zufrieden seyn. Und ob es schon den bapst oder andern verdrießen mecht, so doch das selb nicht zu achten; dann der ksl. Mt. und der stendt des Reichs pflicht und aidt ist, des Reichs bestes zu wißen und sein aufnemen und wolfarth zu befördern, schaden zu verhüten, nit sich noch dem bapst oder anderer auslendischer potentaten wolgefallen und vorthailigkeit zu richten. Und da man auf dem babst oder andere sehen wöllen, so were man vor jaren noch zu keinem religions friden und zu keiner befridigung im Reich kommen, sonder es hete ein ewigs innerlichs kriegen und innerlichs mörden und wesen erfolgt, wie man jetzo in Frankreich sieht, dessen dann die frembden nun in die faust gelachet hetten, wie dann jetzo der bapst und andere in Franckhreich auch wenig zum friden rathen, onangesehen wie es dem armen landt darüber gee.

[Wahl eines Nachfolgers Maximilians II.]

Betreffent das eußerlich regiment und ordnung des Reichs, da ist der ksl. Mt. und des Reichs furnembsten glidern und stenden furnemblich dahin zu trachten, daß die wal und hocheit des kayserthumbs in irem alten standt und wesen beleybe und allein bey dem teutschen namen erhalten und den frembden kain zutritt darzue gestattet, noch wie ob vermelt, beesen, gefährlichen practickhen und anschlege gelegenheit und blatz gelaßen werde. Darumben auch dest notwendiger, bey zeitten auff ein ordentlichen successor zu trachten, damit nit etwa durch ein unversehen fal, den gott lang genediglich verhütten welle, ein interregnum oder zerthailte wal und frembde eindringung zum kaiserthumb erfolge. Daraus dann nichts anders dann eigentliche zertrennung und zerstörung des teutschen Reichs zu gewarten sein würde[67].

---

len". Schwendi befürchtete „inwendigs mistrawens, verbiterung, zertrenung und parteyung". Trotz seines Drängens kam die Frage der Eide nicht auf die Tagesordnung des Reichstags.

[67] Ich habe in den Akten zum Reichstag von 1570 keinen Hinweis auf Verhandlungen Maximilians II. zu einer eventuellen Königswahl finden können, weder in den kaiserlichen noch in den Kurmainzer Beständen. Auch die Gesandtenkorrespondenzen von Kursachsen, Kurbrandenburg und Kurpfalz berichten davon nicht. Möglich sind freilich Gespräche des Kaisers mit den persönlich anwesenden geistlichen Kurfürsten, über die es spätere Andeutungen gibt (in einer kurmainzischen Relation des Jahres 1574; diese Mitteilung ver-

[Verbesserung der Rechtsprechung]

Zum andern daß der landfriden und die ordenlich justitien in irem starckhen fortgang erhalten und also inwendige krieg, auffruer, gewaltsahme, ungehorsame dest mer verhuet und furkommen mögen werden. In welchem fall zweyen dingen besserung zu schaffen sein will: erstlich das die exeqution gegen die ungehorsamen statlich und fürderlich geschehen möge; welches nit beßer dann durch faßung und beraitschafft der kraiß, davon unden weiter meldung wirt folgen, ins werckh gericht kan werden.

Daneben das am cammergericht sollich ordnung und mittel furgenommen werden, damit die parteyen zu schleuniger vollendung irer rechtlichen proceß kommen mögen und nit wie jetzo ein solcher ufzug und verlengerung furfalle, dz kain bey eins menschen gedenckhen ein end urtel zu hoffen oder zu erlangen. Darüber dann die gewaltigen und reichen parteyen, sonderlich diejhenigen, die in der poßeß sein, ires gefallens ir unrecht durchbringen und die vergeweltigten part ir lebenlang und hernach ire kinder und kindtskinder am rechten herumbführen und umbziehen und vollendts erarmen und an betelstab richten und mitlerzeit ires unrechten frey sicher genießen mögen, hergegen die armen partheyen uber das unrecht, das inen begegnet, und das sy des iren spoliert sein müßen, erst ir lebenlang darumb nachlauffen und noch das ubrig daruber verzeren und den advocaten geben, ir narung und gelegenheit versäumen und doch zu kainem endt gelangen noch vom rechten hilf bekommen mögen. Wann dann der proceß auf ir kinder gelangt, die etwa zu dem, das sy arm, auch unmundig oder der rechten unverständig sein, so könten sy demselben nit gnugsam abwarten und werden durch versaumbnus dest mer am rechten gehindert und durch ir gegenpart ubertrungen. Etwann müssen sy gar davon ablassen, nachdem sy und ire eltern alles, was in irem vermögen, daruber ufgewendet haben. Und ist also das cammergericht, da es wie jetzo verbleiben solt, allein ein blosser nam und schatten der justitien, da aber würcklich schier niemands kein rechtliche hilf erfolgen mag, oder doch beschwerlich und langsam, weil sie nit allein die alten sachen nit könden erledigen, sonder sich auch die neuen von jar zu jar hauffen, also das es, wo kein anders mittel getroffen, zuletst ein infinitum chaos

---

danke ich Herrn Dr. Neuhaus, Köln. Vgl. auch *Hugo Moritz,* Die Wahl Rudolfs II., der Reichstag zu Regensburg (1576) und die Freistellungsbewegung, Marburg 1895, 50). In einem Schreiben an den Kaiser vom 20. 9. 1569 (HHStA Wien Kriegsakten 26, unfol. Eigh. Or. *Goetz,* Beiträge [Anm. 35], 515) äußert Schwendi große Besorgnis, die Kurie könnte die Königswahl in ihrem Sinn beeinflussen. Die Päpste hätten immer schon beabsichtigt, die Macht der Kaiser zu schwächen „und sonderlich ir wal gar in ir hand [zu] bringen". Der päpstliche Anhang im Reich könnte „villeicht vil ehr uf ein interregnum dan zeitlich uf ein ordentlichen successor trachten."

werden würde. Wie aber dem cammergericht beßer ordnung und mittel zu geben, da ist von nöthen, das durch die ksl. Mt. und die stendt fromer rechtsgelerten mainung und anlaittung gehöret werde[68].

Aber das were ein fast nützlich und gut werckh, weil sich die haufung und verlengerung der proceß nit allein am cammergericht, sonder auch an den wenigern gericht stuelen fast uberal im Reich zuetragt, und die advocaten und procuratores umb ires aignen gesuchs und gewins willen die partheyen schier umb jeder geringen sachen in einander verhetzen und die proces meren und meren, das demnach ein gemain decret uff künftigem Reichs tag gemacht wurd und mandaten an alle oberkaiten ausgiengen, das allerorts zuvor und ehe man ein rechtlichen proceß anneme, die gutlichait zwischen den partheyen furgenommen und gesucht wurde und das sonst am cammergericht nit alle schlechte und geringe sachen und appellation angenommen wurden[69].

[Truppenwerbungen fremder Potentaten]

Zum dritten, weil bißher zu innerlichen unfriden und nachtheil, auch frembder gefar die übermessige freyheit und licentz des teutschen kriegs volckhs und frembder potentaten bewerbungen nit wenig ursach geben und kunftiglich noch mer geben wird, also das sich in vil weeg höchster unrath im hailigen Reich und daruber weiter zu besorgen ist. Da nit ander einsehen geschehen solt, und die erfarung gibt, das disfals die wolangestelte und hailsame reichsordnungen und -abschiede wenig frucht schaffen, item das es dahin berait kommen ist, das die teutsch sterckhe und mannschafft umbs gelt gar feil und mer in der frembden pottentaten handen ist, dan in eins römischen kaisers und anderer irer ordenlichen oberkait[70], und das dardurch nit allein alles aufsehen und

---

[68] Der Reichstag 1570 beschäftigte sich intensiv mit einer Prozeßrechtsreform beim Reichskammergericht und kam zu Beschlüssen, welche die nicht präklusiven Termine einschränkten, eine sofortige artikulierte Klage verlangten und das Eventualprinzip weitgehend durchsetzten (vgl. bes. *Rudolf Smend,* Das Reichskammergericht. 1. Teil: Geschichte und Verfassung, Weimar 1911, 185; *Georg Wilhelm Wetzell,* System des ordentlichen Civilprozesses. Leipzig ^{3}1868 (Ndr. Aalen 1969), 108 ff.). Die Anregungen kamen von Assessoren und Prokuratoren des Kammergerichts, die Beratung lag hauptsächlich beim Kurfürstenrat bzw. den mit dem Reichskammergericht vertrauten kurfürstlichen Räten. Zweifellos hat der Reichstag von 1570 die bedeutendsten Neuerungen für das Reichskammergericht in den Jahrzehnten nach 1555 gebracht.

[69] Der Reichsabschied hielt lediglich dazu an, daß die Untergerichte mit Rechtsverständigen besetzt würden; auch Dekrete zum summarischen Prozeß ergingen nicht. Jedoch wurde die Appellationssumme auf 150 fl. erhöht (§§ 66 - 69).

[70] Deutlicher äußerte sich Schwendi diesbezüglich in einem Schreiben an den Kaiser vom 13. 11. 1569 (HHStA Wien Kriegsakten 26, unfol. Or.): Es ist gleichwohl hoch zukhlagen, dz im solchen frembden kriegen ein so grosse anzall der deutschen reutterey und sterckhe soll zu grund geen und dz die

gehorsame auff die oberkait und gemainer gesatz und alles nachdenckhen des vatterlandts, und was im zu guten oder nachtheil geraichen möge, fellet und erlischet, sonder das unter den Teutschen auch derhalben ein barbarische, wilde freiheit einreißt, alle alte teutsche zucht, frombkheit und biderkhait in abnemen geräth und auf des Reichs boden und in gemainen vatterlandt gegen den armen underthanen in den an- und abzügen nit weniger, als wenn man in frembden oder gar in der feindt land were, gehauset wirdt. Item das auch dardurch das Reich teutscher nation an manschafft und sterckhe on notwendig und unzeitig geschwecht und entplöst und etwa in ein notfal andern feinden, sonderlich dem Türckhen dest weniger widerstand thuen mecht; zudem das dz krigs volckh, sonderlich die reuter mit frembdem gelt und dem freyen willen und zuegreyffen so gar verbaist[71] werden, das man iren mit weniger ordnung und gehorsame zu des vatterlandts notturfft hernacher gebrauchen mag; ja das in ein solchem fal, da frembder herrn dienst daneben auch furfulle, man iren nit vergewisst sein kondt, sonder sie villeicht lieber denselben nachfolgen, dan wider den Türckhen ziehen würden. Item das entlich durch solche zuviel freye gewerb und zuzug die frembden auch zu allerley anschlegen und prattickhen gelegenheit und mittel bekommen, und leichtlich im Reich innerlich krieg und unrath erwecken mechten.

Und bey allen bestendigen, ordentlichen regimenten und völckern von je welten her unerhört ist, das ein solche gefärliche, ubermessige fraihait und licenz jemals den underthonen gestattet und zugelaßen solt worden sein. Welche under andern auch die gefar sonderlich auf sich hat, da heut oder morgen frembder herren dienst uffhören und das krigs volckh sein underhalt, gewinn und zuegriff nit mer gehaben solt, das sy in irem aignen vaterlanndt aufruer und empörung anfahen, oder doch etwa durch ein ansenliches haubt, das etwas solches im sinn hete, leichtlich darzu geraitzt, erregt und auffbracht werden mecht, alles gemeinen vatterlandt und dann den sonderbaren stenden und iren underthonen, denen es gemaint wurde, zu höchsten nachtail, gefar und verderb. Und über diß alles, eben durch solche freye bewerbungen und zuezüge, auch die Teutschen bey den frembden potentaten und natio-

---

Teutschen umb frembdes gelts willen also ir selbs metzger söllen sein. Und wer wol hoch von nöten, disen dingen uff kunfftigem Reichs tag andere maß zufinden, dz nit die frembden potentaten mit ihrem gelt der Deutschen macht meer mechtig weren dann eure Mt. als die höchste oberkhait und die chur- und fürsten des Reichs selbs. Und ist zubesorgen, dz diser so mannlicher teutscher anngriff, der uf baiden seiten [der beiden Parteien in Frankreich, des Königs und der Hugenotten] ervolgt ist, werd bei frembden potentaten ein grossen muet und sicherhait ursachen, als wan sy umb ir gellt die Teütschen nit allain irs gefallens gehaben, sonder auch mit inen sich kriegen mögen, es gelt den Teutschen selbs oder wem es wölle."

[71] = verdorben.

nen, als die umb das gelt inen gar feil steen und die sie irs gefallens gegen einander mer, dann undern wilden thieren geschehen mecht, hetzen und zu vergießen ires bluts anfuren und auf den fleischbankh lifern oder sonst aus mangel und on bezalung sterben und verderben machen megen, also das schier nichts wolfailers bey disen zeiten ist dann der Teutschen flaisch und blut, in gentzliche verachtung und verclainerung gerathen, ja dem teutschen kaiserthumb und hayligen Reich schier al sein ansehen, reputation und forcht darüber weckhgenommen und entzogen wird.

Dem allen nach wil je ein unvermeidliche notturfft sein, das die ksl. Mt. sambt den chur- und fürsten und stenden des Reichs geburliche mittel und einsehen furnemen[72]. Nämblich, das einhelligelich auff künftigem Reichs tag decretirt und dem abschied einverleibt, auch durch sondere mandaten in allen kraisen publicirt wurde, das forthin kain frembden pottentaten, wer der wer, zugelaßen werden solt, einich kriegsvolckh zu roß oder fues im hailigen Reich zu bestellen oder zu bewerben, er hab denn zuvor die ksl. Mit. und die churfürsten ordenlicher weiß darumb ersucht und gnugsamer erclerung und versicherung gethan, das er dem hailigen Reich zu nachtheil nichts vorhette. Item anzeigte, was anzal und was obersten und rittmaister er gebrauchen wolte und darauff die bewilligung erlangt. Item das niemandts im hailigen Reich, wer oder was stands der were, sich solle in einiche bestallung und bewerbung einlaßen, ime were dann zuvor solche der ksl. Mt. und der churfürsten bewilligung wissent gemacht, alles bey poen der acht, verlust der eren und verlierung oder einziehung eins yeden haab und güeter[73].

---

[72] An den Kurfürsten von Mainz schrieb Schwendi am 16. 12. 1569 (HHStA Wien MEA RTA 29, fol. 89 f., 92 f. Or.): „Ob wol nun, wie höchstgemelter churfürst pfalzgraf in seim schreiben vermelt, dz besst were, bayden thailen [dem König von Frankreich und den Hugenotten] verrere hilff und zuzug nit zu gestatten, so sich ich doch nit, wie man dieser Zeit und vor zukunfftigem reichstag und bei diser jetz herschenden ubermessigen freyhait darzu würd kommen mögen." Man werde zu tun haben, den Frieden bei Truppenzügen zu wahren und zu verhindern, daß der König oder die Hugenotten auf deutschem Boden kämpften. — Kurfürst Friedrich III. hatte Schwendi zuvor zugestimmt, auch er wisse kein besseres Mittel, „dan durch abschaffung beyderseits vernerem newen zugangs und hulffe aus dem heiligen Reich erlangt und befurdert, auch dadurch vil mißtrawens, beschwerung und verderbung der armen unterthanen verhütet wurde" (StA Marburg 4 1f. Pfalz Nr. 84 unfol. Friedrich III. an Schwendi, 7. 1. 1570).

[73] Die Klage Schwendis wegen der übermäßigen Verpflichtung deutschen Kriegsvolks im Ausland findet sich sinngemäß auch in der Reichstagsproposition (vgl. „Reichstag 1570" [Anm. 48], Nr. 1); der vorliegende Abschnitt des „Diskurses", der eine Neuregelung bezüglich der Werbungen auswärtiger Potentaten fordert, ist z. T. im Wortlaut in die Proposition übernommen worden. Während jedoch gemäß dem „Diskurs" die Bewilligung bei Kaiser und Kurfürsten liegen soll, möchte die Proposition nur in bedeutsamen Fällen die Kurfürsten beiziehen.

[Verabschiedung einer Kriegsordnung]

Item das sich die ksl. Mt. und die chur- und fürsten auch einer gemeinen reutter bestallung und artickhels briff uf dem Reichs tag verglichen und dieselben dem abschid einverleibten mit gleichem decret und mandat, das sich niemands anderer gestalt dann vermög desselben bestellen laßen solte. In welchen bestallungen dann sonderlich das reutter recht und merer mans- und krigszucht mecht in begreiffen und den obristen, rittmaistern und haubtleuthen darüber zu halten auferleget werden[74]. Item das in allen bestallungen und pensionsbrieffen frembder potentaten alle Teutschen, sy werden zu krigs- oder andern diensten bestelth, inen austruckenlich vorbehalten, dz sy wider die ksl. Mt., die stende des Reichs samet und sonder und dann den religions- und landtfriden nit gebrauchet werden; und das dz kriegs volckh auch in kainerley fällen und aus kainerley ursachen weder offensive noch deffensive den fuß auf den teutschen oder des Reichs boden zu setzen nit solten schuldig sein, alles bey obermelten poenen und straffen. Welche auch von Teutschen darüber sich anderst bestellen laßen oder etwas sollichs würcklich thun wurden, die solten nit allein in die straf der acht gefallen, sondern in ewigkhait für schelmen und vatterlands verretter gehalten werden. Item das alsbald der ksl. Mt. und der churfürsten bewilligung erfolgt und die obristen und bevelchhaber nambhaft gemacht wurden, solyches den kraiß obristen, darunter sy geseßen, zu wißen gethan, damit sie die ordentliche caution von inen erfordern, niemands im Reich im an- oder abzug zu belaidigen, das krigs volckh auff teutschem poden nit zu versamblen noch heuffechtig[75] durchzufüren[76].

Item weil sich mermals zuträgt, das bey etlichen leuthen die finantz[77], sauferey, ungewarsame und ander unthugend mer platz hat dann die ehr und fleißig treue verrichtung ires bevelchs, darüber dann erfolgt, das etwa vor dem feind unehr eingelegt, das teutsch krigs volckh jämmerlich verfurt und gleich auf die fleischbanck geliefert[78] und also dem

---

[74] Die Verabschiedung von Reiterbestallung, Reiterrecht und Artikelbriefen forderte auch die Proposition („Reichstag 1570“ [Anm. 48], Nr. 1; zu den Beratungen über die Kriegsordnung vgl. ebd., Nr. 566; Edition der Kriegsordnung ebd., Nr. 567)

[75] Statt „heuflich“ (= massenhaft)?

[76] Die wesentlichen Forderungen dieses Abschnitts enthält auch — in anderer Reihenfolge und mit einigen Abweichungen — die Reichstagsproposition.

[77] = Betrug.

[78] Am 31. 10. 1569 klagte Schwendi gegenüber dem Kaiser (HHStA Wien Kriegsakten 26, unfol. Eigh. Or.): „So kompt auch dz besteldt teutsch kriegsvolckh, je lenger, je mer in solche unordnung und leichtfertigkeit, dz furter schwerlich mit im wirt zu kriegn sein. Dz fussvolckh hat in Friessland [Schlacht bei Jemgum am 18. 7. 1568] und item in Franckreich sich so ellendiglich und on alle gegenwehr flüchtig gemacht und sich erwirgen lassen, dz es all sein reputation verloren hat, und zuvor von Teütschen unerhört gewesen ist.“

teutschen namen schand und schaden gethan oder sonst durch finantzerey und untreue dermaßen mit inen gehauset wirt, das es mangel leiden, erkranckhen, verderben und sterben mueß, und dißfaltz wegen pflanzung merer ehr, redlicheit und trew under dem teutschen namen auch einsehen vonnöthen; das demnach abermals durch ksl. Mt. und gemaine Reichs stendt decretirt und verordnet und in abschid gebracht werde, welcher von den teutschen obristen, rittmaistern und andern bevelchhabern und krigs leuthen in frembder herrn krigs dienste etwas handelte, verbreche und thete, das ime an sein ehren und pflichten verweislich oder der teutschen eer, redlichait und biderkhait nit gemäß were, ob schon derselbe in frembden landen durch den krigs herrn oder vor dem krigs regiment nit gerechtfertigt und gestrafft wurde, das er doch nicht destoweniger zu seiner widerkunfft in das vatterlandt auf der ksl. Mt. erfordern vor ein ordentlichen krigs und ritterrechten solt fürsteen und antwort geben, und im fall er sich nit purgiren könte, seiner straff daruber gewarten, bey peen der acht und verlust seiner ehren[79].

Da sich dann etwa ein solcher fal zuetriege, das von ein oder andern wissentliche anzaig und kuntschafft vorhanden, das er dem teutschen namen unehr und schandt aufgethan oder sonst bey sein kriegs leuthen untreulich und ubel gehandlet het oder jemandts auf ime klagte und rechts begerte, das demnach die ksl. Mt. ine citierte, im ein ordenlich krigs- oder ritterrecht von grafen, herrn und vom adel bestellete, darzue dann insonderhait etliche von den dreyen weltlichen churfürsten und von des beclagten lehenherrn oder landtsfürsten auf ir Mt. begern geschickt und verordnet werden möchten und endlich ir Mt., was das recht im zuerkennete, volgens exequiren und volnziehen ließe. Oder es mechte die ksl. Mt. je zu zeiten eine solche verhandlung und clag dem churfürsten von Saxen als des Reichs obristen marschalckh durch ein ordenlich krigs- oder ritterrecht zu erörtern bevelchen[80].

[Dienstgelder auswärtiger Potentaten für Räte von Reichsständen]

Item dieweil die pensionen und corruptionen frembder potentaten so gar gemein im Reich werden und auch an der chur- und fürsten höfen bey den räthen etwa einreysen und dadurch schier alle ratschlag, heimlicheit, gelegenheit und ungelegenheit des Reichs den frembden nationen und königen zuegeschrieben und eröffnet werden, so wer demnach auch wol vonnöten, dz disfals abermals durch zuethun der ksl. Mt.

---

79 Diese Bestimmung wurde nicht in den Reichsabschied, sondern in die vom Reichstag verabschiedete Kriegsordnung von 1570 aufgenommen (§ 219), jedoch mit erheblichen Abweichungen in der Formulierung und in der Sache.

80 Auch die Forderung dieses Abschnitts findet sich implizit im Artikel 219 der Kriegsordnung von 1570.

und der stend etwan einsehen gehalten und dann sonderlich durch die churfürsten an iren höfen den räthen und geheimbden dienern on sonder ursachen und vorwissen nit gestattet wurde, von frembden potentaten dienstgeld und pensionen anzunehmen. Durch welliches alles dann dest mer tugend und sorgfeltigkait, eer und redlichhait bey den leuten gepflanzt, dz vatterlandt vor gefar und nachteil verhüet, die teutsch nation und bevorab die eer, reputation und ansehen des Reichs wider in merer ufnemen und gedeyen gebracht wurde[81].

[Reichsexekutionsordnung und Verfassung der Kreise]

Dieweil aber vergebenlich guete ordnungen gemacht, da sy nit gehandhabt und volnzogen werden, und dan one das zuverthädigung und beschützung des Reichs wider frembden gewalt, gegenwehr, verfaßung und beraytschafft vonnöthen; wie dann augenscheinlich am tag, welchermaßen das Reich mit feinden, sonderlich dem Türckhen und Moßkowitter und dann etwa auch mißlichen nachpaurn und frembden nationen umbgeben ist, und es leyder je an dem, das die alt ordnung des adels und der ritterschafft und der hehern stende mit den ordenlichen diensten und zuzügen in abgang kommen, durch welches mittel dann vor disen zeiten die römischen kayser yedzeit mit krigsgewalt gefasst sein, grose ding verrichten und in frembden landen auf des Reichs kossten kriegen mögen, also das es nunmer nit widerbracht und in sein alt wesen und thuen gesetzt werden mag, so wil doch nicht desto weniger uff ander mitel und weeg der ksl. Mt. und denn chur- und fürsten zu gedenckhen sein, damit demnechst das hailige Reich und das geliebte vatterlandt der teutschen nation ufrecht beleiben und vor frembden gewalt, tyranney dienstbarkeit und jemmerlichen undergang verhüetet werden möge.

Wiewol es nun dißfalls nochmals etwas alter maß und ordnung mit des Reichs anlagen uf den römerzug und mit austhailung und schickung der kraißen und iren hilffen hat, so befind man doch augenscheinlich, wie langsam, unzeitig, unordenlich es damit zugeeht, und wie schwerlich man damit in einer noth zu einer statlichen gegenwehr oder verrichtung, wil geschweigen zu ein angriff und veldtzug gelangen kann. Derowegen dann je vonnöthen, die Reichs hilffen und kraißordnungen zu verbessern und auf furtreglichere und zeitige mittel anzustellen.

Demnach wellen erstlich die kurzverschiner jaren angestelte der kraiß ordnung und verfaßung, und sonderlich die auff jüngstem deputationtag zu Franckfurt erfolgt ist, in alweg strackh zu handthaben sein.

---

[81] Das Thema der auswärtigen Dienstgelder, ein Vorwurf, der besonders die Räte der geistlichen Kurfürsten betraf (vgl. „Reichstag 1570" [Anm. 48], Nr. 3), wurde auf dem Reichstag nicht angeschnitten.

Nämblich das erstlich die krayß obristen und ire zue- und nachgeordneten mit sonderm fleiß und aufsehen vermög angestelter ordnungen erhalten werden. Item das die ksl. Mt. nit auf ein fal allein wie jetzo, sonder alweg ordenlicher und steeter uber al krayß general obrister seye. Item das ein fürst des Reichs ir Mt. zu obersten leuttenambt zuegeordnet und demselben fordter noch ein anderer underleutenambt erhalten werde. Item das yeder krayß sein gewiße tax und anzal zu roß und fueß in verfaßung und beraitschafft hab und das dieselben alle jar zum wenigisten einmal gemustert werden und dißfals den krayß stennden kain entschuldigung oder außzug oder ander erbieten zuegelaßen werde und das bey solcher musterung nit allain die kraiß obristen, sie seyen was stanndts sie wollen, selbst persönlich zu erscheinen schuldig seyen, sondern das auch von der ksl. Mt. oder des obristen leutenambt wegen etwa darzue verordnet, ja das der obrist leuttenambt in etlichen ime nechstgesessenen kraißen selbst gegenwärtig seye, zu den andern sein underleutenambt, oder wo sy baide nit uberal sein könten, andere statliche personen zu commissarien verordnen.

Item das die tax und anlag jedem kreyß dermaßen und so stattlich aufferlegt werde, das man im fall der noth und da die krayß gar oder merers thayls aufgefordert wurden, zu einem statlichen hörzug gefast mege sein. Item das jeder stand sein anzal schuldig seye, wolbewert und außgerüst und von auserlesenen guetten mennern und krigs leuthen, sonderlich die reysigen vom adel zu bestellen und zu schickhen. Item das jeder krayß seine gewiße und bestelte guete rittmaister, hauptleuth und bevelchleut habe und mit järlicher pension underhalte. Item das in jedem kraiß ein zeughaus eingerichtet und mit etlichen geschütz, dann mit nothdürfftiger munition, rüstungen und spießen und guten feuerhackhen und handroren versehen, damit sy ir fueßvolckh im fall der noth selbs ausristen und wolbewerth machen mögen. Item das in jedem krayß auch ein zeugmaister und etliche büchsenmaister mit järlicher pension erhalten werden, das auch durch die ksl. Mt. und zwen obristen leuttenampt, insonderheit von wegen des Reichs etliche obristen, rittmaister und hauptleut bestellet und mit järlicher pension underhalten werden, dieselben im fall der not uber der kraiß hilffen an der hand zu haben und durch sie ein anzal freyes besteltes krigs volckh zu behuef des Reichs zu bestellen und anzunemen. Item das alle kraiß obristen und dann der krayß bestelte rittmaister und bevelchhaber uf die ksl. Mt. in sonder verpflichtung und, so es also fur gut geachtet, auf iren obristen leuttenambt ir aufsehen haben.

Item das auch von des Reichs wegen und auf gemainen cossten zu Straßburg oder an ein andern gelegnen ort ein zeughauß erpauet und mit notdürfftigen geschütz und munition ins feld und zu einer belegerung und dann mit feur und handtroren, russtungen und spießen und ander versehen werde, weil man sunst im fal der not zu keinem geschütz oder munition kumen und kein standt von dem seinen nichts hergeben will, auch dasselb von den kraißen zu fordern gleichfals ein irrig, unzeittig und langsam werckh sein wurde. Item das in jedem kraiß auf eine guete anzal monat ein vorrath von gelt zum kriegscossten an ein gewiße legstat hinterlegt werde und beysamen unangriffen und unverändert beleibe, bis es gemeine not erfordert und durch die ksl. Mt. mit vorwißen der churfürsten, da es die zeit und vorsteend gefar also erleiden mag, die aufforderung gar oder zum thail von nöthen geachtet wird. Wie dann disem allem sonder zweifel auf künfftigem reichstag durch die ksl. Mt. und die chur- und fürsten wol ferner nachgedacht und guete maß und ordnung geben werden mag, da allein ein guetter will und eiferigs gemueth, wie gentzlich zu verhoffen, dabey sein wirt[82].

Aber aus solcher neuer und so statlicher des Reichs verfaßung und anordnung wurde der ksl. Mt. und dem ganzen Reich und allen deßelben stenden und glidern und iren nachkhumen unaussprechliche nutzbarkhait, eer, reputation, ufnemen und wolfarth erfolgen. Erstlich wurde im Reich meniglich uff solche gemeine verfaßung sonder ufsehen, forcht und sorg haben, sich dest weniger an den andern wider den religion- und landt friden und gemeine justitien vergreyffen und also fridt, rue, einigkhait, gehorsame und alle wolfart dest mer erhalten werden. Da auch einer etwas gewaltsam oder aufrürrisch untersteen welt und der oberkhait und gemeinen gesetzen, sonderlich aber der ordenlichen justitien oder iren aussprüchen und urteln nit gehorsam sein welt, so köndt man gefaßt sein, demselben alßbald widerstand zu thun oder die execution fortsetzen. Item die frembden krigsgewerb und freywillige onerlaubte zuezuge und die daraus entspringenden gefärliche krigs versamblungen und schedliche durchzüge im Reich, die wurden vermitten bleiben oder leichtlich gedempft werden megen, da sunst zu besorgen, es werde das bloß gesatz und verbott bei dieser eingerißnen licentz nit genugsam verfahren und würckhen.

[Folgen der Neuerungen für das Verhältnis von Reich und auswärtigen Mächten]

Da dann frid und rue und gehorsame im Reich gepflanzt und des teutschen krigs volckhs niemandts dann ein römischer khayser und die

---

[82] Die Vorschläge bezüglich eines Generaloberstenamts, einer festen Kreisbereitschaft an Geld und Truppen sowie der Zeughäuser in den Kreisen und im Reich sind auch in die Reichstagsproposition aufgenommen (vgl. „Reichstag 1570“ [Anm. 48], Nr. 1), jedoch weniger ausgreifend und detailliert. Einige der im folgenden erhobenen Forderungen fehlen in der Proposition: die dem Generalobersten zugeordneten Ämter, die jährliche Musterung in den Kreisen sowie die Vereidigung der Kreisobersten und -offiziere auf den Kaiser.

chur- und fürsten mechtig weren, so ist offenbahr, das der frembden nationen und potentaten macht one teutsche sterckhe und mannschafft ganz gering ist. Und wurde sich das Reich nit allein vor inen nichts zu besorgen haben, sonder von inen geförcht und in aufsehen gehalten werden müßen; und wurde ir jeder sich befleißen, das er ein römischen kayser und die stende des Reichs zu freunden und guten nachpaurn hielte und sich an des Reichs aigenthumb und gerechtigkhaiten nit vergreiffe. Da auch die frembden potentaten mit einander kriegten und solche krieg dem Reich nit gelegen oder sunst der christenhait unvertreglich weren, so mechte jederzeit ein römischer kaiser und die churfürsten mitler und gleich wie ein obman zum friden sein durch disen weg; welcher sich nit welt zur billigkhait und zum friden weisen laßen, das demselben kain teutsch volckh zuegestattet, aber dem andern thail aller guetter furschub, hilf und furderung gethan werden sölt. Da auch das Reich aus furfallenden ursachen und ehehaften solt etwa ein krieg und zug gegen einen frembden potentaten furnemen und sich der teutschen mannschafft allein gebrauchen mechte, so wurden sich die frembden nationen allein im freyen felt gegen den Teutschen nit gern finden laßen und nit leicht ein feldschlacht besteen und wagen dörfen. Und durch disen weg haben, wie obvermeldt, die alten teutschen khayser vor alten zeiten alle umbliegende nationen und königraich gemechtigt und mererthails inen underwürfig gemacht. Und wurde darumb den Teutschen nit gewert, frembder Herrn dienst zu gebrauchen und zu versuchen, sich auch etwas zu erobern, sonder man wurde sie nun dest ansehenlicher und statlicher halten und dest mer gelten laßen. Da sie auch sich also ordenlicher weiß und mit guetem regiment gebrauchen ließen, wurde dest mer glückhs und hailß bey inen sein.

Wie dann dißfals die Schweizer nun, ein geringer thail der teutschen nation, dem ganzen Reich billich ein spiegel und exempel sein sollen, die nit allain ir vatterlandt und verbündnis in langwierigen wolstand und friden darumb, das gemeine ordnung und gesatz bey inen in forcht und aufsehen sein, erhalten haben, sonder bey allen königen und potentaten das ansehen haben, das sy inen hofieren und bitsweiß und durch gaben und schenckhungen entgegen gehn mueßen.

Weil man sich auch im Reich nit anderst zum ernst gefaßt macht und treulich und einmüttiglich ob des Reichs recht und gerechtigkeiten zusamen helt, sonder dieselben allein mit bloßer reputation und vilen taglaisten, schreiben und schickhungen zu erthädigen und zu handthaben vermeint, welches dann ein zeither so weit eingerißen, das die frembden nationen schier nun das gespött daraus treiben, so wirt man nimer aufhören, jetz da jetz [!] dort dem Reich noch weiter eingriff zu thuen und sein aigenthumb und gerechtigkhait zu entziehen, sonderlich weil man sicht, daß der künig aus Franckreich so ruewiglich die stadt Metz und die drei stifft an sich behelt, das auch in disen innerlichen krigen und geferlichaiten, die im jetz vil jar her obligen, und, da man dazue wol gelegenhait gehaben mögen, nichts darzue gethan ist worden. Aber im fall obangeregter kraißverfaßungen, und da man des deutschen krigs volcks allein mechtig wer, wird man bald gelegenhait und mittel gehaben mögen, dem könig ein ander latein aufzugeben und die entwenten plätz mit anderm ansehen und ernst erfordern, oder wo mans mit lieb nit erhalten, auff ander weg bedacht sein mügen, die im schwer fallen würden, und dörfte doch darum nit gleich ein offen krieg anfahen.

[Reich und Türkengefahr]

Ferner was den Türckhen als den geferlichsten feindt betrifft, so wurde man eben durch solche kraißverfaßung und hinderlegung eines so ansehnlichen vorraths jederzeit zu eilender nottwendiger defension dest beßer gefast mögen sein. Und da man schon der kraiß hilf vermeg der tax oder anlag nit gebrauchen noch die kraiß gar entblösen wolte, so mechte man doch dieselb zum thail an der hand gehaben. Oder man könte eilendts durch mittel des vorrats ein statlich volckh im Reich bewerben und der ksl. Mt. und den getrengten christlichen landen zu hilf schickhen und mit der zeit ermelten vorrath wieder ergenzen. Da dann gott sovil frids mit den Türckhen und sonst im Reich verlihe, das man etwas außrasten und von der ergangen schatzungen sich wider erhalten mechte, so solt dem Reich je nit so beschwerlich sein, auch ein sondern vorrath auff den Türckhen krieg zusammen zu bringen. Doch wil jetz alsbald der jüngst bewilligte in alweg vollends zu erlegen und wieder zu ergenzen sein[83].

Wiewol genzlich zu erhoffen und zu vermuthen ist, da die ungerischen grentzen einmals recht erpauet und befestiget und mit ordenlicher besatzung versehen und erhalten wurden, der Türckh würde nit bald understeen, der orten ein so weiten weeg und mit so grosser uncossten, beschwerd und mißlichait wegen der profiand und abgang volckhs und viehs heraus zuziehen und al sein glück an ein oder zwei wolbefestigte grenzhäußer zu wagen, dann er weist, was in die vorigen belegerungen vor unerpauten und etwas ubelbesetzten häusern gecosst haben. Derwegen das hailig römisch Reich nichts bessres und nutzlichers thuen könte, dann der ksl. Mt. mit einer summa gelts zu voller erpauung der noch ubrigen festungen an der frontier zu hilff und steur zu kommen und dann jerlich auch ein anzal hunderttausend gulden zu beßerer der-

---

[83] Gemeint die Türkenhilfe von 1566 (24 Monate eilende, 24 Monate beharrliche Hilfe).

selben erhaltung zu geben oder selbs ein anzal volcks uf die frontier zu underhalten. Und dardurch wurde die frontier schier ungewinnlich gemacht, das übrig Ungerland je lenger je mer versichert und endtlich der Türckh vor fernern kriegen und angriffen der orten abgehalten oder doch außer dem Teutschland und außer frembden frontier und boden aufgehalten, also das mitler weil das Teutschland in sicherhait und unverderbt und on angegriffen belibe, da sonst, wenn die ungerische frontier einmahl solt verloren werden, das gott genediglich verhueten wolle, alle gefahr, jammer, not und verderb schier unwiderbringlich dem Teutschland uf dem halß wachsen würde[84].

Aber ein ding ist von wegen des Türckhen krigs den stenden des Reichs hoch zu bedenckhen und zu gemüth zu füren: Obwohl inen und meniglich bewußt, was geferlichen, gewaltigen, immerwerenden feind man an dem Türckhen hat, und wie jetz vermelt, da die ungrisch frontier verloren solt werden, wie hoch beschwerlich und verderblich sein kriegen den anrürenden teutschen grentz lendern uf den hals fallen wurde, daß so gar wenig nachdenckhen und vorbetrachtungen gehabt wirt, wie im doch kunftiglich mechte besser dann bißher zu widersteen, abzubrechen und zu begegnen sein. Nun ist bißher der mangel nit sogar albeg an dem gewest, das man kein volckh oder hilf im fal der not hinab geschickt habe, sondern vilmer an dem, das dz deutsche krigs volckh gegen denselben feind nit erfarn, geübt und zu einichen vorthail abgericht gewest. Denn obwol die teutsch nation sich in kriegen vil versucht und sonderlich jetzo mit der reutterey allen andern nationen überlegen

84 Das Reichstagsausschreiben vom 1. Februar 1570 hatte die Frage einer neuerlichen Türkenhilfe ausgeklammert. Tatsächlich wurde jedoch die Forderung des Kaisers nach einer Reichssteuer, die er zum Ausbau der Grenzbefestigungen verwenden wollte, zu einem Hauptverhandlungspunkt des Reichstags. Offenbar aufgrund der Anregung des „Diskurses“ forderte die Hofkammer Schwendi und den Reichspfennigmeister Georg Illsung am 5. April auf, zu einer „reichshilf zu besserer bawung und erhaltung der greintzen“ Stellung zu nehmen (HKA Wien Hoffinanzprotokolle 289, fol. 117 — Vermerk). In seiner Antwort wiederholte Schwendi ausführlich die Argumente für eine Grenzhilfe; in dieser Formulierung wurden sie auch in die Proposition übernommen. Als Forderung an die Stände nannte Schwendi: für sechs Jahre ein jährliches Baugeld von 200 000 Talern sowie eine beständige jährliche Beihilfe von 300 000 Talern, welche für die Grenzbesatzung aufzuwenden war (StdA Frankfurt RTA 75 a, fol. 181′ f. Schwendi an den Kaiser. 30. 4. 1570). Bemerkenswert ist, daß Illsung allenfalls mit der Bewilligung von zwei bis drei Römermonaten rechnete (ebd., fol. 207′ f. Illsung an den Kaiser. 3. 5. 1570), die Hofkammer zunächst vier bis sechs Monate für sechs oder zehn Jahre fordern wollte, sich aber dann Schwendis Vorschlag anschloß (ebd., fol. 231. Beim Geheimen Rat präsentierte Gutachten, 25. 5. 1570). Die Proposition nennt keine Summe. Der Kaiser erhielt schließlich für vier Jahre je drei Römermonate, was etwa 200 000 fl. jährlich entsprach, dazu überließen die Stände ihm den 1566 bewilligten Vorrat, von dem die Reichspfennigmeister rund 626 000 fl. eingebracht hatten (davon hatte der Kaiser bereits 322 000 fl. ausgegeben; weitere 337 000 fl. standen noch aus. — „Reichstag 1570“ [Anm. 48], Nr. 341).

ist, so beschicht doch daßselb allein gegen christen, und ist des Türckhen kriegs wenig erfarung und vortailigkhait under ihnen, weil man gegen den Türckhen kein steeten unterhalt oder ubung gehaben kan.

Demnach und damit der teutsche adel auch eine steete übung wider den Türckhen het und man erfarne bevelchsleut und krigs leuth zuglen mechte, die im fall der not andere anführen und regieren könten, so were obgemelter underhalt einer anzahl krigs volckhs uf des Reichs kossten ein fürtreglicher, gueter weg darzue. Darneben mecht man auch dis mittel an die hand nemen: Weil der teutsch orden erstlich darumb gestifft und angericht worden, das er wider die unglaubigen fur das teutsch vatterlandt streitten soll, wie er dann lange jar ritterlich und wol gethan hat, und aber jetz ein lange zeit her davon abgelaßen und daheim müßig allein den haußhaltungen abwartet und weder dem gemainen vatterlandt noch der chrißtenheit wenig nutz ist, das demnach durch die ksl. Mt. und gemeine stendt solcher orden dahin angehalten wurd, das er stettigs mit einer anzal pferd und ritters bruedern auf der ungerischen frontier kriegen und sich gebrauchen mußte, gleichwie der Johanniter orden zu Malta und uf dem meer thuet, und das hergegen die ksl. Mt. inen ein platz in Ungarn eingebe, da sy ir residenz haben, und was sy im offnen krieg eroberten, das dasselb inen und irem orden blibe. Wie dißfalls irer reformation und wider anrichtung der ersten einsetzung des ordens wol wirt guete maß und mittel geben und nit allein redlicheit und mannheit, sonder mer einzogenheit und mannszucht, dann sonst in kriegen jetz im prauch ist, under inen gepflanzt megen werden[85]. Solches wurde gleich wie ein ritterschuel sein fur den jungen teutschen adel, dahin vil erliche leut auch außer dem orden umb ritterlicher übung willen sich begeben, und dadurch one zweifel der orden in kurzen jaren gemeret werden und also auch der Teutschen sterckh und gegenwehr wider den Türckhen zunemen. Und im fal eins offnen krigs könnte man aus solchen orden die erfarensten, bessten bevelchsleut und hörfürer gehaben, und die andern Teutschen von solchen rittern mit der rüstung und anderer vorthailigkhait anleitung und exempel nemen, wie sich gegen solchen feinden schickhen solten.

[Reich und Niederlande]

Noch fällt ein sach yetziger zeit fur, die gleichsfals der ksl. Mt. und dem Reich hechlich zu bedencken sein will, nämblich die verenderung

[85] Schwendis Anregung wegen eines Ritterordens brachte der Kaiser in unverbindlicheren Formulierungen erst in seiner Replik zum Türkenartikel vor (am 27. 8. — „Reichstag 1570“ [Anm. 48], Nr. 307. Zu den Verhandlungen wegen eines Ordens in Ungarn auf dem Reichstag 1570 vgl. *Wilhelm Erben*, Die Frage der Heranziehung des Deutschen Ordens zur Vertheidigung der ungarischen Grenze, in: Archiv für österreichische Geschichte 81 [1984], 518 ff.)

im Niderlandt und einfürung einer frembden nation und regiments. Das Niderlandt ist bey tausent jaren mit dem teutschen Reich fast in gleicher freyheit und wesen herkommen und erstlich den Römern durch die Franckhen, als ir regiment gar verwelschet und auf ein frembden stammen kommen, durch die teutschen kaiser, wie obvermelt, wider mit gewalt außer Artois und Flandern entwendt worden. Die übrige stück sein fast alle des Reichs aigenthumb und nach und nach zu sonderbaren lehen gemacht worden, wie sie dann auch diser zeit die kgl. Wirde zu Hispanien zu lehen von der ksl. Mt. enpfahen lassen hat. Und haben vor zeiten die alten kayser in denselben landen ein sondern vicari oder statthalter gehabt.

Ob nun wol letzlich zwischen dem Reich und den Niderlanden ein sonderer vertrag erfolgt[86], der baiden thailen sein sondere maas, wie wissentlich ist, gibt, so ist doch dadurch eim römischen kayser und dem Reich sein obhandt, hocheit und gerechtigkeit uber das Niderland nit gar entzogen worden. Und kan sich auch darumb die kgl. Würde zu Hispanien als ein lehenträger aller gebührenden erkänntnüß, respect und aufsehens gegen ein römischen kayser und dem Reich nit verwegern, wie auch hergegen vilweniger der ksl. Mt. und das Reich all obhannd und hocheit über das Niderland inen gar entziehen laßen noch zu der eingefallenen verenderung gar stillschweigend zuesehen könden und sollen. Und wiewol höchstermelte kgl. Wirde von Spanien irer person halber ein christenlicher, gerechter, fridliebender könig ist, der gegen meniglich und sonderlich gegen der deutschen nation in aller biligkhait und gueter nachpaurschafft sonder zweifel zu leben begehrt, so haben doch alle regiment und königreich ir meist aufsehen auff sich selbst, und trachtet jede nation gern dahin, wie sy ihr sachen groß machen und in aufnemben bringen möge. Und geben dennocht villerley erfarnus und exempel gnugsam zu erkhennen, das frembder und mechtiger nationen einwurtzlung und regiment den nachpaurn mermals wenig genutzt, sonder allerlay gefar und nachthail mit der zeit verursacht haben.

Und da sich schon bey dieses königs leben nichts feindlichs und tätlichs leichtsam zu versehen ist, so kann man doch uf künfftig und volgent zeit bey den nachkommen, wie sich dann die zeiten und gelegenheiten wunderbarlich verendern, nit so gar sicher sein. Dann je die einwurtzlung der frembden nationen mit erbawung und an sich ziehung

---

86 Der Burgundische Vertrag gedruckt bei *Lothar Gross / Robert von Lacroix*, Urkunden und Aktenstücke des Reichsarchivs Wien zur reichsrechtlichen Stellung des burgundischen Kreises, Bd. 1, Wien 1944, 439 ff.; zur Bedeutung *Horst Rabe*, Reichsbund und Interim. Die Verfassungs- und Religionspolitik Karls V. und der Reichstag von Augsburg 1547/1548, Köln/Wien 1971, 367 ff.

der vesstungen und anstellung der unseglichen schatzungen[87] und anderer irer macht und aigenschaft den Deutschlandt bey yetzigen sein stannd und zerrittlicheit wenig gutts antrawen und billich bedencklich sein sollen. Und da man schon irestheils kein offension oder tätlichen angriff wider das Reich vorhat oder kunfftiglich haben solt, so kann sich doch bey itzigen wesen im Reich wol zuetragen, das etwa ein volckh aus dem Teutschland das Niederland wider angreiffen mecht und dardurch die spanisch macht zur offension und den krig ins Reich zu wenden geraizt wurde. Wie es dann berait darauf gestanden, da die ksl. Mt. nit also vätterlich und sorgfeltiglich abgewendet und die kgl. Wirden selbs nichts sollichs iren leuthen gestatten wöllen[88]. Darumb in alle fäl vil nachteil und gefar dem Reich von diser newen, mechtigen nachpaurschaft auf den hals wachsen mag. So ist das die natur und aigenschafft aller frembden regiment und nationen, das sie umb merer sicherheit und aufnemens willen gern bey dem nachpaurn mißtrauen, spaltung und zertrennung sehen und anrichten, damit sy mitler weil dest rueiger bleiben und etwa im fal innerlicher krieg dem einen thail sich anhengig machen und den andern ubergweltigen und also iren fueß weiter setzen mögen.

Darumb auch, wie obvermelt, bey disen zeiten die underschidliche pundtnussen im Reich bey der furlauffenden spaltung der religion dest mer gefärlicheit uf sich haben und noch vil mer auf sich tragen wurden, da die frembden nationen in dergleichen pundtnus sich einleiben und vermischen solten. Dann das wurde der recht zundel sein, neues mißtrauen und zertrennung und entlich ein innerlich feur anzuzinden. Uber diß alles laufen diser zeit bey den frembden nationen und potentaten solche geschwinde und grelle anschleg und vorhaben für der religion halben, die dem teutschen regiment und deßselben ruewigen, fridlich wesen zum hechsten gefärlich und zuwieder sein, dieweil daßselb furnemblich uf tolleranz beider religionen und dem religions friden steet.

---

87 Der Herzog von Alba hatte den versammelten Staaten der Niederlande im März 1569 die Erhebung von drei neuen Steuern zur Bewilligung vorgelegt, des Zehnten, des Zwanzigsten und des Hundertsten Pfennigs. *Geoffrey Parker*, Der Aufstand der Niederlande. Von der Herrschaft der Spanier zur Gründung der Niederländischen Republik 1549 - 1609, München 1979, 134 f.

88 Wohl Anspielung auf Ereignisse des Jahres 1568, als Oranien im August und September am Mittelrhein ein Heer warb, mit dem er unverzüglich in Brabant und Lüttich einfiel. Schon während der Werbungen, später während der Verfolgung Oraniens drohte Alba mit seinen knapp 10 000 Mann die Reichsgrenze zu überschreiten. — *Louis Prosper Gachard* (Hrsg.), Correspondance de Guillaume le Taciturne, Prince d'Orange, Bd. 3, Brüssel 1851, 319 ff. *Emil Teubner*, Der Feldzug Wilhelms von Oranien gegen den Herzog von Alba im Herbst des Jahres 1568 (Hallesche Abhandlungen zur Neueren Geschichte 28), Halle 1892, 18 ff.

Hergegen bey den frembden nun damit umbgangen wirdt, alle enderung der religion mit schwert und feur auszutilgen und kein mitlung oder milterung gar nit zu leiden. Item weil am tag, das sy solchen irem furnemen ufs eußerst und durch tyraney, blutvergießen und alle mögliche und menschliche mittel gedenckhen nachzusetzen und inen eingebildt ist, das man gott das hechst gefallen dran thue und dem neuen religions verwandten als kezern weder trauen noch glauben noch schier einiche menschliche recht zu halten schuldig sey. Und obwol furgeben würt, als ob solche verfolgung und auswurzlung allein in iren landen, da sie es wol macht haben zu thun, sey, so ist doch disfalß ir intent und vorsatz unverborgen, und das es durchaus gemeint wurt, da man immer darzue wirt mittel und meglicheit haben megen, wie deßen die jungste verloffne handlung in Engelland zeugnis gibt[89], auch allerlay, so berait im Teutschland uf die ban kommen. Und da man in Franckreich die getroffenen fridts handlung so offt umgestoßen und nachmals werdt und hindert, wie man kan, das es zu kein bestendigen friden oder etwas milterung gelange. Item das die anrichtung der spanischen inquisition und die greuliche verfolgung uberal, da sy gewalt haben, angericht und fortgesetzt wird. Item das disfals auch so gar des hochlöblichsten kaysers Carls zu zeit seiner regierung gebrauchte milterung und verschonung bluetsvergießens aufs ergest gedeutet und angezogen wird, als ob dardurch ubel gehandlet und zu ergern ursach geben worden sey.

Aus welchen allem leicht abzunemen, was fur guets gemüets, fridlicheit und vertreulichkeit zwischen denen frembden nationen und den Teutschen, die vast durchaus der neuen religion anhängig sein und teglich noch mer anhengig werden, erfolgen oder besteen köndt, und wieviel guts sich ob irer neuen nachpaurschafft zu versehen, da schon sunst des Reichs hocheit und gerechtigkeit halben nichts streytigs fur fuele, item in was unseligliche not und jammer das Teutschland gerathen wurde, da es zu innerlichen kriegen von wegen der religion, da got genediglich vor sey, kommen solt, und sich die frembden nationen mit irer hilf und anhang und prattickhen drein mischen solten. Und soll allen eer- und vatterlandts liebenden Teutschen die langwierigen innerlichen krig in Franckreich billich ein exempel sein. Da es auch dahin solt khumen, so hete sich die ksl. Mt. ires thails eben so wenig vorthails davon zu versehen, dieweil man dieselb von wegen irer fridlibenheit und das sy solcher grellen anschlegen nit beyfallen will, und sonderlich, das sy noch daruber iren underthanen die religion freygelaßen, ebenso

89 Die Andeutung ist unklar. Meint Schwendi die Konfiskation allen englischen Eigentums in den Niederlanden im Dezember 1569 oder vermutet er zutreffend hinter der im November 1569 ausgebrochenen Rebellion in Nordengland spanische Machenschaften? — *J. B. Black*, The Reign of Elizabeth 1558 - 1603 (The Oxford History of England), Oxford 1936, 105 f.

viel durch allen meglichen aufsatz vorfolgen wurde wellen. Weil man dann vor augen siecht, das solche eußerste anschlag und vornemen und derselben volziehung der ganzen christenhait und den frembden pottentaten und iren landen und leuthen selbs bisher wenig gefromet haben und der christen macht dardurch geschwecht, unseglich bluet vergoßen, landt und leut verderbt und die unglaubigen nun dest mer dardurch erregt und angereizt werden, die christenhait anzufallen.

Und man jezt in Franckreich sicht, das der könig uber allen erlangten sig dannoch in religions sachen der zeit weichen und etwas milterung und tolleranz zugeben muß, auch die kön. Wirde zu Hispanien mit der verenderung im Niderlannd noch wenig vorteils erlangt und allein das land in gefahr und abnehmen und sich selbs in großen uncossten gesteckht, daran noch kein ende ist. Und eben solches auch, dieweil dadurch Spanien an gueten krigs volckh entploßt worden, den moren zu abfal[90] und andern mer gefärlichen antroung unnd weiterungen hat ursach geben. So were villeicht vil beßer gewesen, ir. Mt. hete dergleichen grellen und unzeitigen rathschlegen nit stat geben, sonder vil mer dem exempel ires herrn vattern, des hochlöblichisten christlichen kaisers und theuren helden und ir angeboren guttigkhait gefolgt und die armen Niderlandt in irem alten stand und wesen regieren und bleiben laßen. Und hete doch nicht destweniger die landt zu treue und gehorsame und in guter nachpaurschafft mit dem Reich, dann auch die alt religion in irem fortgang erhalten mögen.

Ob auch schon den gaistlichen eingebildt werden mecht, als ob sie sich vor solchen frembden, grellen anschlegen wider die verenderung der religion nichts zu befaren heten, sonder das sy inen mit zu gueten gemaint und geraichen wurden, wie dann durch solch fürgeben bey inen anhang gesucht wird, so wißen sy sich doch als christenliche, fridlibende stende irer schuldigen pflicht gegen dem gemainen vatterland sonder allem zweifell wol zu erinnern und obangeregte gemeine geferlicheiten frembder hilf und innerlich krigs, daneben die mißlicheit des ausgangs und das exempel, was die gaistlichen in Franckreich sich leiden müßen, und das inen niemandts im Reich begerts leids zu thun, nottürfftiglich zu gemüth zu füren.

Dem allem nach will ein notturfft sein, das die ksl. Mt. als das obhaupt und lehenherr der Niderlanden und dann die chur- und fürsten und stende des Reichs uff solche weg und mittel bedacht sein, das dannocht das Niderlandt von der obhandt und hocheit des Reichs nit gar abgesondert und von seiner alten freyheit und herkommen nit gar

[90] Mauren-Aufstand in Granada 1569. — *Fernand Braudel*, La Méditerranée et le monde méditerranéen à l'époque de Philippe II, Bd. 2, Paris ²1966, 354 ff.

under frembde herschung gestoßen und getruckt werde, item das es dannocht mit etwas milterung des teutschen religions fridens von wegen der alten verwandtnus genießen möge und das dann sonst die newe nachpaurschafft und einwurtzlung frembder nationen und regiments und pratickhen im hailigen Reich zu gefarn und nachthail nit zu weit einreyssen, das auch aus dem Reich durch unzeitige uberfäll und angriff den frembden nationen zur offensiven und offenen krieg nit ursach geben werde.

Derhalben vielleicht auch gemeinen friden und beiden thailen nit so unfurtreglich wer, da durch mittel der ksl. Mt. und der churfürsten bey der kön. Wirden zu Hispanien der prinz von Oranigen uf sein demütig bitten, erzaigen und erbieten mecht zu etwas gnaden und nießung seiner eingezogenen güetter komen.

[Künftige Wohlfahrt des Reichs]

Doch außer Niderlands der genzlichen hoffnung, da dem gemainen wesen des Reichs besser rath, wie obvermelt, geschafft wird, es werde auch dißfals die ksl. Mt. und die chur- und fürsten dest mer ansehens und volg in solchen iren billichen begern und suechen bey der kön. Wirde zu Hispanien als ein solchen hochlöblichen cristlichen könig, der von deutschen blut und aus dem Reich herkomt, haben und endlich des Reichs lehen und gerechtigkeit beßer handhaben und allerley antrowend gefahr und nachtheil von sich und dem gemeinen vatterlandt durch verleihung des almechtigen abwenden mogen.

Und wiewol viel tieffer und weiter bedenckhen von wegen des heiligen Reichs wolstandts und beßerung mechten angezogen werden, nachdem dieweil laider bey disen zeiten alles voller mißtrauen, eigennutzigkheit, aigen willigkeit und blindheit ist und wenig aufsehen auf das gemein oder künfftig gehabt wird und leichtlich von ein oder andern theil, was nit nach sein sinn und willen ist, zum ergsten aufgenommen und gedeutet werden mecht, zudem die fatalischen und fursechern[91] verenderungen und gewaltsame der zeiten iren langen und weiten lauf haben und nach und nach reif werden, und nit einsmals erzwungen und genötigt megen werden, wie man sich auch denselben, da den sachen in grund und aus der wurzel nit rath geschaffet wird, vergeblich widersetzt, allein das die menschlichen unzeitigen anschleg und vornemen sich zur straf wider einander vermischen und setzen und die geisell gottes sein, so ist das pesst, nit weiter zu schreitten, dann gegenwärtige zeiten und gelegenheit leiden wollen.

[91] Sinn unklar; „fursehern" = Vorsorge treffen.

Und da allein dem zerrütten wesen des vatterlands, wie obvermelt, zu etwas beßerung und den antrowenden gefärlicheiten zu etwas milterung und abwendung geholffen wurde, mechte man von dem übrigen dest besser hoffnung haben, und wurden sich selbs vermittelst götlicher gnaden vil ding nach und nach abessen, miltern und vergeßen und zu merer ordnung, einigkeit und vergleichung schickhen und sonderlich in religion sachen mit der zeit zu ein national concili gelangen megen. Aber da gehert nun guter eifer und embsig einmuetigs zuthuen darzue. Dann wie kann man das zill treffen, wann man nit willen und lust darzue hat und steet drin helt. Es erfolgt auch zu keinem menschlichen sachen und vorhaben glück oder gedeyen von gott, da man sich nit mit recht gutem willen und eyfer darumb annimbt. In welchem fal auch billig der frembden nationen exempel die teutschen gemueter dest mer erweckhen und zu gemainer sorgfeltigkhait anraitzen solt, weil man teglich vor augen siecht, welchermaßen sy sich umb ir regiments und vatterlands sachen annemen, ir erhaltnus und eufnung[92] suchen, khunfftigem vortheil und nachtheil entgegen trachten und dem teutschen Reich schier wie ein verlaßen und preiß steenden landt allerseits zusetzen.

Von Niderlandt und den stifften ist oben meltung beschehen. Leifland komt teglich auch gar hinwegkh. In Italien richt der papst ein new königreich an, nit dz es in Toßkanen allein regieren[93], sonder mit der zeit die obhandt, die sonst eim römischen kaiser und dem teutschen Reich zuesteet, uber ganz Italien durch sein hilf an sich ziehen und bekhomen mege. So soll den Teutschen auch billig des kriechischen kaiserthumbs und derselben uralten, edlen nation noch bey frischer gedechtnus erfolgter jamerlicher undergang vor augen schweben, dieweil derselb fast eben aus gleichen ursachen, wie jetzo die antrowenden gefärlicheiten im Teutschlandt vor augen steen, den Griechen uf den hals gewachsen ist. Nämblich aus ubermessiger freyheit, das yeder um seins gefallens schalten und walten und uf die ordenlich oberkait und gemeine gesatz und ordnung nichts achten und geben wellen; item innerliche zertrennung und partheyungen, daraus inwendiger krieg und frembder anhang und hilf erfolgt, und das dardurch die genachpaurten cristliche nationen den fueß under sy gesetzt und sy inen underwirflich gemacht. Dazwischen aber der Türckhen merfart eingebrochen, und der griechisch kaiser auf der frontier von seinen ungehorsamen und zertrenten und under sich selbs kriegenden underthanen hilflos verlaßen

---

92 Vermehrung.

93 Anspielung auf die Erhebung Cosimos von Florenz zum Großherzog, den Papst Pius V. nach der Bekanntgabe der Rangerhöhung (im Dezember 1569) am 5. März 1570 feierlich in Rom krönte. — *Viktor Bibl*, Die Erhebung Cosimos von Medici zum Großherzog von Toskana und die kaiserliche Anerkennung (1569 - 1576), in: Archiv für österreichische Geschichte 103 (1913), 93 ff.

worden, biß er entlich zum ersten und hernach das gantze Griechenlandt in der Türckken und andern frembden nationen gewalt und dienstbarkhait kommen. Letslich haben die frembden nationen dem Türckhen das, so sy eingenommen, auch raumen und lassen müssen und ir untrew nit lang geniessen megen.

Gott der allmechtig wolle sein zorn von unserm vatterlandt abwenden und der ksl. Mt. und den chur- und fürsten und allen Teutschen die gemüther erwecken und entzinden, das sy sich umb sein ehr und dem gemeinen nutz mit rechtem ernst und eifer annemen und den vorsteenden antrowenden verrath, jammer und undergang durch sein gnad fürkomen und abwenden megen."

„Imperium Romanum cum omnibus suis qualitatibus ad Germanos est translatum“

Das vierte Weltreich in der Lehre der Reichsjuristen

Von Notker Hammerstein, Frankfurt/Main

„Aber bald darauf kam (870/80) Lothringen ... und das Römische Kaiterthum an Teutschland, welches bald naeher (996) demselben auf immer einverleibt wurde. Daher hielt man bald naher Teutschland für das Römische Reich, oder wenigstens für ein Theil dessen, theilte es in das dies- und ienseits der Alpen gelegene, und belegte es mit dem Nahmen, das Römisch-Teutsche Reich. Deswegen wurden auch alle Vorzüge des alten Roms diesem Römisch-Teutschen Reiche beigelegt, dessen Kaiser man für die Nachfolger der ehemaligen Römischen Beherrscher hielt. Nahmentlich rühmten sich die Kaiser *Herren der Welt* und gleichsam Beschüzer oder Advokaten der Römischen Kirche, die Häupter der ganzen Christenheit zu sein[1].“

Diese Passage aus einem der Staatsrechtshandbücher des bedeutenden Göttinger Reichs-Publicisten Johann Stephan Pütter, der das Ende des Heiligen Römischen Reiches Deutscher Nation überlebte, kennzeichnet anschaulich, auf welche Weise Kaiser und Reich in dieser „Spätphase“ begriffen, wie sie charakterisiert wurden. In einer Mischung aus historisch zuverlässigen Kenntnissen, traditionsreicher Überlieferung und juristischen Zuschreibungen wurde dieser „gotische Bau“ des Reichs — so charakterisierte u. a. Friedrich Carl von Moser[2] dieses Reich — auf den im 18. Jahrhundert weitgehend gültigen Begriff gebracht. Freilich erscheint die Übereinstimmung in der Argumentation nur in solch generellen Aussagen gleich. In einer ganzen Reihe einzelner Bewertungen, Gewichtungen und Ableitungen gab es nach wie vor bezeichnende und unterschiedliche Interpretationen. Einige sollen hier alsbald genannt werden.

Im generellen also, daß das Kaisertum zu Recht bei den Deutschen, daß nicht nur dieserhalb das Reich ein besonderes Gemeinwesen ver-

---

1 *J. St. Pütter*, Anleitung zu dem Teutschen Staatsrecht (aus dem Lat. übersetzt) Göttingen 1791 (urspr. 1770), Lib. I, Cap. I, § 12.

2 Vgl. *N. Hammerstein*, Das politische Denken Friedrich Carl von Mosers, in: HZ 212 (1971), 316 - 338.

glichen mit den übrigen europäischen Staaten sei, herrschte Einklang. Insofern darf das eingangs mitgeteilte Zitat als eines gelten, das die üblichen Auffassungen widerspiegelt. Zumeist waren sie freilich weniger distanziert formuliert und entschieden direkter und unmittelbarer so gemeint, wie es bei Pütter nachzulesen steht. Neben manch anderen Argumentationssträngen begegnet in dem Zitat überdies, wenn auch in sehr viel säkularisierterer Form und nur noch von Ferne, die ehrwürdige Vorstellung einer translatio Imperii.

Diesem Thema hat 1958 Werner Goez eine ebenso sorgfältige wie auch überzeugend-weitgespannte Studie gewidmet[3]. Entstehung und Ausbreitung im Mittelalter sowie Fortwirken in die frühe Neuzeit hinein hat er ebenso übersichtlich dargestellt wie die verschiedenen Argumentationsmuster selbst, die in diesem Zusammenhang von Bedeutung waren. Als Problem des Geschichtsdenkens, universalhistorischer Geschichtsdeutung und auch politischer Aussage hat er diesen wichtigen Topos verfolgt. Ebenso hat er das Ende dieser Vorstellung sowohl im katholischen wie im protestantischen Reich beschrieben, das ihm schlicht zugleich das Ende der mittelalterlichen Kaiseridee und der von daher abzuleitenden Reichsvorstellungen bedeutete. Mit der spanischen Spätscholastik — insbesondere mit Suarez — sei es im katholischen Europa, mit Verzögerung auch am päpstlichen Hof, und mit Conring sowie Pufendorf und Cellarius im lutherischen Reich gekommen gewesen. Gewiß hätte es bei den „Reichsjuristen" gelegentlich und auch bei den „Geschichtsschreibern" mitunter einzelne Gelehrte gegeben, die diese überwundene Idee wiederbemüht hätten. Gelungen sei das aber diesen weltfremden Stubengelehrten eigentlich nicht mehr. „Die Rolle des Kaisertums" — zumindest in diesem Zusammenhang, formulierte Goez — „war in der Zeit des aufsteigenden Absolutismus ausgespielt"[4].

In der Tat verschwand in der Geschichtsschreibung der traditionsreiche Topos einer Translatio zunehmend, und auch in den reichsrechtlichen, den publicistischen Abhandlungen wurde er in der herkömmlichen Form nicht wortwörtlich weitergereicht. Auf modifizierte Weise bildete er jedoch weiterhin ein grundlegendes Erklärungsmodell für Kaisertum und Heiliges Römisches Reich Deutscher Nation, so wie es etwa Pütter im Eingangszitat verwandte. Gewiß stellt das im strengen Sinne keine wörtliche Fortführung mittelalterlichen Kaiser- oder Reichsgedankens dar und insoweit ist Goez zuzustimmen. In einem übertragenen Sinn jedoch tradiert diese Vorstellung universalistische

---

[3] *W. Goez*, Translatio Imperii. Ein Beitrag zur Geschichte des Geschichtsdenkens und der politischen Theorien im Mittelalter und in der frühen Neuzeit, Tübingen 1958.

[4] Ebd., 335.

und darin nicht gerade „moderne“ Staatsvorstellungen weiter fort, die das politische Denken im Reich bis ins 19. Jahrhundert mitbestimmen sollten und es in spezifischer Weise von anderen europäischen Ländern unterschieden. Sie entsprachen der eigenartigen, mit den üblichen Kategorien der Philosophia practica ebenso wenig zureichend zu beschreibenden Form und Gestalt des Reiches; sie waren Ausdruck der frühneuzeitlichen Wirklichkeit dieses komplizierten, aber funktionsfähigen, bunt gemischten Gemeinwesens[5].

Auch an dem Fortwirken, den Modifikationen und jeweiligen Erklärungszusammenhängen der Lehre einer Translatio Imperii während der frühen Neuzeit kann man diese Seite des Reichsgedankens aufzeigen, was an wenigen Beispielen hier in Fortführung des Ansatzes von Goez geschehen soll. Erweist sich dabei doch neuerlich, wie lange universalistische Vorstellungen die deutsche Auffassung von ihrem Gemeinwesen, dem Reich, bestimmten, wie sehr dieses mittelalterlich-politische Problem einer Abfolge der Weltreiche das „staatstheoretische“ Denken mitprägte und darin gar die gelebte Reichswirklichkeit mitgestaltete. Denn in mannigfacher Hinsicht war die Danielische Vision in ihrer Übernahme während des Mittelalters und in der frühen Neuzeit schließlich auch unmittelbar politisch aufgefaßt worden. Als Erklärung und Ableitung des Weltgeschehens hatte sie päpstliche Suprematieansprüche gegenüber Kaiser und Reich zu stützen vermocht; sie konnte aber auch umgekehrt die unvergleichliche und gleichsam gottgewollte Stellung des Reichs und seines Kaisers belegen, die deutschen Ansprüche etwa auf „Reichs-Italien“ aufzeigen. So hatte im frühen 14. Jahrhundert Lupold von Bebenburg aus dem Recht der Kaiserwahl der Kurfürsten geschlossen: „Electus in regem seu Imperatorem Romanorum a principibus Electoribus regni et imperii in concordia potest statim ex ipsa electione licite nomen regis assumere, ac jura et bona regni et Imperii in Italia et in aliis provinciis quisdem regni et imperii administrare[6].“

Die Danielsche Vision vermochte bereits in den mittelalterlichen Auseinandersetzungen beide universalistischen Mächte als ebenbürtig, als den gleichen Aufgaben dienend darzustellen. Und nicht zuletzt von dieser Seite her besaß sie Gewicht, eine für das deutsche Selbstverständnis legitimierende Kraft, die die sakrale Bedeutung des deutschen

[5] Vgl. dazu auch den Artikel „Reich“, in: Geschichtliche Grundbegriffe. Historisches Lexikon zur politisch-sozialen Sprache in Deutschland, Bd. 5, Stuttgart 1984, 423 - 508. Ferner *B. Roeck*, Reichssystem und Reichsherkommen. Die Diskussion über die Staatlichkeit des Reiches in der politischen Publizistik des 17. und 18. Jahrhunderts, Stuttgart 1984.

[6] Tractatus de juribus regni et Imperii, ed. S. Schardius, Syntagma tractatuum de imperiali jurisdictione, Straßburg 1609, zit. in: *D. Wyduckel*, Ius Publicum, Berlin 1984, 87.

Kaisertums und des Heiligen Römischen Reichs insoweit entschieden definierte und zugleich heilsgeschichtlich abzuleiten vermochte.

Die Reformation Martin Luthers beendete für die protestantischen Theologen, Juristen und Professoren freilich diese Seite der Interpretatio der Translatio Imperii, zumindest soweit sie kuriale Spuren trug. Ihren welthistorischen wie auch ihren hierarchisierenden Aspekt behielten die protestantischen Gelehrten hingegen unbeirrt bei. Da wurden die unterschiedlichsten Interpretationsmuster, wie sie aus mittelalterlichen Chroniken und Historien bekannt waren, schlicht weiter tradiert.

Indem kurz zuvor schon die deutschen Humanisten dieser Seite der Translatio Imperii hohes Gewicht zugelegt hatten, war diese Vorstellungswelt wohl vertraut. Die Humanisten hatten sie deswegen so häufig verwandt, weil sie auf diesem Weg hofften, die deutsche Unterlegenheit, die man gegenüber Italien empfand, wenigstens teilweise wettmachen zu können[7]. Gerade in der Frühzeit humanistischer Bemühungen wurde solche Unterlegenheit häufig sehr schmerzlich empfunden. Das gemeinsame Kulturideal, das der Humanismus verbindlich für alle seine Anhänger geschaffen hatte, nötigte die Völker zwangsläufig, im Wettbewerb um dieses Ideal sich zu vergleichen. Eine Aufteilung, wie sie früher einmal möglich gewesen war, wonach Italien das Sacerdotium, Deutschen das Imperium und den Franzosen das Studium zukomme, war infolge des neuen gemeinsamen Ideals nicht mehr möglich; es hätte auch gar nicht mehr als befriedigend angesehen werden können. Hier mußten also andere Auswege beschritten und neue Legitimationen gefunden werden, wozu eben nicht zuletzt auch die altbekannte Translationstheorie bemüht werden konnte.

Bezeichnenderweise trat sie im Umkreis Maximilians I. und seines Hofes, dem die deutschen Humanisten so viel verdankten, dem sie freilich auch zu Ansehen und Ruhm verhelfen sollten, in vielfachen Formen auf. Schon der junge Maximilian war schließlich bereits in dieser Vorstellungswelt aufgewachsen und erzogen worden. In einem Prinzenspiegel von 1472, der ihm aus Rom von einem päpstlichen Vikar zugesandt worden war, hieß es etwa: „Patria primum se offert, Germania scilicet altrix at conservatrix imperii, qua meruit a Grecis in ipsam transferetur, alumpna religionis tenax fidei ac promissi, robusta viribus, strenua armis[8]."

---

[7] Hierzu noch immer grundlegend *P. Joachimsens* Aufsätze, jetzt in: *ders.* Gesammelte Aufsätze, 2 Bde., ausgewählt und eingeleitet von N. Hammerstein, Aalen 1970, 1983.

[8] Zit. n. *H. Jedin,* Ein Prinzenspiegel für den jungen Maximilian I., in: Archiv für Kulturgeschichte 43 (1961), 52 ff., hier 57; zum Hof, zur „Staatsanschauung", zu den Humanisten und ihren Tätigkeiten vgl. *H. Wiesflecker,*

In vielfach typischer, beispielhafter Weise haben dann etwa die „Annales Ducum Boiariae" des Johannes Aventinus von 1521 sowie ihre deutsche Übertragung als „Bayerische Chronik" von 1533[9] wichtige Argumente geliefert, auf die sich dann auch die Reichs-Juristen immer wieder bezogen haben. Argumente und Argumentationsweise insbesondere Ottos von Freising[10] wie auch Gedankengänge spätmittelalterlicher Streitschriften[11] lieferten dafür offensichtlich Anregungen. Natürlich hatten bereits eine Reihe früherer Humanisten diese Meinung vertreten, in je unterschiedlicher Weise vorgeführt und modifizierend einzelne Momente aus der breiten Überlieferung für ihre Zwecke handlich eingerichtet[12]. Aventin konnte also leicht eine Lösung des nach wie vor wichtigen Problems anbieten und auf einen stilbildenden Nenner bringen.

„Es regierte dieserzeit das Römische Reich und Kaisertum ein Weib mit Namen Irena hauste zu Constantinopel, hatte sich des Reiches nach ihres Hauswirts ... und ihres Sohnes ... Tod unterbunden und regierte gewaltiglich. Sie schickte auch ihre treffliche Botschaft zu König Karl nach Teutschland gen Aachen, ging einen ewigen Frieden mit ihm ein und bestätigte ihm den Titel ... daß er sich Kaiserlichen Hauptmann der Stadt zu Rom und Vogt des Heiligen Römischen Reiches schrieb.

Aber die Römer und Papst Leo schickten nach König Karl und brachten ihn gen Rom ... und nachdem ein Weib — Irena — sich des Reiches unterbunden hatte, was ein unerhörtes Ding war, vermeinten die Römer, sie hätten Macht und gutes Recht, einen Kaiser zu erwählen, weil das Reich von ihnen hie wäre und den Namen von ihnen hätte; es hätte König Karl auch sonst alle Lande heroben im Niedergang inne, die zuvor gen Rom gehört hätten", und so wählten sie Karl während einer dann nach seiner Ankunft in Rom gehaltenen Messe. Sie hätten ihm dabei zugerufen: „ ‚Carolo Augusto a Deo coronato magno et pacifico imperatori Romanorum, vita et victoria! ...' Also haben die Teutschen bisher das Kaisertum 730 Jahre innegehabt und hat also Kaiser Karl durch seine Guttat und Geschicklichkeit das Kaisertum nach Teutschland gebracht".

Später heißt es dann im gleichen Text: „Die griechische Kaiserin Irena, die Kaiser Nicephorus, Michael, Leo V. erlangten durch große Bitte

---

Kaiser Maximilian I., 5 Bde., München 1971/86, sowie insbesondere *J. D. Müller*, Gedechtnus. Literatur und Hofgesellschaft um Maximilian I., München 1982.

[9] Hier benutzt in der Ausgabe *J. Aventinus*, Baierische Chronik, hrsg. v. G. Leidinger, Jena 1926.

[10] Vgl. *Goez* (Anm. 3), 115 ff.

[11] Ebd., 214 ff.

[12] Ebd., insb. 238 ff.

und Schenckung, anhaltenden Frieden und Bündnis von Kaiser Karl; sie hatten Sorge, er würde auch das neue Rom Konstantinopel zum alten Rom und dem Römischen Reich haben wollen[13]."

Philipp Melanchthon, der Praeceptor Germaniae, hat zur etwa gleichen Zeit in seiner „Chronica Carionis" die Danielsche Vision insoweit als zutreffend erklärt, als tatsächlich das Heilige Römische Reich Deutscher Nation der legitime Rechtsnachfolger und Erbe des Römischen Reiches sei. Dieses sei wegen seiner Sünden untergegangen. Gott, der die Reiche einsetze, aber auch transferiere — „propter iniustitiam ac ... propter blasphemiam"[14] —, habe das Deutsche Reich nunmehr mit dieser Würde betraut, und da werde sie rechtmäßigerweise auch bis zum Ende der Tage verbleiben. Begreiflicherweise ging Melanchthon über jede auch nur von fern kurial erscheinende Auslegung dieser Translation stillschweigend hinweg. Aber er rettete die Vorstellung für das protestantische Reich, ja er legte es gewissermaßen verbindlich auf dieses Verständnis seiner Entstehung fest. Der Glanz des Kaisertums erhebe dieses Heilige Römische Reich über andere Nationen, zeichne es mit diesem Ehrenplatz aus. Insoweit gab es auch für diesen reformatorischen Humanisten keinen Bruch zwischen der mittleren Zeit und den Tagen der erneuerten und blühenden „litterae". „Dadurch ist nu das reich länger denn 500 jahr in dieser natio erhalten. nun ist auf erden kein menschlich ding besser, nutzlicher und seliger, denn verhüten, wehren und vorkommen veränderung der regiment, welch's durch diese ordnung mit Gottes gnaden also geschehen. und sind der bäpst und Franzosen praktiken gehindert, die sich sehr oft unterstanden haben, das reich in Gallien zu transferieren[15]."

Noch entschiedener vertrat Johannes Sleidan in seinem für protestantische Schulen und Hochschulen auf lange Zeit hinaus maßgeblichen Geschichtswerk „De quattuor summis Imperiis" die Vorstellung einer Translatio Imperii. Danach erschien es als Aufgabe der deutschen Kaiser wie der Deutschen insgesamt, als Advocatus Ecclesiae, als Hüter Rechts und Friedens den göttlichen Willen in dieser Welt zu verwirklichen. Ich brauche seine Auffassung hier nicht im einzelnen auszubreiten, weil sie bei Goez bequem nachzulesen ist[16]. Anzumerken bleibt jedoch, daß sich im Begriff einer gottgewollten Ordnungsmacht und eines Weltreichs eigentlich keinerlei hegemoniale Absicht verbarg; sie wurde nicht einmal stillschweigend impliziert. Rechtswahrung, Friedensstiftung und -erhaltung, Verwirklichung des göttlichen Gebots und Reli-

[13] *Aventinus* (Anm. 9), 86, 97.

[14] Zit. nach *Goez* (Anm. 3), 276.

[15] Ebd., 268.

[16] Ebd., 289 ff.

gion waren vielmehr in ganz traditionalistischem Sinn dieser Vorstellung inhärent. Insoweit konnte diese Auffassung auch in einer Zeit, als sich das eigentliche „staatliche" Leben in den Territorien abspielte, gut mit der Idee dieses Reichs wie auch des Kaisertums in Einklang stehen. Im Grunde garantierte ja gerade dies übergeordnete Reich den Vollzug des göttlichen Auftrags auch im eigenen, im engeren Rahmen; und da es keineswegs hegemonialen Zielen folgte und eigentlich unpolitisch verstanden wurde, konnte es auch nie den notwendigen Aufgaben der Fürsten bedrohlich werden. Es sollte es zum mindesten nicht; denn dann änderte es seinen Charakter einer Ordnungsmacht, die im modernen Sinne eigentlich frei von politischem Handeln zu sein hatte.

Diese Auffassung galt auch für diejenigen Juristen, die sich zu Ende des 16. und zu Anfang des 17. Jahrhunderts mit öffentlich-rechtlichen Fragen des Reichs intensiver zu beschäftigen begannen, die zuerst die neue, wichtige und für die Zukunft so folgenreiche Disziplin des Jus Publicum Romano-Germanicum entwickelten[17]. Im Zuge sich verschärfender konfessionspolemischer Gegensätze innerhalb der Religionsparteien des Reiches, in Antwort auch auf die Diskussionen über den Charakter des Reiches, die Aufgaben von Politik und Herrschaft, wie sie vor allem im Frankreich der Religionskriege geführt wurden, erschien zunehmend die bisher unter eher privatrechtlichen Aspekten betriebene Charakterisierung des Reichs und seiner Glieder unzureichend. Das Jus Publicum sei hinter einem „Mantello ignorantiae juris privato"[18] verborgen gewesen, meinte etwa Limnaeus. Die Digesten oder lehensrechtlichen Bestimmungen reichten nicht dazu aus, entscheidende und häufig umstrittene Verhältnisse im Reich juristisch zu analysieren und zu ordnen, erlaubten nicht die notwendige begriffliche Analyse dieser so spezifischen Reichsrealität. In neuerer, anderer und angemessener Reform habe das unter Heranziehung auch historisch-politischer Mittel zu geschehen, und darum befaßte man sich zu Ausgang des 16. Jahrhunderts vermehrt und neuartig mit diesen Problemen, schuf ein neues Jus Publicum Romano-Germanicum. Bis zum Ende des alten Reiches stand es für das, was wir heute Öffentliches Recht nennen, was aber entsprechend den Bedingungen und dem Verständnis der Zeit eine aus Privatrechtlichem, Lehensrechtlichem, Historischem, Römisch-rechtlichem gemischte Materie zwischen privatem und öffentlichem Recht darstellte.

Die frühen Publicisten hatten nun dieser ihrer Materie nicht nur einen möglichst vom Römischen Recht freien, einen eigenen Raum zu

[17] *N. Hammerstein,* Jus Publicum Romano-Germanicum, in: Diritto e Potere nella Storia Europea. Atti del quarto Congresso internazionale della Società Italiana di Storia del Diritto, Florenz 1982, 717 ff.

[18] Ebd., 724.

gewinnen. Sie hatten auch um die Zulässigkeit ihres Tuns zu ringen und überdies den Nachweis zu führen, daß darin keine Verletzung der der Zeit so wichtigen „arcana Imperii" liege. Sie mußten sich ferner politisch wie theoretisch der für sie gefährlichen Lehren Bodins, Thuanus und anderer erwehren, ein wenig später auch der des Grotius. Ihre Charakterisierung des Reichs, ihre Ablehnung der Translatio Imperii traf Selbstverständnis wie Wertgefühl dieser Reichsbürger nachhaltig. Schließlich hatte Bodin mit guten Argumenten im 7. Kapitel seines „Methodus ad facilem historiae cognitionem" dargelegt, daß die Auffassung der vier Weltreiche mit den derzeitigen staatlichen Verhältnissen Europas unvereinbar, daß sie falsch sei insbesondere im Hinblick auf das Reich als der 4. Monarchie. Melanchthon wie auch Sleidan gingen in die Irre mit ihrer Lehre. Allein schon darum, weil das deutsche Reich viel geringeren Umfanges sei als das antik-römische, könne es dieses nicht sein. Zudem sei Karl der Große Franzose gewesen, „in Gallia natum, lingua quoque, moribus et institutis Gallorum una cum suis majoribus educatum . . ."[19]. Die sogenannte Danielische Vision habe also keinerlei reale Bedeutung, sie kennzeichne keinerlei wirklichen Zustand. „Absurdum est igitur quod Germani monarchiam, id est, ut Philippus interpretatur, Rerum omnium publicarum potentissimam: absurdius etiam quod imperium Romanorum se tenere putant[20]."

Auch Thuanus[21] sprach Reich und Kaiser ab, Sukzessoren des Imperium Romanum zu sein, und noch entschiedener und geschliffener tat dies schließlich Grotius[22]. Weder historisch noch auch nach den von ihm entwickelten Normen des Völkerrechts sei das denkbar. Die rechtlich einwandfreie Existenz verschiedener gleichgeordneter Staatswesen auf dem Gebiet des ehemaligen Römischen Reiches belege das zudem sehr deutlich. Das Reich sei im Prinzip kein anderes als die übrigen europäischen Staatswesen.

Bei dieser Diskussion erschien der Verlust an heilsgeschichtlichem Gewicht, den die Reichsauffassung damit fraglos erlitt, nicht das eigentliche Problem. Die Einschränkung des kaiserlichen Ansehens wie auch die Gleichsetzung des Imperium Romano-Germanicum mit anderen „regna" verletzte hingegen das Selbstverständnis dieser gelehrten Juristen, Historiographen und politischen Theoretiker. Auch konnte die in diesem Zusammenhang gern vorgebrachte Erklärung, der Papst habe

---

19 *Bodins* „Methodus" habe ich in der Ausgabe von Amsterdam 1615 benutzt, die als Reprint, Aalen 1967, erschienen ist; hier 314.

20 Ebd., 312.

21 *J. A. Thuanus*, Historiae sui Temporis, Paris, Orleans 1604 ff.

22 *H. Grotius*, De iure belli ac pacis libri tres, Amsterdam 1773, Lib. II, 9, insbes. § X ff.

zusammen mit der Stadt Rom und den Römern Karl den Großen zum Imperator gekürt, die zumeist protestantischen Reichs-Juristen nicht ruhen lassen. So wiesen sie Bodin, auch Bellarmin, Thuanus und anderen nach, nicht sorgfältig genug die historischen Tatbestände beachtet und die Rechtsansprüche des deutschen Reichs übersehen zu haben. Eine schon bei Melanchthon angelegte Interpretation der Translatio Imperii wurde daher von ihnen nunmehr wieder aufgegriffen und angemessen fortentwickelt.

Bereits Arumaeus wie auch Daniel Otto, zwei der frühesten Vertreter dieses Jus Publicum, haben dann die neuen, für längere Zeit bestimmenden Argumentationsmuster geliefert: „obviam esse existimo sacrum Romanum Imperium majestatis et dignitas suae apice caeteris omnibus regnis quaecumque latissima orbis Christiani orbita continentur esse sublimius. Et revera quartum illud et ultimum ex Monarchis apud Danielum praefiguratis ...“.

Das ursprünglich mächtige Römische Reich, das unter Konstantin aus Sicherheitsgründen in zwei Hälften geteilt worden sei, sei in seiner östlichen Hälfte nunmehr türkisch und somit erloschen. Die westliche Hälfte hingegen „vero a Gotis, Vandalis et Longobardis miserrime quidem vastatum sed Caroli Magni virtute et Victoris pristino nitori restitutum fuit“. Gewiß umfasse das Römische Reich insoweit nicht mehr die Gebiete, die es früher besessen habe, sei es doch für „universum orbem“, nicht für einen fest umschriebenen „loco“ gestanden: „... nec enim sequitur, quicquid in Asia et Africa tenuti, amissum est, ergo totum imperium amissum est; ... ergo destructa aliqua parte mundi, vel a barbaris hostibus occupata sive uno vel pluribus captis Imperatoribus, imperium totum nulla ratione potest dici extinctum. ...“.

Auf diese Weise konnte also doch von unmittelbarer Nachfolge des Römischen Reichs seitens des Deutschen gesprochen werden bzw. von einer realen Fortdauer des ersteren. Deshalb seien die Schlüsse Bodins und anderer Kritiker, vom äußeren Rahmen auf den inneren Zustand zu urteilen, oberflächlich und falsch. Es gelte vielmehr schlicht: „quod quidem germani eligant Imperatorem, sed electus dicitur Romanus; quia imperium hoc cum omnibus suis qualitatibus ad Germanos est translatum, et illi ipsi qui eligunt, tum electus, cives sunt Romani, utpote in orbe Romano viventes. ...“[23].

Für Daniel Otto galt in seiner „Dissertatio Juridico-Politica de Jure Publico Imperii Romani methodice conscripta“ von 1616 auf die Frage: „Quomodo imperium Romanum ad Germanos pervenerit“ zum einen:

---

[23] *D. Arumaeus,* Discursus Academici de Jure Publico I, Jena 1617, Disc. 17, 491 ff.

„principalis est Deus“. Daher könne das Deutsche Reich nach wie vor als besonders ausgezeichnet gelten. Als zweiten Punkt führte er dann an: „Minus principalis et instrumentalis causa est Carolus Magnus, qui partim jure belli, partim Senatus Populusque Romani voluntate, electione et suffragio; partim denique Imperatorum Constantinopolitorum consensu ac approbatione Romani imperii majestatem in Germanos suos derivavit[24].“

Diese Lehrmeinung, die auch grosso modo Johann Limnaeus teilte[25], der „Erzvater“ des Jus Publicum, wie Pütter ihn nannte, hielt sich nunmehr weitgehend das 17. Jahrhundert über, gelegentlich gar bis ins 18. Jahrhundert hinein. Daß auf katholischer Seite die Translations-Theorie viel unbeschwerter beibehalten werden konnte, versteht sich von selbst[26]. Freilich traten nur wenige Publizisten hier hervor; diese Materie blieb vorrangig ein Gegenstand der lutherischen Reichs-Juristen. Da deren Wertschätzung des Reichs wie auch des Kaisertums im allgemeinen unbestreitbar war — mit wenigen Ausnahmen während des Dreißigjährigen Krieges —, konnten diese Lehrmeinungen kaum das politisch-konfessionelle Verständnis der katholischen Reichsglieder — wenigstens in diesen Punkten — verletzen.

In ihrer Reichs- und Kaisertreue — ohne beides war auch die Existenz der eigenen Territorien schließlich nicht gesichert — behielten auch die protestantischen Reichs-Juristen die Translations-Theorie weiterhin bei. Sie verblaßte jedoch zunehmend zugunsten der Erörterung der juristischen Folgen und Ansprüche, die aus ihr resultierten. Damit verschob sich das Problem. Es rückte von theologischen Implikationen immer mehr ab und stellte die politischen in den Vordergrund. Die Translatio wurde zudem kaum noch im Umkreis historiographischer Erörterungen bemüht, sondern geriet in den des Jus Publicum, was begreiflicherweise ihren Charakter wie auch ihre Fragestellungen veränderte, nicht freilich die allgemeinen Schlußfolgerungen.

In gewisser Weise bildete die Universität Gießen eine interessante Ausnahme von dieser Entwicklung[27]. Ihre streng lutherische, pro-reichische und pro-kaiserliche Haltung, die sich vorweg im Gegensatz zum

---

24 *D. Otto*, Dissertatio Juridico-Politica de Jure Publico Imperii Romani methodice conscripta, Wittenberg 1698, 104 f.

25 Vgl. hierzu auch: *N. Hammerstein*, Das Römische am Heiligen Römischen Reich Deutscher Nation in der Lehre der Reichs-Publicisten, in: ZRG Germ. Abt. 100 (1983), 119 - 144.

26 So z. B. *W. Becker*, Synopsis Juris Publ. Imper. Rom. Germanici, Köln 1654. „Attamen in eo non parva est Imperii nostri praerogativa, quod sit omnium fere judicio, quarta illa Monarchia de qua Danielis loquitur, ...“.

27 Vgl. jetzt mit weiterführender Lit.: *P. Moraw*, Kleine Geschichte der Universität Gießen 1607 - 1981, Gießen 1982.

kalvinischen Kasselaner Vetter und seiner Universität Marburg entfaltete, ließ besonders kaiser- und reichsfreundliche Auffassungen vertreten, also vielfach die von alters her tradierten, nur in einem neuen Gewand freilich. Sinold gen. Schütz, aber auch Theodor Reinkingk, hielten nach wie vor an der klassischen Translatio-Imperii-Theorie fest[28]. Ihnen war dieses Reich die von Gott eingerichtete und die bis zum Ende der Tage notwendige vierte Monarchie. Der Kaiser, er konnte selbstverständlich nur als ein Monarch im strengen, im absolutistischen Sinne also, begriffen werden, stand diesem Reich vor und war der Garant göttlicher Weltordnung. Natürlich nahmen die genannten Professoren die ältere Translations-Theorie nicht wörtlich und unverändert auf. Sie hatten schließlich die ihnen bekannten Einwände zu berücksichtigen, was sie durchaus mit Scharfsinn und großem wissenschaftlichen Apparat taten. Gleichwohl war es für sie selbstverständlich — und das ist das Bemerkenswerte —, daß eine unmittelbare Translatio stattgehabt habe, wobei Reinkingk[29] entsprechend seiner stärker polemisch argumentierenden Art undifferenzierter, aber um so bestimmter formulierte: „Imperium Romano-Germanicum esse quartam illam monarchiam qui perennem et cum aevo duraturam felicitatem divina ominantur oracula[30].“

Sinold teilte zwar diese Auffassung, setzte sich aber doch intensiver mit den Kritikern wie Bodin und Thuanus auseinander. Auch sein Ergebnis sei in Auszügen mitgeteilt: „. . . Nihil ergo refert, quod forma statim mutata fuerit . . . , electivum vel successorium . . . , mansit tamen Imperium Romanum, nec mutatio sedis sive Romae sive Constantinopoli, sive Pragae, sive Viennae, sit, Imperii nomen mutat, quin utrobique Romanorum Imperator sedet, idem ager manet, licet pereat ab una parte et ab altera crescat . . . . Nunc constat magnam Germaniae partem et quidem trans Rhenanam de civitate Romana fuisse et Germanos cives (non servos) Romanos fuisse. Et haec pars libera mansit nec ulli hactenus inservivit sed per reliquos populos accrevit[31].“ Insoweit könne also nach wie vor als Grundsatz postuliert werden, wie eingangs geschehen, „nam et hodie recte Romanum dicitur quin est quarta Monarchia, quae Ro-

---

[28] Zu ihnen vgl. außer *J. St. Pütter,* Litteratur des Teutschen Staatsrechts, 4 Teile, Göttingen, Erlangen 1776 - 1791 (NDr. Frankfurt/Main 1965) — *R. Stintzing / E. Landsberg,* Geschichte der deutschen Rechtswissenschaft, München, Leipzig 1880 - 1910 (NDr. Aalen 1978).

[29] Zu Reinkingk vgl. die Darstellung von *Chr. Link, Dietrich Reinkingk,* in: M. Stolleis (Hrsg.), Staatsdenker im 17. und 18. Jahrhundert, Frankfurt am Main 1977, 78 - 99.

[30] *D. Reinkingk,* Tractatus de Regimine seculari et ecclesiastico (1619), Marburg 1641, 25.

[31] *J. Sinold gen. Schütz,* De generalibus Juris Status Romani Imperii, Exercitatio I, § 15, 27.

manorum est .... Deinde quia illud vetus Romanum ad Germanos cum sua qualitate et causa translatum est. Noviter natum non est, ergo vetus illud Romanum est. Quia iisdem insignibus utitur ..., a denominatione sic enim vocatur das Heilige Röm. Reich Teutscher Nation / und ein Römischer Kayser / e nomine res cognoscitur ..."[32]. Bezeichnend war ferner der weitere, auch noch im 18. Jahrhundert durchaus allenthalben akzeptierte Allgemeinschluß: „Imperium potius quam Regnum quia Regis nomen odiosum fuit Romanis ...". Die Deutschen stünden vor bzw. über den anderen europäischen Gemeinwesen!

Wie gesagt, es war die Minderzahl, die an dieser älteren, politisch freilich durchaus jungen und damals aktuellen Anschauung festhielt. Die Mehrzahl teilte die Argumente Arumaeus' und Daniel Ottos, variierte sie allenfalls, wobei auch Sinolds gen. Schütz Meinung durchaus Bestand hatte, zum mindesten in ihren gut belegten wissenschaftlichen Teilen. Mit Hermann Conring wird dann eine neue Stufe erreicht und die reichspublizistische Auseinandersetzung mit der Translations-Theorie endgültig im herkömmlichen Sinn überwunden. Ihm folgten hinfort die meisten dieser polyhistorischen und zitierwütigen Juristen. Die Argumentation wurde folglich noch deutlicher juristisch-politisch, sie war nicht mehr universalhistorisch oder theologisch ausgerichtet. Die ältere Translatio-Imperii-Auffassung wurde danach als „Lotharische Legende" abgetan. Es wurden ferner jedwede päpstlichen Ansprüche und Ableitungen als unhistorisch und damit rechtlich irrelevant charakterisiert. Die Bibelstelle mit der Danielschen Vision sei allenfalls metaphorisch, nicht unmittelbar wörtlich zu nehmen, verweise freilich auf den ideell zu Recht herausragenden Wert des Kaisertums, des Reichsgedankens. „Ab Ottone Magno sive primo novum et maxime illustre est quo ad Germanos pertinet Romani Imperii gloria, principium ...", wie das Johann Heinrich Boecler formulierte.

Natürlich gab es auch fernerhin unterschiedliche Interpretationen, wie Benennung, Anspruch und Tradition des Reiches zu verstehen seien. An einigen ausgewählten — und wie ich meine typischen — Beispielen darf ich das zu zeigen versuchen. Es ist hier erneut zu beobachten, daß da auch viel ältere Erklärungsmodelle weiterleben und daß sie in z. T. nur wenig verwandelter Form in diese Beschreibungen und Definitionen des Reichs und des Kaisertums eingegangen sind. „Duo igitur hinc certa sunt: 1 Carolum M. Imperium occidentis jure belli constituisse. 2 Illud Franciae Germaniae quäsivisse, meritoque adeo deinde ab Ottone I Germaniae iterum vindicatum fuisse. Accessit itaque Germaniae Imperium occidentis jure victoriae, ...", heißt es in einer Schrift P. K. Monaths von 1723, in der er dann fortfährt: „Distincto

[32] Ebd., 26.

inter territorium Romani Imperii et Imperii Romano-Germanici haec est, quod Imperii Principale territorium olim fuerit Romana et Italia; accessorium autem erant Provinciae, per Africam, Asiam et Europam quaesitae. At Imperii Romano-Germanici territorium est ipsa Germania ...[33]."

Hier werden also Rechtmäßigkeit des Namens wie auch die der Ansprüche des Reiches klar aus politisch-kriegerischen Erfolgen abgeleitet. Bemerkenswert daran ist freilich, daß dies nur im Blick auf Rom, das antike Imperium und seinen Herrschaftsbereich wichtig und bedeutsam erschien, aber etwa kein Vergleich mit gegenwärtigen Verhältnissen angestellt wurde. Insoweit wirkte hier nach wie vor die Translations-Theorie fort, wenn auch nur noch recht indirekt.

Eine differenzierte und eigentlich sachlich zutreffende Beurteilung lieferte der bedeutende hallische Jurisperitus Nicolaus Hieronymus Gundling[34]. Sie wurde freilich nicht allenthalben akzeptiert, nicht zuletzt wohl, weil sie vielerorts unbekannt geblieben sein dürfte und in ihrer publizierten Form erst nach seinem Tode erschien, als bereits neue publizistische Sterne aufgegangen waren. Ich zitiere hier aus dieser im nachhinein veröffentlichten Vorlesungsnachschrift. Das dürfte den unmittelbaren, lebendigen, den eher rhetorischen, vielleicht gar ein wenig ungeschützten Duktus der Beweisführung erklären: „Es ist ein groß praejudicium und ein impardonnabler error von Cocceijo, der gemeinet hat, Carolus M. hätte Rom vi et armis eingenommen und es also jure victoriae gehabt. Daß dieses grundfalsch, will ich so beweisen, daß es auch einer, der keine große Studia hat, begreifen kann. Carl war ja des Papstes Feind nicht. Die Longobarden hatten auch Rom nicht etwa inne. Carl kam ja auf Bitte und mit Genehmhaltung des Papstes nach Rom. Man wird nicht finden, daß jemals zwischen Carolo und dem Papst oder der Stadt Rom ein Krieg vorgefallen, daß Carl Ursache sollte gehabt haben, Gewalt zu brauchen ... Die Irene stund dem Papst nicht an, es war eine ambitiöse Frau, von einer Frau wollten die Römer nicht regieret sein. Also meinte der Papst, er könnte nicht besser tun, als wenn er Carolum agnoscirte, wie er ehedessen die griechischen Kaiser agnoscirt hatte. Unser Kaisertum ist nichts als Rom, Ducatus Romanus, Beneventum, Pentapolis, Umbria, Exarchatus Ravennatensis. Es ist ein ganz neues Reich, ganz klein. ... und gleich wie man nicht sagen kann, daß der Zar, da er sich jetzt Kaiser schreibt, und auch griechisch redet, ein griechischer Kaiser sei, so ist es eben absurd, wenn man sich träu-

[33] *P. K. Monath*, Introductio ad Cognitionem Status Publici Universalis S. R. Germanici Imperii, Nürnberg 1723, 52.

[34] Zu ihm vgl. *N. Hammerstein*, Jus und Historie, Göttingen 1972, 205 ff.

men läßt Carolus M. wäre ein Sukzessor von Tiberio und Nerone. Es ist bloß eine renovatio imperii vorgegangen[35]."

Eine solche Ableitung der Translatio findet sich — wie gesagt — in dieser deutlichen Form recht selten. Diese Einschränkung teilte in gewisser Weise auch der mit seinem kurzen, präzisen Kompendium des Reichsstaatsrechts weithin wirkende Leipziger Professor Johann Jakob Maskov, zum mindesten was die staatsrechtlichen Auswirkungen betraf. Er ging sogar noch ein wenig weiter: „Itaque orta sunt ex Imperio Francico Carolino distincta regna, quorum nulli in specie competebant omnia iura, quae Carolus M. habuerat. Et proinde nec Gallis in Germaniam, neque Germanis in Galliam, neque alterutris in Italiam quicquid ex jure Caroli M. praetendere licet[36]." Wenn auch vor Otto I. — wie sich immer deutlicher als juristisch relevante Communis Opinio herausstellte — keine rechtskräftigen Ansprüche auf Land und Leute gemacht werden konnten, eine im Sinne der Danielischen Vision unmittelbare Translation nie stattgehabt hatte, so eigneten doch die damit verbundenen ideellen Werte des vierten Imperium dem Deutschen Reich. Nicht allein die altrömischen Insignien, die der Deutsche Kaiser anerkanntermaßen führe — vor allem den Adler — zeigten das, wie man immer wieder schrieb. Auch der allgemeine Vorrang, der dem Kaiser zuerkannt werde, bestätige diese Auffassung. Nicht zuletzt der Päpstliche Stuhl selbst anerkenne dies inzwischen. Auch für diese Seite ein typischer Beleg: „Ferner ists ... der Frage zu gedenken, ob das jetzige Römische Reich annoch die vierte oder Römische Monarchie sei?, welche Frage hin und wieder disputiert wird. Es läuft aber selbige auf das Prinzip sowie eine andere Frage hinaus: Ob nicht mehr als vier solch große Herrschaften, Königreiche oder Monarchien auf dem Erdkreis und bis an das Ende der Welt sein sollen als ihrer die Heilige Schrift im Propheten Daniel gedenkt? ... Gestalt es nicht ohne, daß es noch heutigen Tags in allen vier Teilen der Welt dergleichen Herrschaften gibt, welche an Macht oder Weitläufigkeit der Länder nicht allein dem heutigen Römischen Reich, sondern auch den vier alten Monarchien dergestalt vorgehen, daß diese mit jenen nicht einmal zu vergleichen sei, ja es ist zu zweifeln, ob das alte Römische Reich in seinem größten Flor so weit und breit geherrscht als Karl V. im vorigen Seculo getan .... Doch wird von den meisten Theologen und Ictis nicht in Zweifel gezogen, daß die Ehre, Würde, Andenken und Titel des von dem Propheten Daniel geschriebenen vierten großen Reichs, des Römischen, annoch bei den Römischen-Teutschen Kaisern und dem heutigen

[35] *N. H. Gundling,* Discours über dessen Reichs-Historie, Frankfurt am Main, Leipzig 1732, 190 ff.

[36] *J. J. Maskov,* Principia Juris Publici Romano — Germanici, Leipzig 1738, 43.

Römischen Reich übrig sei, ob es schon seit der Zeit Königreiche und Herrschaften gegeben und noch einige vorhanden, welche ... dem Römischen Reich entweder an Macht oder Weitläufigkeit ziemlich vorgehen.

Es ist aber das höchste kaiserliche Prädikat auch bei verschiedenen anderen Potentaten in Gebrauch und kann es vornehmlich dem Türkischen Sultan um so viel weniger disputierlich gemacht werden, weil er das ganze griechische Kaisertum nebst anderen Provinzen mehr besitzet. Was aber die anderen, was zum einen der Großmogul, den Kaiser in China, Japan, Abessinien und Marokko, den Moskowitischen Zar und dergleichen betrifft, wollen wir hier eben nicht untersuchen, ob sie sich teils selber diesen Titel beilegten oder aber derselbe ihnen nur von den Historikern, Geographen und Reisebeschreibern also zugeschrieben worden[37]."

Johann Ehrenfried Zschackwitz — ein gern zitierter, wenn auch nicht sehr einflußreicher Reichspublicist —, meinte in der zweiten Hälfte des 18. Jahrhunderts einmal: „Weil nun also die ganze damalige Welt den Glauben von dem Range der vermeinten vier Monarchien vor sich hatte, und sonderlich dafür hielt, es sei das Deutsche Reiche die unbezweifelte Fortsetzung der Römischen Monarchie, so folgte von daher, daß das Deutsche Reich den Vorzug vor allen anderen erlangte, den man ihm insoweit auch ganz willig zugestand, indem man dafür hielt, es gebühre ihm solcher notwendig und nach allen Rechten. Von daher ist es also gekommen, daß das Deutsche Reich den Ehrenvorzug vor allen und jeden Staaten in ganz Europa hat, ..., daß es sich desfalls in einer langwierigen guten Possessio befindet[38]."

Auf diesen „Rang vor allen anderen gekrönten Häuptern und Reichen in Europa", so Johann Stephan Pütter, legten nun freilich alle Reichsjuristen großes Gewicht. Darin sei eben das Heilige Römische Reich ausgezeichnet und bevorzugt vor allen anderen Staaten: durch eine uralte und gerechte Rechtsordnung, eine gemäßigte, sanfte Regierung und die Verpflichtung auf das Gemeinwohl. Mangelnde Macht nach außen brauche nicht zu stören, sei doch das Reich zur Selbsterhaltung schließlich stark genug. Hier hoffte man indirekt nach wie vor auf die göttliche Garantie! Im Sinne seiner traditionsreichen Existenzform sei es zudem nicht zu einer expansiven oder gar ausgreifend-aggressiven Politik geneigt noch je Willens. Daß — und dies ist in Parenthese anzumerken — das Auftreten Friedrichs des Großen und Kaiser Josefs II.

---

37 *Chr. Bilderbeck*, Deutscher Reichs-Staat, Leipzig 1711, 635.

38 *J. E. Zschackwitz,* Kurzgefaßte Nachricht von dem wahren und eigentlichen Ursprung des gegenwärtigen politischen Zustands des teutschen Reichs, Leipzig, Frankfurt am Main 1748, 312.

vielfach befremdlich, ja unverständlich für diese Theoretiker war, erklärt sich von daher leicht!

Die alte, ehrwürdig-christliche Vorstellung einer Translatio Imperii wirkte also in säkularisierter Form in Heiligen Römischen Reich bis zu seinem Ende fort. Gerade die Wiederbelebung eines starken neuen Reichsgedankens im 18. Jahrhundert behielt wesentliche Momente der viel älteren Vorstellung bei oder gewann sie in neuer Form zurück. Der Glaube eines Auserwähltseins, einer geheiligten Würde dieses Staatswesens, einer besonders gerechten staatlichen Ordnung, einer Verpflichtung für die gesamte Menschheit im Ideellen, bestimmte ein letztlich unpolitisches oder besser vorpolitisches Selbstverständnis und vielfach auch die Wirklichkeit dieses Reiches. So konnte denn auch 1803 der letzte Reichserzkanzler und Fürstbischof von Mainz, Carl von Dalberg, nicht für möglich halten, daß dieses Reich, „seit Jahrhunderten Werk der Weisheit unserer Väter", zu Ende sein sollte. Er richtete dementsprechend seine Hoffnung auf Napoleon, der — wie er ihm schrieb — „desire de consolider et la concorde du corps Germanique". In ihm erhoffte er sich den Erneuerer, ja Erweiterer der alten Universalstaatsidee, „damit das Occidentalische Reich wieder auflebe in Kaiser Napoleon, so wie es war unter Karl d. Gr., zusammengesetzt aus Italien, Frankreich und Deutschland". Denn nur solange dies Reich Bestand habe, bestehe auch Gerechtigkeit, Friede, Ordnung und Menschlichkeit[39].

[39] Hierzu vgl.: *O. Vossler*, Carl von Dalberg, zuletzt in: *ders.*, Geist und Geschichte, München 1964, 130 ff.; dort auch die Zitate.

Unterwegssein im Spätmittelalter

Herausgegeben von

Peter Moraw

Zeitschrift für Historische Forschung, Beiheft 1

108 S. 1985. DM 38,—

Auf der 35. Versammlung deutscher Historiker in Berlin 1984 befaßte sich eine der interessantesten Sektionen mit dem „Unterwegssein im Spätmittelalter". Die Leitung hatten L. Schmugge (Zürich) und K. Schulz (Berlin) inne, ferner sprachen F. Graus (Basel) und J. Miethke (Heidelberg). Das erste Beiheft der Zeitschrift für Historische Forschung enthält diese vier Vorträge in überarbeiteter und ergänzter Form, zudem haben die Sektionsleiter eine Einführung und eine Zusammenfassung geschrieben. Es handelt sich um einen der noch nicht allzu zahlreichen deutschen Beiträge zu einem international diskutierten Thema. Schmugge erörtert das Verhalten und die Mentalität der Pilger im europäischen Spätmittelalter, die — Männer und Frauen — allen sozialen Gruppen entstammten und in großer Zahl zu den vielfältigen Wallfahrtszentren der Christenheit unterwegs waren, in Gestalt von geplanten oder spontanen Massenpilgerfahrten, beim Buß- und Strafwallfahren, als Einzelgänger. Miethke behandelt das Unterwegssein der Studierenden und ihre oft langwährende Abwesenheit vom Heimatort mit der gebotenen chronologischen Differenzierung zwischen dem 12./13. und dem 14./15. Jahrhundert. Schultz schreibt über die Wanderung der Handwerksgesellen in Mitteleuropa, nach Skandinavien, England und Italien. Auch hierfür sind starke Wandlungen im Zeitablauf charakteristisch. Graus diskutiert die buntschillernden Gruppen der Fahrenden und Vagabunden, die sich ohne festen Wohnsitz außerhalb der gewohnten Ordnungen bewegten, weitgehend rechtlos und vor allem bitterarm. Nur zum Teil wollten sie unterwegs sein, vielfach sahen sie sich dazu gezwungen. Sie wurden im Verlauf des Spätmittelalters zu einem europäischen Massenproblem und begegneten immer stärkerer Ablehnung. Dieser gegenüber entwickelten sie lockere Formen des Zusammenhalts und besondere Weisen der Verständigung.

DUNCKER & HUMBLOT / BERLIN

Expansion und Gleichgewicht

Studien zur europäischen Mächtepolitik des ancien régime

Herausgegeben von

Johannes Kunisch

Zeitschrift für Historische Forschung, Beiheft 2

239 S. 1986. DM 78,—

Die Beiträge, die hier unter den Stichworten: „Expansion und Gleichgewicht" zusammengefaßt als Beiheft 2 der Zeitschrift für Historische Forschung veröffentlicht werden, berühren ein Thema, dem in der deutschen Historiographie der letzten Jahrzehnte mit unverkennbarer Reserve begegnet worden ist. Dabei dürfte gerade für das 18. Jahrhundert außer Frage stehen, daß eine Gesamtgeschichte des Zeitalters ohne die angemessene Berücksichtigung der Mächtepolitik und der Beziehungen unter den Höfen und Kabinetten nicht geschrieben werden kann. Mit der Formierung der großen Allianz gegen den Hegemonialanspruch der französischen Krone zeichnete sich erstmals ein Staaten*system* ab, dessen Handlungszwänge für jeden, der auf die Reputation von Staat und Dynastie Bedacht nahm, unabweisbar waren. Außenpolitik stellte schon im 18. Jahrhundert eine Angelegenheit dar, die man nicht tun oder lassen konnte. Sie war eine Aufgabe, deren man sich aus Gründen der Staatsräson anzunehmen gezwungen war. Insofern kommt in diesem Heft mit programmatischem Nachdruck ein primärer Gestaltungsfaktor historischer Wirklichkeit zur Sprache. Die Absicht einer solchen Publikation außerhalb der fortlaufenden Reihe der Zeitschrift besteht hier und in den folgenden Beiheften ferner darin, Möglichkeiten zu eröffnen, um wichtige Quellendokumente in einer kritischen Edition dem wissenschaftlichen Diskurs leichter zugänglich zu machen. Im vorliegenden Heft kommt eine Denkschrift des Grafen Kaunitz aus dem Jahre 1749 zum Abdruck, der für die Staatenpolitik des gesamten 18. Jahrhunderts eine fundamentale Bedeutung zuzumessen ist.

Vorwort des Herausgebers